ENFANTS DE NAZIS

TANIA CRASNIANSKI

ENFANTS DE NAZIS

BERNARD GRASSET
PARIS

Hors-texte :

p. 1, de haut en bas : © Realworks Ltd / DIE WELT / AP / SIPA ;
© Usis-Dite / Leemage ; Droits réservés.
p. 2 : © Ullstein bild / Gettyimages ; DR ; DR.
p. 3 : DR ; Corbis.
p. 4 : © Ullstein bild / Gettyimages.
p. 5 : © Niklas Frank.
p. 6 : © Keystone Features / Gettyimages ; DR.
p. 7 : DR ; DR ; © Ullstein bild / Gettyimages ; DR.
p. 8 : DR.

Photo de la couverture : © Ullstein Bild / Roger Viollet

ISBN 978-2-246-85978-9

Tous droits de traduction, de reproduction et d'adaptation
réservés pour tous pays.

© *Éditions Grasset & Fasquelle,* 2016.

Aux enfants

A Satya, Aliocha, Ilya et Arthur

AVANT-PROPOS

A l'issue de recherches approfondies dans les différentes archives disponibles, pièces de procédures judiciaires, lettres, livres, articles, interviews relatifs à l'intimité des dirigeants nazis et de leurs descendants, huit portraits d'enfants sont développés dans cet ouvrage. Afin de mesurer l'empreinte laissée par chaque filiation et contrairement à d'autres livres sur le sujet, aucun portrait n'est anonyme. Certains de ces enfants considèrent d'ailleurs qu'il est plus facile d'être la fille ou le fils de tel dignitaire plutôt que celui de tel autre.

J'avais d'abord souhaité rencontrer tous ces descendants et je n'ai finalement interviewé que Niklas Frank. Certains protagonistes ne sont plus de ce monde, les autres ne m'auraient rien dit de plus qu'à leurs précédents interlocuteurs. Certains ne souhaitent plus évoquer le sujet et d'autres, telles Gudrun Himmler ou Edda Göring, ont presque toujours refusé d'en parler.

Pour permettre au lecteur de saisir la réalité de ces vies, chaque portrait s'ouvre sur un épisode significatif, dont le récit est assez librement mis en scène.

Enfants de nazis

Toutes les traductions de l'allemand ou de l'anglais sont de l'auteur, corrigées pour l'allemand par le traducteur Olivier Mannoni.

INTRODUCTION

Gudrun, Edda, Martin, Niklas et les autres...
Enfants d'Himmler, Göring, Hess, Frank, Bormann, Höss, Speer et Mengele. Enfants du silence, ils sont les filles et les fils des criminels responsables des plus sombres heures de l'histoire contemporaine.
Mais l'Histoire n'est pas leur histoire.
Leurs pères ont commis le mal absolu et abdiqué toute humanité sans hésiter à plaider de façon unanime « non coupables » des faits reprochés au procès de Nuremberg. Mais l'Histoire se souvient-elle que ces hommes étaient aussi des pères ? Après la guerre, dans un désir collectif de déculpabilisation, certains ont voulu considérer les principaux chefs du IIIe Reich comme seuls responsables des atrocités et exterminations de l'Allemagne nazie, la population étant innocente. « Tout ça, c'était Hitler... », ont quant à eux fait valoir ces dignitaires et nombre de nazis pour se soustraire à toute culpabilité.
Qu'en est-il des enfants dont le parcours est évoqué dans cet ouvrage ? Leur héritage commun, c'est l'extermination de millions d'innocents par leurs parents. Leur nom est marqué à jamais du sceau de l'infamie.

Doit-on se sentir responsable, voire coupable, des faits commis par ses parents ? L'histoire familiale nous façonne irrémédiablement au cours de notre jeunesse. Lorsqu'un héritage est aussi sinistre, il ne peut être sans incidence, même s'il est communément admis que les enfants ne sauraient être tenus pour responsables des fautes de leurs parents. Ne dit-on pas que « le père a deux vies, la sienne et celle de son fils » ou encore « tel père, tel fils » ? Que sont devenus ces enfants de dignitaires nazis ? Comment vivre avec un héritage aussi macabre ?

Interrogé par sa petite-fille juive israélienne, un nazi non repenti répond que « celui qui est coupable, c'est celui qui se sent coupable ! ». Et il lui suggère sans sourciller : « Prends de la distance avec tout ça. La vie est beaucoup plus simple après[1]. »

Il est très difficile pour des enfants de juger leurs parents. Nous manquons de distance et d'objectivité vis-à-vis de ceux qui nous ont mis au monde et élevés. Plus grande est la proximité affective, plus le jugement est compliqué. De l'adhésion au rejet total, comment vivre avec son passé familial, quand il est aussi effrayant ? La position adoptée par les enfants de ces dignitaires nazis est parfois diamétralement opposée, parfois conforme à celle de leur parent, mais peu d'entre eux sont neutres. Certains parviennent à rejeter fermement l'action paternelle, tout en continuant à avoir de l'amour envers leur père. D'autres ne peuvent aimer un « monstre » et nient cette face sombre pour préserver un amour filial inconditionnel. Enfin, certains ont basculé dans la haine et le rejet. Ce passé leur est légué comme un boulet avec lequel il faut vivre au quotidien, et qu'il est

Introduction

impossible d'ignorer. Certains n'ont rien renié, d'autres ont emprunté le chemin de la spiritualité, voire se sont fait stériliser pour ne pas « transmettre le mal », ou ont pensé expier en... se masturbant ! Dénégation, refoulement, adhésion ou culpabilité, tous ont dû, consciemment ou non, choisir leur voie pour faire face à leur passé.

Une majorité de ces enfants vivent ou ont vécu en Allemagne. Certains se sont convertis au catholicisme ou au judaïsme, sont devenus prêtre ou rabbin. Etait-ce pour conjurer leur sort, celui d'être né d'un parent criminel ? Citons Ahron Shear-Yashuv, devenu rabbin de l'armée israélienne, même si son père n'était ni un haut dignitaire du nazisme ni un de ses principaux exécutants. Lors de ses études de théologie, Ahron, de son vrai nom Wolfgang Schmidt, décide de ne pas devenir prêtre catholique car il n'adhère pas au catholicisme. Il souligne que sa conversion n'est qu'en partie liée à l'Holocauste et que « le judaïsme se caractérise par son particularisme à certains égards, il est vrai, mais aussi par une grande largeur d'esprit. Le fait est que non seulement les convertis sont admis, mais un converti peut même devenir rabbin et servir comme aumônier et commandant dans les forces de défense israéliennes[2] ! » Dan Bar-On, professeur de psychologie à l'université Ben Gourion, considère que ce type de conversion vise à rejoindre « la communauté des victimes, en se libérant du fardeau d'appartenir à celle des criminels ». Serait-ce plutôt une façon de fuir son passé, au lieu de l'affronter ? Lorsque la question est posée aux convertis, les réponses divergent. Mais la voie spirituelle a permis à certains de surmonter leur histoire.

Face à la conjuration du silence de l'Allemagne de l'après-guerre qui cherchait à se reconstruire, les descendants de nazis ont dû faire un travail considérable sur eux-mêmes pour se construire.

Mon propre grand-père, militaire de carrière dans l'armée de l'air, dont j'ai été très proche, et qui vivait dans une maison de chasse retirée dans la Forêt-Noire, n'a jamais souhaité évoquer avec moi cette période de son histoire. Il n'est pas le seul. L'ombre silencieuse de la guerre a plané sur l'Allemagne et aussi sur la France pendant de longues années. Elle plane encore, mais les langues se sont déliées. Quand j'étais enfant, on se soumettait au diktat du silence. Comme mon grand-père, les générations qui ont suivi la guerre évitaient d'en parler. Certains ont fini par adhérer au mutisme et n'ont plus jamais évoqué cette période, de peur de ternir l'image qu'ils se faisaient de leurs parents. Auraient-ils vraiment voulu savoir qui ceux-ci étaient vraiment et quelle avait été leur implication dans les années noires de l'Allemagne ? Ce n'est pas sûr. La transmission ne s'est pas opérée. Pour échapper à ce passé, ma mère allemande a choisi à vingt ans de vivre seule en France. Elle a toujours voulu être française et lorsque j'ai commencé à travailler sur ce livre, elle n'a pas compris. Pourquoi un tel sujet ? Pourquoi continuer à en parler ? Ces questions, on ne les pose pas souvent.

De ma triple origine allemande, française et russe, la première a eu une influence particulière sur ma personnalité. L'histoire de l'Allemagne s'est imposée dans ma vie. « Est-ce un fardeau avec lequel on vient au monde ? C'est là depuis le début et cela ne s'en va pas, aucun Russe ne représente le goulag, aucun Français la

Introduction

Révolution française ou la colonisation, ils ont chacun leur histoire nationale », pour reprendre la formulation d'Anne Weber[3]. En revanche, on identifie l'Allemagne au nazisme.

Mon intérêt pour les gens que la société met à l'écart m'a conduite à travailler sur la prison puis à devenir avocat pénaliste. Cette profession m'a donné la rigueur nécessaire, je l'espère, pour évoquer des faits historiques et la perception qu'ont pu en avoir les enfants de nazis ici évoqués. A travers leurs exemples, je cherche à comprendre les implications de notre passé dans un monde où nous tentons désespérément d'être sujet.

La vérité et la réalité sont parfois lourdes à porter. Certains préfèrent respecter les secrets de famille, même lorsqu'ils n'y ont pas été initiés par leur proche. Et il est très clair qu'aucun de ces responsables nazis n'a eu le courage et la force de révéler à ses enfants les atrocités qu'il a commises.

La plupart des enfants de dignitaires nazis n'ont pas souhaité changer de nom, peut-être parce que celui-ci les hante. Certains, tels les fils d'Albert Speer ou de Martin Bormann, portent même le prénom de leur père. Matthias Göring, petit-neveu d'Hermann Göring, dit aimer son nom, d'autres encore prétendent que le nom dont ils ont hérité n'a pas d'importance. Pour le fils d'Eichmann : « Fuir devant ce nom n'aurait rien changé au problème. On ne peut échapper à son passé[4]. » D'autres enfin, comme Gudrun Himmler et Edda Göring, sont fières de leur patronyme et vénèrent leur père.

« Même lorsque j'appliquais des mesures d'extermination, je menais une vie familiale normale... elle était pour moi une chose sacrée. J'y suis attaché par des liens indissolubles[5] », déclare le commandant du camp d'extermination d'Auschwitz, Rudolf Höss. Comment comprendre cette contradiction ? La notion de clivage psychique définit la coexistence au sein du moi de deux potentialités contradictoires, une façon d'expliquer que les exécuteurs aient pu massacrer des millions de gens tout en ayant parallèlement une vie familiale normale. Comment de tels monstres ont-ils pu embrasser leurs enfants avant de partir tuer ou ordonner de tuer hommes, femmes et enfants, sans une once d'humanité ? Comment se représenter un Himmler embrassant sa « Püppi », sa petite poupée, avant de se rendre à la Kommandantur signer l'ordre de faire exécuter des enfants, simplement parce qu'ils étaient juifs ?

L'opinion publique souhaite que l'on identifie chez ces criminels des pathologies spécifiques, qui expliqueraient l'atrocité de leurs actes. Mais ceux qui se sont penchés sur le sujet n'ont jamais réussi à mettre en avant une personnalité propre aux exécuteurs. Lors du procès d'Eichmann à Jérusalem, un des psychiatres chargés de l'examiner souligne que son comportement à l'égard de sa femme et de ses enfants, de son père et de sa mère, de ses frères, sœurs et amis, est « non seulement normal, mais tout à fait recommandable ». On voudrait croire que ces gens-là sont des monstres sanguinaires, car leur « normalité » paraît bien plus terrifiante. « Les monstres existent, mais ils sont trop peu nombreux pour être vraiment dangereux, ceux qui sont plus dangereux, ce sont les hommes ordinaires », constate Primo Levi[6].

Introduction

Dans son ouvrage controversé, *Eichmann à Jérusalem*, Hannah Arendt développe la notion de « banalité du mal » et évoque un petit fonctionnaire zélé tristement banal, qui ne pense pas et se montre incapable de distinguer le bien du mal. Elle ne le disculpe pas, mais elle souligne que l'inhumain se loge en chacun de nous et qu'il faut continuer à « penser », ne jamais abdiquer sa raison, toujours s'interroger pour ne pas sombrer dans cette banalité du mal.

Les enfants dont l'histoire est évoquée dans cet ouvrage n'ont connu qu'une seule facette de la personnalité de leur père. L'autre leur sera rapportée après la défaite. Pendant la guerre, ils sont trop jeunes pour comprendre ou même percevoir ce qui se passe. Nés entre 1927 et 1944, les plus âgés ont moins de dix-huit ans lors de la débâcle. De leur enfance, ils ne conservent généralement que le souvenir des verts pâturages de Bavière. Beaucoup ont vécu dans l'enceinte sécurisée autour du Berghof, le chalet de montagne du Führer, sur le massif de l'Obersalzberg, au sud de Munich, près de la frontière autrichienne. Cette zone isolée et interdite, réservée au Führer, était à l'abri des méandres de la guerre et de ses atrocités. Plus tard, et pendant de longues années, le IIIe Reich n'était tout simplement pas au programme des écoles allemandes.

Leurs parents sont-ils des monstres ? « Avec la meilleure volonté du monde, on ne parvient pas à découvrir en Eichmann la moindre profondeur diabolique ou démoniaque, on ne dit pas pour autant, loin de là, que cela est ordinaire[7] », écrit Hannah Arendt dans *Eichmann à Jérusalem*. L'accusation a souhaité voir en lui « le monstre le plus anormal que le monde ait jamais vu », or Arendt estime qu'il ne s'agissait que d'un « fonctionnaire falot », « effroyablement normal »[8]. « Plus normal, en tout cas, que je ne le suis moi-même après l'avoir examiné[9] », soulignera un psychiatre lors du procès en 1961. « Rien n'était plus éloigné de son esprit qu'une décision comme chez Richard III, de faire le mal par principe[10] », dit Arendt. Lui-même déclare être un homme doux, qui ne supporte pas la vue du sang. Ce n'est même pas un fanatique ayant une haine morbide des Juifs, ni la victime d'un endoctrinement d'aucune sorte[11]. Ce qui lui a permis de devenir un des plus grands criminels de son époque, c'est la pure absence de pensée, ce qui n'est pas du tout la même chose que la stupidité[12]. Cette lacune se traduit également dans son incapacité à se mettre à la place des autres – « Il était à peu près incapable de voir les choses d'un point de vue autre que le sien » – et dans les défaillances de sa mémoire. Eichmann n'est pas capable de savoir ou de sentir qu'il a fait le mal. Il a perdu toute conscience morale. « Ce qu'il avait fait, il l'avait fait et il ne prétendait pas le nier (...). Mais il n'entendait pas par là qu'il regrettait quoi que ce fût », estimant que « le remords, c'est bon pour les petits enfants », indique Arendt. Pour elle, seule l'inconscience permet de devenir un des plus grands criminels de l'Histoire. Eichmann n'en est pas moins coupable de renoncer à exercer toute conscience morale.

Néanmoins, tous ces hommes ont voulu se considérer comme des êtres moraux. Heinrich Himmler, pourtant architecte de la solution finale, était convaincu d'avoir été quelqu'un de moral[13]. Harald Welzer souligne dans son livre intitulé *Les Exécuteurs* que pendant

Introduction

le IIIe Reich, tuer devient un acte socialement intégré. La morale meurtrière propre au national-socialisme permettait aux exécutants de rester « corrects » en tuant. Aussi aberrant que cela puisse nous paraître, le modèle normatif du Reich prévoyait qu'il était nécessaire pour la survie de l'Allemagne de tuer, sur la base d'une inégalité absolue entre les êtres humains[14].

Les enfants dont nous évoquons ici les parcours jugent les actes de leur père dans un cadre normatif et moral qui s'est de nouveau déplacé. Certains légitiment ou justifient les actions paternelles en considérant que dans le cadre normatif qui était le leur, leur père a agi de façon légitime. Un des fils de von Ribbentrop, ministre des Affaires étrangères d'Adolf Hitler, n'hésite pas à dire : « Mon père n'a fait que ce qu'il croyait être juste. Si nous nous trouvions dans les mêmes circonstances, je prendrais les mêmes décisions que lui. Il n'était qu'un des conseillers d'Hitler, mais en fait Hitler ne se laissait guider par personne. Mon père ne voulait qu'une chose, faire son devoir d'Allemand. Il a prévu l'immense danger qui nous venait de l'est. L'Histoire lui a donné raison[15]. » Comme lui, Gudrun Himmler considérera toute sa vie son père, Heinrich Himmler, comme « non coupable ». Ce dernier n'aurait sans doute pas dit autre chose lors du procès de Nuremberg, s'il ne s'était pas suicidé avant. Gustave. M. Gilbert, psychologue américain qui a étudié le cas des grands criminels nazis lors du procès de Nuremberg, souligne que ce qui distingue ces hommes, c'est l'absence d'empathie à l'égard des autres. Il révèle que les bourreaux font moins de dépressions que les victimes car ils sont convaincus d'être de braves gens qui n'ont pas eu le choix.

Enfants de nazis

Tel n'est pas forcément le cas de leurs enfants lorsqu'ils doivent faire face au passé. Lorsqu'ils apprennent l'histoire familiale, ce n'est plus la guerre, l'hérésie nazie a été anéantie et la légitimité de la résolution du « problème juif » a été définitivement écartée.

Souvent, ils traitent ce passé en fonction de leur propre enfance. Certains ont vu leur besoin d'amour comblé, notamment les fils mais surtout les filles uniques, comme Gudrun Himmler (sa seule fille légitime), Edda Göring, fille du Reichsmarschall, ou Irene Rosenberg, fille du théoricien du Reich et ministre des Territoires russes occupés, Alfred Rosenberg. Toutes trois, enfants choyées, sont demeurées sympathisantes du nazisme, dans le culte du père. Nombre de descendants considèrent que leur propre histoire est moins difficile à porter que celle de tel autre enfant de dignitaire. Curieuse façon de croire que cet héritage est quantifiable.

Pour mieux appréhender l'histoire de chacun de ces enfants, nous rappellerons la place de chaque père dans le national-socialisme, la façon dont leur progéniture a été imprégnée des idéaux de cette période, et le rôle de leur mère dans leur éducation. Pour les comprendre, il faut cerner au plus près leur environnement familial durant leur enfance.

Certains descendants de personnages centraux du IIIe Reich manquent à cet ouvrage. Faut-il rappeler que les six enfants de Joseph Goebbels, le ministre de la Propagande du Reich, ont été assassinés par leurs parents dans le bunker du Führer ?

Notons que la petite-fille de Magda Goebbels – la fille du fils qu'elle a eu avec son premier mari, Günther

Introduction

Quandt – s'est convertie au judaïsme à l'âge de vingt-quatre ans. Son premier mari, un homme d'affaires juif allemand, avait connu les camps de concentration.

Hitler, lui, n'avait aucun descendant : « Quel problème si j'avais des enfants ! Ils finiraient bien par faire de mon fils mon successeur. Et un homme comme moi n'a aucune chance d'avoir un fils capable. C'est presque toujours comme ça, dans ces cas-là. Regardez le fils de Goethe, un incapable[16] ! » disait-il lui-même.

Plus de soixante-dix ans après, il est toujours aussi difficile d'écrire sur ce sujet. Tout au long de ce travail, j'ai évité de juger ces enfants. Ils ne peuvent être tenus pour responsables de faits qu'ils n'ont pas commis, même si certains d'entre eux ne renient en rien les actes de leurs parents. Est-ce une défense du « moi », face à un passé insoutenable ?

Gudrun Himmler en est la parfaite illustration.

GUDRUN HIMMLER

La « Püppi » du nazisme

Depuis 1958, un petit village de montagne dans la forêt de Bohême, en Autriche, accueille chaque année des nostalgiques du IIIe Reich venus de toute l'Europe. Dans le cadre champêtre d'un ancien lieu sacré celte, des hommes d'un certain âge mis sur leur trente-et-un retrouvent chaque automne leurs anciens camarades. De jeunes néonazis se mêlent à la réunion pour rencontrer les vétérans. Dans cette petite assemblée composée d'anciens nazis et de personnalités proches de l'extrême droite, chacun estime que les Waffen SS n'ont fait que leur devoir de citoyen. On loue volontiers leur sens du sacrifice et on va parfois jusqu'à les considérer comme des victimes.

Dans une pension locale, derrière les rideaux tirés, un homme scande des propos à la gloire de la grande Allemagne. Il aime galvaniser ses auditeurs comme l'a fait avant lui son maître à penser. Il souhaiterait recréer la même ambiance et le même engouement qu'Hitler suscitait lors de ses discours dans les brasseries munichoises. Des décennies se sont écoulées, mais les idéaux de l'assemblée restent intacts. Certains portent fièrement leurs récompenses militaires allemandes de la Seconde Guerre, « croix de fer » ou « croix de chevalier de la croix de fer », avec toujours, au centre de l'insigne, une croix gammée. Ils évoquent avec entrain le temps de la supériorité du peuple allemand, de la communauté nationale qui exigeait un total sacrifice de soi, une fidélité sans faille et l'abandon de tout sentiment humanitaire vis-à-vis des « ennemis intérieurs[1] ». Cette communauté de conjurés adhère toujours à la quête de grandeur, à la devise de la SS : « Notre honneur s'appelle fidélité. »

L'invitée d'honneur ne se mêle pas à la foule. Elle reste à l'écart, préfère recevoir en petit comité, entourée de sa cour. Seuls quelques privilégiés sont invités à défiler devant elle. Le visage fermé, rongé par le temps et l'aigreur, elle n'a rien perdu de sa verve. Un petit chignon rassemble de fins cheveux blancs au-dessus de sa nuque et, sur sa chemise, elle arbore fièrement une broche en argent : quatre têtes de cheval disposées en cercle qui dessinent une croix gammée.

Ses lunettes de vue cachent de petits yeux d'un bleu glacial qui terrifient ses interlocuteurs. On l'idolâtre car c'est une héritière de choix de la grande Allemagne : la « princesse du nazisme », Gudrun Himmler.

La « princesse » aime voir défiler devant elle ses fidèles et leur demander sur un ton inquisitorial « Où étiez-vous durant la guerre ? », « Dans quelle unité avez-vous servi ? ». Son père lui a enseigné la logistique militaire et elle a su observer lorsqu'il l'emmenait avec lui dans ses tournées d'inspection. C'est le défilé des anciens combattants, fiers d'être présentés à la fille du meilleur exécutant d'Adolf Hitler. En déclinant leur identité et leur grade, ils ont le sentiment de revivre le temps où ils jouissaient d'une autorité sur le monde. Un instant, ils retrouvent un peu de la fierté perdue, eux qui chaque jour sont obligés de taire leur passé.

« 5ᵉ division blindée SS Viking[2] », lui répond l'homme qui vient d'entrer dans le petit salon, intimidé. Elle poursuit son interrogatoire : « Volontaire, dans les Waffen SS danoises ? — Absolument », lui répond l'ancien combattant alors âgé de soixante-huit ans. Lui, c'est Vagner Kristensen, né en 1927 sur l'île de Fyn, au Danemark. Pourquoi une telle déférence, une telle crainte devant cette petite femme ? Durant toutes ces années vécues dans l'ombre de son père, présent ou absent, a-t-elle adopté ses attitudes, son ton de voix ? Etre la digne fille de son père, le réhabiliter, tel a été le but de sa vie. Heinrich Himmler n'avait d'yeux que pour elle, son seul et unique enfant légitime, et elle le lui rend bien.

Aujourd'hui, Gudrun Himmler reçoit également le Danois Sören Kam, SS-Nr 456059, nazi notamment impliqué dans le meurtre d'un journaliste antinazi en 1943 et jamais condamné. Réfugié en Allemagne, il a vécu le restant de sa vie en Bavière, sans être inquiété. Son nom figure sur la liste des criminels nazis les plus recherchés et pourtant il est toujours libre. Son père serait si fier d'elle, de son assurance face à ces hommes, lui qui n'a eu de cesse de tenter de vaincre son sentiment d'infériorité et ses difficultés relationnelles.

Jeune, elle intimait à sa mère de cacher à son père son mauvais comportement ou ses bêtises, elle avait si peur de le décevoir. Elle est convaincue de son innocence, pense qu'il n'a pas commis les crimes qu'on lui reproche, et tient sa condamnation pour une injustice totale. Longtemps elle a souhaité écrire un livre qui parviendrait à le réhabiliter et non à le « défendre », ce qui reviendrait à le reconnaître coupable. Gudrun est convaincue qu'un jour on évoquera son nom « comme on dit aujourd'hui Napoléon, Wellington ou Moltke[3] ».

L'Histoire, elle, l'a définitivement condamné.

Le mercredi après-midi, son père l'emmenait parfois avec lui en inspection, notamment à Dachau, le premier camp de concentration d'Allemagne, ouvert en mars 1933, dont il a été le concepteur et qui se trouvait à quelques kilomètres de Munich. « Ceux avec un triangle rouge sont des prisonniers. Les noirs sont des criminels », lui expliquait-il. Pour la petite fille, ils avaient tous l'air de prisonniers : mal habillés, mal rasés. Le potager et la serre l'intéressaient davantage. « Mon père m'expliqua l'importance des herbes qu'on y cultivait, et je pus arracher quelques feuilles », se souvient-elle. Elle a douze ans lors de cette visite macabre, le potager lui rappelle son enfance à la ferme où elle aimait aider sa mère au jardin. Une photo immortalise cette visite à Dachau. Une petite fille blonde, portant un manteau noir sourit, elle semble heureuse, entourée de son père, de Reinhard Heydrich, futur directeur de la Gestapo et de Karl Wolff, aide de camp d'Himmler, debout sous une pancarte indiquant le point de ralliement des prisonniers.

Gudrun suit l'ascension de son papa avec admiration. En août 1943, elle écrit dans son journal : « Petit papa ministre de l'Intérieur du Reich, je suis folle de joie. » Un papa « si prestigieux[4] ». Dans une lettre écrite en juillet 1942, alors qu'il se rend au camp d'extermination

Gudrun Himmler

d'Auschwitz pour contrôler la mise en place de la solution finale par l'utilisation à large échelle du gaz Zyklon B, il écrit à sa femme avec le plus grand détachement : « Je pars à Auschwitz, je t'embrasse. Ton Heini. » Dans ses lettres il ne donne jamais de détails sur ses déplacements ou ses activités. Pas un mot sur l'extermination des populations juives. Il se contente d'écrire qu'il a beaucoup de travail et de lourdes tâches à accomplir. Le même homme justifiera ses atrocités très posément : « Je ne me suis pas senti le droit, cela concerne les femmes et les enfants juifs, de laisser grandir en ces enfants les vengeurs qui tueraient ensuite nos fils et petits-enfants. J'aurais considéré cela comme lâche. Par conséquent, la question fut résolue sans compromis[5]. »

Mais l'Histoire n'est pas l'histoire de la fille du Reichsführer-SS Heinrich Himmler, maître incontesté et fanatique de l'appareil répressif du IIIe Reich. Enfant, les camarades d'Heinrich Himmler disaient de lui qu'il n'aurait pas fait de mal à une mouche[6]. Adulte, il devient l'homme clé de la Gestapo et de la SS, au centre de la mise en place du système concentrationnaire et de l'extermination des Juifs d'Europe.

En 1927, dans le train qui le mène de Munich à Berchtesgaden, près de la frontière autrichienne, Heinrich Himmler rencontre la mère de Gudrun, Margarete Siegroth (née Boden), une infirmière divorcée. Il a vingt-sept ans, il est chétif, bigleux, le menton fuyant, et ne correspond en rien à l'idéal aryen. Heinrich est complexé par son apparence physique. Sa nature faible et son estomac fragile lui interdisent la pratique du sport et les soirées trop arrosées. Soldat frustré, il développe un amour immodéré pour la discipline et l'uniforme, qui lui donne enfin une contenance. Jeune homme, on lui connaît peu d'aventures avec les femmes, tant et si bien qu'il ira jusqu'à prôner les bienfaits de l'abstinence sexuelle[7]. Plus tard, il déplorera ne pas avoir eu davantage de relations sexuelles dans sa jeunesse. C'est à l'âge de vingt-huit ans qu'il aurait eu son premier rapport sexuel. Margarete, surnommée « Marga », est grande, blonde aux yeux bleus. Elle est protestante et correspond à l'idéal de la femme aryenne. Pour la séduire, Heinrich Himmler l'approvisionne en lectures sur les francs-maçons et sur la « conjuration juive mondiale ». Dans une Allemagne acculée par la crise, en quête d'un « sauveur » et à l'affût de boucs émissaires, Marga n'échappe pas à l'antisémitisme ambiant. « Un Juif, ça reste un Juif », dit-elle de son associé, lorsqu'elle décide de vendre ses parts de la clinique dans laquelle elle travaille, suite à sa rencontre avec Himmler[8].

Le timide Heinrich Himmler lui écrit des lettres romantiques, qu'il signe parfois « Ton lansquenet », un nom de guerrier solitaire et héroïque mais aussi très brutal. « Il nous faut devenir heureux », lui répond-elle, mais cette union est plus empreinte d'affection que d'amour. De sept ans son aînée, Marga ne sera jamais acceptée par la famille d'Himmler. Ils sont catholiques et la mère d'Heinrich est très pieuse, or Marga est divorcée, protestante et prussienne, mais également anxieuse, et peu à l'aise en société. Ne risque-t-elle pas de nuire à la réputation de la famille ? s'interrogent les Himmler. Après un mariage à Berlin-Schönberg le 3 juillet 1928, en l'absence de toute la famille Himmler, Gudrun, une petite fille aux yeux bleus de 3 625 grammes et 54 centimètres, naît le 8 août 1929. Elle sera

Gudrun Himmler

l'unique fille légitime d'Heinrich Himmler, sa « Püppi » ou « Poupette » en français.

Le nom de Gudrun fait-il référence à l'ouvrage qu'il avait lu et adoré dans sa jeunesse, *La Saga de Gudrun* ? C'est un éloge de la vertu de la femme nordique, pour laquelle l'homme est prêt à mourir. Marga ne pouvant lui donner d'autres enfants, le couple adopte par la suite un garçon, fils d'un soldat SS décédé. Mais l'enfant ne trouve pas l'amour d'une famille au sein de ce foyer. Marga le qualifie dans son journal de « nature criminelle », de menteur, voire de voleur[9]. Il sera ensuite envoyé dans un internat puis dans une *Napola*, établissement destiné à former l'élite du Reich. Gudrun, elle, tient à la perfection son rôle de petite fille modèle, dont la mère s'évertue à répéter dans son journal à quel point elle est aimable et gentille : « *Püppi ist liebe u. nett.* » Puis elle précise à propos de la germanisation de la Pologne : « Je l'ai lu à Poupette et je lui ai expliqué ce que cela signifie : un convoi et le retour dans la patrie. C'est un acte inouï. On en parlera encore dans mille ans[10]. »

Après des études d'agronomie à l'université de Munich, en 1928, Heinrich Himmler a investi la dot de sa femme dans un élevage de poules à Waldtrudering, un faubourg de Munich. Les époux rêvent d'agriculture et Himmler a prévu d'y vivre avec femme et enfant. En réalité, sa femme passe le plus clair de son temps seule avec Gudrun. Margarete a la lourde tâche de gérer tout un élevage de poules. Mais celles-ci pondent peu, les poussins meurent, et la faillite pointe rapidement son nez. Margarete est de plus en plus déprimée, elle se plaint des absences répétées d'Himmler, qui deviendront ensuite quasi permanentes. Plus Heinrich s'éloigne, plus

Marga devient irascible, agressive et méprisante. En 1933, la ferme cédée, les Himmler déménagent dans le centre de Munich. Celui qui a longtemps été considéré par les hauts dignitaires du parti comme un « brave petit homme » ayant « un bon cœur mais probablement inconsistant », devient, de fait, chef de la police politique, puis officiellement chef de la police allemande au ministère de l'Intérieur, à la tête de l'appareil policier du Reich, en juin 1936. Le Reichsführer-SS Himmler, ce grand inquisiteur froid et calculateur, dont Albert Speer disait qu'il était « pour moitié maître d'école et pour l'autre un fou aux idées biscornues[11] », peut enfin prendre sa revanche sur ses complexes en développant une obsession de la pureté raciale.

Après un bref passage à Munich vers 1936-1937, les Himmler partent vivre sur le Tegernsee, en Haute-Bavière. En 1934, Himmler y a acheté une maison, à Gmund. Mais il acquiert de plus en plus de responsabilités au sein du parti et délaisse sa femme. Il retrouve une vie sexuelle et s'intéresse aux différents aspects de la sexualité dans la société. Il convient que ce n'est pas la faute de Marga si elle ne peut pas lui donner d'autres enfants mais il ne compte pas se résigner à la situation. Pour lui, la monogamie est une « œuvre de Satan[12] », inventée par l'Eglise catholique et il faut l'abolir. Il fonde son discours sur la préhistoire germanique. Le Germain libre de race noble pouvait alors contracter un deuxième mariage, dès lors que celui-ci donnait des enfants[13]. Il accorde ainsi à ses officiers ayant des problèmes de couple la possibilité de divorcer ou de vivre hors mariage avec une seconde femme. Selon lui, un homme normal ne peut se contenter d'une seule femme tout au long de sa vie. Seule la bigamie oblige chacune d'entre elles à se dépasser. Pour certains chefs SS, la bigamie ou la polygamie est aussi un moyen de maintenir le taux de natalité tendant à s'affaiblir en temps de guerre. Ainsi, avant même de se marier avec l'épouse qui lui donnera six enfants, Joseph Goebbels, ministre de la Propagande du Reich, conclut un pacte selon lequel il peut continuer à avoir des relations extraconjugales. Dans le même esprit, la femme de Martin Bormann, chef de la chancellerie du parti et proche conseiller d'Adolf Hitler, a eu dix enfants avant d'élaborer un système de vie pour « la cause », en accueillant sous son toit les maîtresses de son mari. Son but : « Rassembler tous les enfants dans la maison du lac et vivre ensemble. » Les Bormann sont convaincus qu'il faut une loi permettant aux « hommes sains et de grande valeur d'avoir deux femmes... Il y a tant de femmes de valeur condamnées à ne pas avoir d'enfants... Nous avons aussi besoin des enfants de ces femmes[14] ! ». Bormann souhaite bannir le terme d'« illégitime » et interdire l'expression « avoir une liaison » qui a une connotation péjorative. Afin de pallier la baisse de natalité, Heinrich Himmler préconise de légaliser les naissances hors mariage, voire de les favoriser. Ainsi sont créés les Lebensborn, ces centres de procréation pour femmes aryennes, dont le premier a ouvert ses portes en 1936. Ils accueillent des mères célibataires et permettent de garder la naissance secrète. Par ailleurs, pour éviter l'homosexualité, Himmler recommande d'organiser des rencontres entre adolescents. Dans son discours sur l'homosexualité prononcé à Bad Tölz le 18 février 1937, il déclare : « J'estime nécessaire de veiller à ce que les jeunes de quinze à seize ans rencontrent des filles à un cours de danse, à des soirées ou à des occasions diverses. C'est à quinze ou seize ans (un fait prouvé par l'expérience) que le jeune garçon se trouve en équilibre instable. S'il a un béguin de cours de danse ou un amour de jeunesse, il est sauvé, il s'éloigne du danger. » Nous sommes loin du Himmler qui, dans sa jeunesse, prônait l'abstinence.

En 1940, Himmler se sépare de Marga mais, par respect pour la mère de sa fille, il choisit de ne pas divorcer. Il veille ensuite à demeurer très proche de sa fille qu'il adore et chérit plus que tout. Malgré sa croissante implication politique et ses nombreux déplacements, il tient à rester un bon père et un mari digne. Sur de nombreuses photos de son enfance, « Püppi », au côté de son « papa voyageur », comme elle aime à le nommer, est une parfaite petite Allemande au visage angélique, blonde, en habits bavarois, cheveux nattés, parfois coiffés en macarons. Son père l'informe fréquemment de son quotidien, lui envoie des photographies de lui, et passe autant de temps que possible avec elle. La lecture de l'agenda d'Heinrich Himmler révèle des communications téléphoniques quasi quotidiennes avec sa femme et sa fille. Himmler note tout, son carnet regorge d'annotations surprenantes telles que « ai joué avec les enfants » ou « entretien avec Püppi[15] ». Les mauvaises notes de « Püppi » le font enrager. Obéissance, propreté et scolarité tiennent une place centrale dans l'éducation des enfants. N'a-t-il pas lui-même, dans son enfance, fait preuve d'une obéissance sans faille aux adultes ? Et il a toujours été un bon élève. Pour sa part, Marga rapporte dans le carnet d'enfance de sa fille, depuis son plus

Gudrun Himmler

jeune âge, de nombreux faits relatifs à son bon comportement, à sa propreté précoce, ou au contraire aux difficultés qu'elle rencontre pour la faire obéir. Lorsque son père vient lui rendre visite, il emmène sa fille à la chasse et ils se promènent ensemble dans la forêt. Elle aime cueillir des fleurs et ramasser de la mousse.

Le Führer joue un rôle central dans l'enfance de Gudrun. En 1935, deux ans après son entrée en fonction, un soir où la petite fille ne parvient pas à s'endormir, elle demande à sa mère avec anxiété : « L'oncle Hitler aussi doit mourir ? » Lorsque sa mère la rassure en lui certifiant que le Führer vivra au moins cent ans, Gudrun lui répond, soulagée : « Non, maman, je sais, il vivra deux cents ans. » Les Himmler sont heureux et flattés de l'attention que le Führer porte à leur enfant. Dans son journal, Marga Himmler indique le 3 mai 1938 : « Le Führer est venu. Poupette était très excitée. C'était merveilleux de se retrouver pour une fois à table avec lui, en petit comité[16]. »

Chaque Premier de l'an, Gudrun rencontre le Führer qui lui offre une poupée ou une boîte de chocolats.

A partir de la fin de l'année 1938, Himmler entretient une liaison avec l'une de ses secrétaires, Hedwig Potthast, entrée à son service en 1936. Il décide d'en informer sa femme, au cas où des enfants naîtraient de cette relation. Conformément à sa politique de promotion des naissances illégitimes – qu'il défend publiquement en 1940 – naissent en effet deux enfants : un garçon prénommé Helge (1942) puis une fille, Nanette Dorothea (1944). Le petit garçon, dont le prénom germanique signifie « le saint de race pure », n'a rien du digne descendant qu'Himmler aurait souhaité[17]. Atteint d'une maladie de peau, il a une santé fragile et sa timidité est maladive.

En 1942, Himmler installe sa deuxième famille dans une spacieuse demeure à Schönau, la maison « Schneewinkellehen », près de Berchtesgaden, le fief du Führer. Hedwig Potthast et ses deux enfants y resteront jusqu'à l'occupation alliée. Hedwig accepte de vivre dans l'ombre d'Himmler avec l'espoir qu'ils seront enfin réunis après la guerre. Pour les Alliés, Hedwig est un « un stéréotype de la femme nazi ». Son caractère est très différent de celui de Marga. Elle est joyeuse, aimable et entretient de bonnes relations avec l'entourage d'Himmler. Lorsque Marga prend connaissance de cette liaison, elle note avec lassitude dans son journal : « Ça ne vient à l'esprit des hommes que lorsqu'ils sont devenus riches et célèbres. Sans cela, c'est aux femmes vieillissantes de les aider à se nourrir et à les endurer[18]. » Dans la correspondance qu'elle entretient avec son mari, on ne trouve en revanche nulle trace de cette maîtresse et de ses enfants.

Gudrun est souvent bien seule. En l'absence de ses parents, c'est la sœur de sa mère, Lydia Boden, qui la garde. Depuis 1939, sa mère, qui veut se rendre utile, a repris ses activités d'infirmière, notamment auprès de la Croix-Rouge, à Berlin. Elle se rend parfois dans les territoires occupés, comme en Pologne, en 1940, où elle n'hésite pas à se livrer à quelques commentaires : « Cette bande de Juifs, les Polaks, la plupart n'ont aucune ressemblance avec des êtres humains, et puis cette crasse indescriptible. Mettre de l'ordre là-dedans est une tâche inouïe. » Ou encore : « Ce

Gudrun Himmler

peuple polonais ne meurt pas si facilement des maladies contagieuses, ils sont émunisés [sic !]. Difficile à comprendre[19]. »

Pour sa part, Gudrun ne s'éloigne guère de Gmund. Lors de son interrogatoire à Nuremberg le 22 septembre 1945, elle explique que « pendant la guerre nous ne nous déplacions jamais. Pendant cinq ans nous avons vécu dans cette maison et je suis allée à l'école, c'est tout ce que j'ai fait ». Himmler a en effet refusé que Gudrun emménage à Berlin avec sa mère. Il a peur des raids aériens qui s'intensifient. « Püppi » vit dans l'attente permanente du retour de ses parents, et notamment des visites brèves et sporadiques de son père. Elle souffre fréquemment de maux d'estomac, c'est une petite fille nerveuse, dont les notes à l'école sont de plus en plus médiocres[20]. Mais elle suit avec intérêt l'évolution du conflit. Elle a peur pour son père. Dans son journal, sa mère relève qu'elle entend beaucoup de choses dont elle ne devrait pas avoir connaissance[21]. Son père souhaite en revanche que sa mère lui explique la situation, bien que la petite fille ne soit pas en âge de tout comprendre[22]. Le dimanche 22 juin 1941, jour du déclenchement de l'opération Barbarossa par Hitler, qui signe l'ouverture d'un front à l'est, Gudrun, alors âgée de douze ans, écrit à son père : « Il est épouvantable que nous faisions la guerre à la Russie. Tout de même, c'étaient nos alliés. La Russie est teeeelllement grande, si nous prenons toute la Russie, le combat sera très difficile[23]. »

Gudrun semble avoir entendu parler du délire nazi d'un espace germanique allant jusqu'au mont Oural, partagé entre les hommes du Reich, et le

1ᵉʳ novembre 1943, elle indique dans son journal :
« Les parents ont acheté un grand morceau de jardin
supplémentaire. Derrière la serre, ça monte jusque
derrière la forêt... Les détenus ont déplacé la clôture
qui se trouve dans le jardin actuel. Quand la paix sera
là, nous aurons certainement une propriété à l'Est.
La propriété nous rapporterait plus d'argent, et cela
nous permettrait de réaménager la maison de Gmund.
Pour que les couloirs soient plus clairs et qu'on ait
de plus grandes chambres. Il est vrai que la maison
de Lindenfycht m'appartiendra plus tard. En temps
de paix, nous nous installerons aussi au ministère de
l'Intérieur. Nous aurons peut-être aussi une maison
sur l'Obersalzberg. Oui, une fois que la paix sera là,
mais cela va durer encore longtemps, très longtemps
(deux, trois ans)[24]. »

En juillet 1944, elle prend conscience de la défaite.
Alors qu'elle entend parler du débarquement en Normandie et sait que les Russes sont aux frontières, elle
tente de se raisonner : « Mais tous croient si fermement
à la victoire (papa) qu'en tant que fille de cet homme à
présent particulièrement prestigieux et apprécié je suis
forcée de le croire aussi et le crois bel et bien. Il serait
totalement impensable que nous perdions. » Ce même
mois, Himmler fait construire un bunker antiaérien
dans le jardin de la maison par des détenus du « kommando extérieur Gmund » de Dachau[25].

Gudrun a peu de petits camarades avec lesquels jouer.
Sa mère ne s'entend ni avec la famille de son mari, ni
avec la sienne, à l'exception de sa sœur. Gudrun souffre
de vivre isolée avec une mère de plus en plus irritable.
Lorsque ses cousins germains, les enfants de Gebhrard

Gudrun Himmler

Himmler, le frère aîné d'Heinrich, viennent habiter dans la même maison qu'eux à Gmund, le conflit entre sa mère et sa tante pèse sur leurs relations. Gudrun note alors que sa mère ne supporte pratiquement personne autour d'elle. Lors de la guerre et pendant la débâcle, puis jusqu'à sa mort en 1945, Gudrun ne voit son père pas plus de quinze à vingt fois[26]. Les séjours d'Himmler sont brefs, trois à quatre jours maximum. Elle se contente de communications téléphoniques et des lettres qu'il lui envoie régulièrement, accompagnées de photos de lui dédicacées. Il leur fait aussi parvenir des colis avec des vêtements et de la nourriture comme du chocolat, du fromage et des friandises. Elle reçoit un jour 150 tulipes de Hollande. A la fin de la guerre, alors que les denrées sont excessivement rares et difficiles à trouver, Himmler parvient à envoyer des vivres. Le 5 mars 1945, Gudrun écrit dans son journal : « En Europe nous n'avons plus d'alliés, nous ne dépendons plus que de nous-mêmes. Et chez nous il y a tellement de trahison. (...) L'ambiance générale est à zéro. (...) La Luftwaffe est toujours aussi mauvaise. Göring, ce fanfaron, ne s'occupe de rien. Goebbels en fait beaucoup, mais il se met toujours tellement en avant. Tous reçoivent des médailles et des décorations, sauf papa, alors qu'il devrait être le premier à en recevoir. (...) Le peuple tout entier le regarde. Il se tient toujours en retrait, ne se met jamais en avant[27]. »

Gudrun voit son père pour la dernière fois à Gmund, en novembre 1944. Il est venu la rejoindre deux jours. Elle l'entend au téléphone pour la dernière fois fin mars 1945, et recevra un ultime courrier de lui au mois d'avril suivant[28]. Les conversations entre son père et sa mère portent sur le quotidien ou sur l'état de santé fragile d'Himmler, atteint depuis de nombreuses années de maux d'estomac récurrents. « Lorsque je l'ai vu pour la dernière fois, il m'a dit qu'il espérait être de retour pour Noël, mais qu'il ne pouvait le confirmer[29] », déclare la petite fille aux Alliés. En ce mois d'avril 1945, Margarete et sa fille doivent quitter Gmund en direction du sud, les troupes américaines approchent... Le bunker qu'Himmler a fait construire sur l'aire de jeux de la maison par des prisonniers de Dachau ne suffit plus.

Le 13 mai 1945, alors âgée de quinze ans, Gudrun est arrêtée avec sa mère alors qu'elles sont réfugiées à Wolkenstein, près de Bolzano, dans le sud du Tyrol. Lors de son arrestation dans sa somptueuse villa de Bolzano, le général Karl Wolff, Obergruppenführer-SS, ancien chef d'état-major d'Himmler, a négocié le marché suivant : « Laissez-moi retourner en Allemagne et je vous dirai où se cachent la femme et la fille d'Himmler[30]. » Après leur interpellation, elles sont conduites dans une luxueuse maison appartenant à un ancien producteur de films où elles seront détenues avec d'autres prisonnières. Elles passent ensuite deux jours dans un hôtel à Bolzano avant d'être transportées à Vérone pour une nuit puis à Florence par avion, sous escorte afin de les protéger d'une éventuelle agression par la population ou par des partisans. Un gardien du centre d'interrogatoires anglais de Florence assure à Gudrun et à sa mère : « Si vous dites que vous vous appelez Himmler, on va vous déchiqueter. » Les interrogatoires commencent. Margarete donne le sentiment d'avoir été maintenue à l'écart des activités de son mari. Un

Gudrun Himmler

officier britannique indique qu'elle s'enferme dans « une mentalité de bourgeoise de province ». Gudrun n'a pas davantage connaissance des activités de son père. Elle apprend l'Histoire par les Alliés et par la presse étrangère, lors de son emprisonnement.

Puis on les emmène à Rome, plus précisément à la Cineccità, temple du cinéma italien, où un centre d'information de l'Intelligence Service a été créé. La femme et la fille d'Heinrich Himmler sont les seules femmes et les Alliés leur ont aménagé une cellule sur le décor d'un film de propagande fasciste ! Quatre semaines après son arrivée, Gudrun fait une grève de la faim pour protester contre la nourriture, infâme. Très rapidement, elle s'affaiblit et une forte fièvre la saisit. Le commandant des services anglais, un certain « Bridge », tente de faire intervenir l'interprète d'Hitler et de Mussolini, afin de convaincre la jeune fille de s'alimenter. Gudrun obtient gain de cause, mère et fille bénéficieront désormais de la même nourriture que les officiers. Direction la prison de Milan, de Paris et de Versailles, pendant trois jours, puis celle de Nuremberg. « Dorénavant mon nom est Himmler. Plus de fausses appellations, plus de mascarades », déclare alors Gudrun. Sa présence au procès de Nuremberg en 1946 est inutile, elle ne sait rien. Quand on lui demande si elle parlait de la guerre avec son père, elle répond : « Avec mon père, je ne parlais jamais de la guerre ou de choses comme ça[31]. »

Gudrun ne sait toujours pas ce qu'il est advenu de son père. Sa mère ayant affirmé qu'elle était cardiaque, les officiers en charge du camp d'internement ont jugé préférable de ne pas lui annoncer tout de suite le suicide de son mari, survenu quelques jours auparavant, le 23 mai 1945. Au cours d'une visite médicale et d'une fouille à corps, après avoir déclaré « Mon nom est Heinrich Himmler », il a réussi à avaler la capsule de cyanure qu'il avait conservée dans sa bouche. Malgré l'intervention immédiate des Anglais et un lavage d'estomac, il meurt douze minutes plus tard.

Le 13 juillet 1945, lors d'un entretien avec la journaliste d'United Press Ann Stringer, Margeret affirme qu'elle avait connaissance des activités de son mari en qualité de chef de la Gestapo ; elle se déclare fière de lui et précise qu'« en Allemagne on ne poserait pas ce genre de question à une femme ». La haine du monde envers le chef SS ? « Personne n'aime un policier. » Lorsque Ann Stringer l'interroge sur sa capture par les troupes britanniques et son suicide au cyanure, elle ne manifeste ni émotion ni surprise. Elle se borne à croiser les mains et à hausser les épaules. La journaliste dit n'avoir jamais été confrontée à un être aussi froid.

« Je lui ai alors dit qu'Himmler était enseveli dans une tombe anonyme, raconte Ann Stringer. Frau Himmler ne montra ni surprise ni intérêt. Elle fit montre d'un contrôle total et glacial des sentiments humains, comme je n'en avais jamais vu... Puis je lui ai demandé si elle était consciente de ce que le monde pensait de lui. Elle a répondu : "Je sais qu'avant la guerre nombre de personnes avaient une haute opinion de lui." Marga s'étonne d'apprendre que son mari est considéré comme le criminel numéro un : "Mon mari ? Comment cela se pourrait-il alors qu'Hitler était le Führer ?" » Enfin, lorsque Ann Stringer évoque la condamnation à mort

Gudrun Himmler

de millions d'innocents avec recours à la torture, au gazage ou aux privations et lui demande si elle en éprouve de la fierté, elle déclare : « Peut-être, peut-être pas, tout dépend. » Cette femme ne suscite absolument aucune sympathie[32].

Lors de son interrogatoire à Nuremberg, le 26 septembre 1945, Marga Himmler confirme que, comme nombre de dignitaires nazis et conformément à une requête de leur hiérarchie, Heinrich Himmler avait toujours sur lui du poison. Marga certifie également qu'elle discutait avec son mari de la guerre, mais nie avoir évoqué avec lui les camps de concentration. « Je n'en ai jamais eu connaissance. Je viens seulement de l'apprendre. » Lorsque le colonel Amen, colonel américain chargé des interrogatoires à Nuremberg, lui demande : « Pourquoi ne l'avez-vous jamais interrogé à ce sujet ? », elle répond : « Je ne sais pas. » Mais à la question : « Vous saviez qu'il en établissait dans différents endroits, n'est-ce pas ? », elle déclare : « Oui, je savais qu'il en existait quelques-uns, mais je ne sais pas qui me l'a dit. Je ne me souviens pas, peut-être était-ce lui, je savais qu'ils étaient construits. » Après avoir d'abord nié, Marga finit par admettre que son mari avait la charge des camps et reconnaît s'être elle-même rendu dans le camp de femmes de Ravensbrück. Elle aurait toutefois tout ignoré de ce qui s'y passait et ne l'aurait appris qu'en 1945, par la presse[33].

Ce n'est que le 20 août 1945, à l'occasion d'une interview de sa mère par un journaliste américain, que Gudrun apprend incidemment l'empoisonnement de son père avant son interrogatoire[34]. Le choc est tel que la petite fille tombe malade ; elle est atteinte d'une forte fièvre, délire sur son lit de camp pendant près de trois semaines. Gudrun est convaincue que son père a été assassiné par les Alliés. Il est impossible qu'il ait mis fin à ses jours. Le commandant anglais qui s'occupe d'elle n'a alors plus qu'une idée en tête : se débarrasser au plus vite de cette enfant encombrante. Personne ne veut d'une « Himmler », elle n'est d'aucune utilité pour les Alliés et sa protection est difficile. Seule solution : lui donner un autre nom. Elle s'appellera désormais « Schmidt », mais pas pour longtemps.

Jusqu'en novembre 1946, dans le cadre des procès de dénazification, la femme et la fille d'Himmler sont internées dans le camp 77 pour femmes de Ludwigsbourg. Lorsque le commandant du camp leur offre la liberté, Margarete refuse de partir car elle est sans le sou, a peur du lynchage, et ne sait pas où aller. Finalement, elles sont recueillies par la « Maison Damasque », couvent-hospice protestant du pasteur Bodelschwingh où elles sont inscrites comme « faibles d'esprit ». Les religieuses tentent de se rapprocher de Gudrun qui garde ses distances avec la communauté et martèle sans cesse : « Je veux rester comme mon père », c'est-à-dire catholique. Himmler était en effet, dans sa jeunesse, un fervent catholique. Ensuite il s'est éloigné de l'Eglise, mais il a continué de prier chaque soir avec sa fille. Une petite fille que les religieuses ne voient jamais pleurer ou rire. Gudrun et sa mère quittent le couvent en 1952.

Quelle conscience de ce qui nous entoure avons-nous à vingt ans ? Sans recul ni réserve, Gudrun adore ce père aimant qui fut lui-même convaincu, jusqu'au bout,

Gudrun Himmler

d'avoir été quelqu'un de « moral ». Seule la conception spécifique au nazisme, qui repose sur l'idée centrale d'une inégalité absolue entre les êtres humains, a permis à ces hommes de se considérer comme moraux, au mépris de la morale universelle. Mais lorsqu'elle découvre les atrocités de son père, Gudrun ne peut plus se prévaloir de la morale particulière du IIIe Reich.

En 1947, lorsque Gudrun tente d'intégrer une école d'arts appliqués, le directeur refuse immédiatement sa demande d'inscription au vu de son nom. A la question relative au travail de son père, elle répond avec aplomb : « Mon père était le Reichsführer-SS[35]. » Elle parviendra tout de même à s'inscrire pour le semestre suivant, après l'intervention du chef du Parti social-démocrate de Bielefeld, qui considère que la punition ne peut s'appliquer à toute une famille : « Notre jeune démocratie ne fait pas souffrir les enfants pour les fautes de leurs parents[36]. » Elle entreprend donc une formation de couturière avant de commencer un apprentissage chez une modiste. Dans les années 1950, elle se sépare de sa mère et part vivre à Munich, où elle tente de trouver un travail. Elle a vingt et un ans. Lorsqu'elle apprend leur existence, elle contacte également ses demi-frère et sœur, mais sans succès. La maîtresse d'Himmler, Hedwig Potthast, y est opposée. On ne sait que peu de chose sur la vie de celle-ci après guerre. Dans les années 1950, elle a quitté la Bavière pour un village près de Baden-Baden, en Forêt-Noire. Elle y a vécu près d'une de ses amies, Sigurd Peiper, ancienne secrétaire de l'état-major personnel du Reichsführer-SS, dont le mari est incarcéré pour crime de guerre. Puis Hedwig s'est remariée et a changé de nom. De ses enfants on ne sait presque rien. Ils ont vécu dans un parfait anonymat. On sait seulement qu'en raison de ses problèmes de santé, le fils naturel d'Himmler est resté vivre avec sa mère et que sa fille est devenue médecin. Hedwig Potthast meurt à Baden-Baden en 1994.

Chaque fois que Gudrun prononce son nom, « Himmler », la sanction tombe immédiatement : elle est congédiée ou mise à la porte de son logement. Or, elle souhaite garder le nom de son père. Ses collègues de travail, les clients des établissements dans lesquels elle travaille, tous se refusent à être au contact ou de se faire servir par une « Himmler ».

En 1955, elle se rend à Londres et participe à une soirée organisée par Oswald Mosley avec Adolf von Ribbentrop, le fils du ministre des Affaires étrangères d'Hitler. A son retour, elle indique non sans fierté avoir rencontré beaucoup de fascistes. Cette publicité lui vaut le renvoi immédiat de la pension dans laquelle elle travaillait, au bord du Tegernsee. Un client a appris que la jeune fille de la réception était la fille d'Heinrich Himmler et il proteste : « Comment me laisser servir par cette fille, alors que ma femme a été grillée dans un four à Auschwitz[37] ? » Son petit appartement de Georgenstrasse, dans la banlieue de Munich, est un véritable musée à la gloire de son père. Tableaux, bibelots, décorations, bustes, photographies, elle vit entourée d'objets collectionnés depuis sa plus tendre enfance. Elle a fait des recherches dans toute l'Europe, parfois aidée par d'anciens nazis ayant conservé des reliques. Devenue secrétaire, elle mène une vie simple

Gudrun Himmler

dédiée à son père aimant et affectueux, dont elle ne pouvait imaginer la participation active à une des pires atrocités de l'Histoire. Elle n'a de cesse de vouloir le défendre, incapable de faire la part des choses entre son amour filial et le monstre SS, le fanatique borné, ordonnateur et maître d'œuvre de la solution finale. Elle est intimement persuadée que des éléments viendront un jour le disculper. Les preuves irréfutables qui lui sont présentées ne lui suffisent pas. Le lien particulier qu'elle entretenait avec lui explique-t-il qu'elle ait été à ce point aveuglée ? Il est difficile d'avoir à ce sujet une position arrêtée, car elle a toujours refusé de s'exprimer. Elle n'accordera durant toute sa vie qu'une seule interview, en 1959, au journaliste Norbert Lebert.

Des années plus tard, son fils Stephan utilisera les interviews de son père dans son livre *Car tu portes mon nom*. Il souligne que les enfants comme Gudrun, qui vouent ainsi un culte à la gloire passée de leur père, en tirent une part de leur assurance. Ces enfants ne parviennent pas à admettre le lourd fardeau que constitue leur famille. Gudrun n'a vu de son père que le bon chef de famille, l'autre aspect de sa personnalité lui a été raconté dans la presse et dans les livres. La négation des informations extérieures à leur propre expérience, quelle que soit leur légitimité, semble la seule voie envisageable pour certains enfants. Toute autre serait trahison. En outre, le rejet auquel Gudrun a dû faire face tout au long de sa vie l'a peut-être conduite à se considérer elle-même comme victime d'une injustice, prolongeant ainsi le destin de son père.

Enfants de nazis

Dès 1951, Gudrun devient membre de « Stille Hilfe für Kriegsgefangene und Internierte », en français l'association « Aide silencieuse pour les prisonniers de guerre et les internés ». Dans un premier temps, l'association est présidée par la princesse Hélène Elisabeth von Isenburg, grâce à son réseau dans la haute bourgeoisie et à ses liens avec l'Eglise. Un avocat, Rudolf Aschenauer, assure l'assistance juridique des criminels soutenus par cette organisation. Selon les termes de la princesse von Isenburg, l'objectif est de prendre en charge les besoins des prisonniers de guerre et des internés qu'elle considère privés de tout droit. Le groupe soutient également les accusés et internés dans le cadre des procès qui font suite à la guerre, qu'ils soient incarcérés dans les prisons des vainqueurs ou dans des maisons de peine allemandes. La princesse Hélène Elisabeth von Isenburg aime à se considérer comme une mère pour les criminels nazis incarcérés dans la prison américaine de Landsberg, en Bavière. Hitler y a été détenu pendant neuf mois en 1924, c'est là qu'il a rédigé *Mein Kampf*.

En 1952, Gudrun contribue également à la création de la « Wiking-Jugend », ou « Jeunesse Viking », sur le modèle des Jeunesses hitlériennes, « Hitler Jugend ». Cette organisation a été interdite en Allemagne en 1994.

Le noyau dur de l'Aide silencieuse est composé de vingt à quarante membres et d'une centaine de sympathisants. L'association soutient également les criminels en fuite. Adolf Eichmann, Johann von Leers ou encore Josef Mengele vont bénéficier de ces *rat lines* – réseaux d'exfiltration de nazis –, pour reprendre le terme des Alliés. Tous ont pu rejoindre l'Amérique latine grâce au soutien sans faille des membres de « Stille Hilfe ».

Gudrun Himmler

Klaus Barbie, surnommé le « boucher de Lyon », bénéficiera également de l'aide de cette organisation[38]. Auteur de l'ouvrage *Stille Hilfe für braune Kameraden*, Andrea Röpke et Oliver Schröm précisent que « Stille Hilfe » ne concerne pas uniquement les anciens membres du Parti national-socialiste, mais collecte officieusement de l'argent pour le mouvement néonazi.

Lorsque des journalistes tentent d'interroger Gudrun Himmler à ce sujet, sa réponse est lapidaire : « Je ne parle jamais de mon travail, je fais juste ce que je peux quand je peux. » Dans le cadre de ses activités, elle est notamment intervenue pour aider Anton Malloth, l'Oberscharführer-SS du camp de concentration de Theresienstadt, un de ses surveillants les plus cruels, les plus redoutés et sans doute un proche de son père. Pendant près de quarante ans, Malloth a vécu à Merano, en Italie, sans être inquiété. Il est extradé vers l'Allemagne en 1988. Pour des raisons de procédure, il n'est condamné qu'en 2001, par le tribunal de Munich, à la réclusion criminelle à perpétuité. Durant ces années, Gudrun Himmler a été son principal soutien. C'est « Stille Hilfe » qui lui a trouvé une place dans une maison de retraite haut de gamme, construite sur une parcelle de terrain qui, à l'époque du IIIe Reich, avait appartenu au dauphin d'Hitler, Rudolf Hess. En 1990, l'information selon laquelle l'administration de la Sécurité sociale (et donc l'argent des contribuables allemands) a en grande partie financé les frais de séjour de Malloth dans cette maison suscite de nombreuses critiques, notamment à l'égard de Gudrun Himmler. Fidèle et déterminée, elle lui rendra visite deux fois par mois jusqu'à sa mort, en 2002.

Enfants de nazis

Si Gudrun vit retirée du monde, c'est que sa position vis-à-vis de son histoire familiale n'est pas tolérable par la société. Son implication dans des organismes d'aide aux anciens nazis et son soutien à l'extrême droite allemande démontrent qu'elle n'entend pas uniquement réhabiliter son père mais également poursuivre ses funestes idéaux.

Dans les années 1960, Gudrun épouse un sympathisant nazi, l'écrivain Wolf-Dieter Burwitz, fonctionnaire dans l'administration bavaroise. Il accepte sa filiation et adhère aux idéaux de son père. Ils vivent dans la banlieue de Munich, à Fürstenried, dans une grande maison blanche. Deux enfants naissent de cette union. Leur fils est avocat fiscaliste à Munich.

En 2010, « Stille Hilfe » tente également d'éviter à Klaas Carel Faber, nazi hollandais, une extradition vers son pays d'origine. Les tribunaux néerlandais l'ont condamné en 1947 pour le meurtre de vingt-deux Juifs et résistants pendant la guerre.

Gudrun serait aussi une militante du NPD, parti d'extrême droite allemand. Il semble qu'elle aime être célébrée, comme lors du rassemblement nazi d'Ulrichsberg, dans le nord de l'Autriche. Peut-être songe-t-elle que tout, quoi qu'elle fasse, la ramènera à cet héritage qui la hante ? Dans ce cas, le renier n'apaiserait en rien la fatalité de son sort. Elle choisit de ne pas affronter ce fardeau en renonçant à exercer toute conscience morale, probablement comme son père. Est-il possible que la fille d'Himmler n'ait souffert d'aucune culpabilité, alors que sa petite-nièce, Katrin, dira « avoir été souvent prise d'un sentiment aussi oppressant qu'inexplicable de culpabilité » ? La culpabilité peut parfois sauter

Gudrun Himmler

une génération. Katrin Himmler a épousé le descendant d'une famille juive du ghetto de Varsovie. Elle est revenue sur son histoire familiale dans un livre intitulé *Les Frères Himmler*, lorsqu'elle est devenue mère à son tour. Jeune, elle a pris conscience des atrocités commises par les nazis mais, comme c'est le cas de nombreux Allemands, il lui a été longtemps difficile de se pencher sur sa propre famille. Elle indique que les défenses mentales sont trop fortes s'agissant de personnes très proches : « C'est un processus éprouvant, constamment menacé par l'angoisse d'abandon. » Eu égard aux chemins très différents qu'elles ont pris, elle n'entretient aucun lien avec Gudrun Himmler.

Lorsqu'il s'agit des enfants, les défenses mentales sont particulièrement fortes. Gudrun Himmler se caractérise par son absence totale de recul vis-à-vis de la figure paternelle et par son rôle actif dans la survivance de l'idéologie nationale-socialiste. Pour elle, rendre hommage à la mémoire de son père semble aller de pair avec son adhésion et son implication dans l'idéologie nazie.

EDDA GÖRING

La « petite princesse du Néron de l'Allemagne nazie »

Une nuit d'été dans le port de Hambourg, à la fin des années 1970. Sur les notes d'une musique d'opéra qui rappelle leurs années de gloire, un petit cercle d'élégants venus d'un autre temps sirote des cocktails. Ils sont à bord d'une magnifique embarcation, symbole de la suprématie des chantiers navals allemands et devenue une ambassade flottante du temps de l'Allemagne nazie. Les mesures qui s'échappent du yacht évoquent le prélude de l'acte III de *Parsifal*, dernier opéra du grand Richard Wagner, si prisé par le IIIe Reich. On entendait déjà la même musique plus de quarante ans auparavant, quand le bateau appartenait encore à son premier propriétaire. Mais aujourd'hui les voix des convives recouvrent presque entièrement la mélodie et personne n'y prête attention. Tous se remémorent leurs belles années.

Le *Carin II* est un magnifique yacht en bois de vingt-sept mètres de long. Il a l'élégance des bateaux dédiés aux croisières des familles royales. Tel a d'ailleurs été son destin, lorsque, quelques années après la guerre, rebaptisé *Royal Albert*, il a été aux mains de la famille royale d'Angleterre pendant près de quinze ans. Ses

Enfants de nazis

propriétaires ont alors découvert l'identité de leur prédécesseur et préféré le céder à d'autres. Une certaine Emmy, veuve du premier propriétaire, en a immédiatement réclamé la restitution à grands frais.

Parmi les invités de la soirée, un homme se distingue par sa forte stature. Des cheveux blonds épars, coiffés sur le côté, surplombent un front proéminent. De grosses lunettes carrées trahissent une vue défaillante. L'homme aime à se montrer, il apprécie ce qui brille et rappelle parfois à ceux qui l'ont connu l'ancien propriétaire du bateau. On dit que ce dernier était si imposant qu'il ne pouvait entrer dans la douche installée à bord sans risquer d'y rester coincé.

Une femme se tient à l'écart, à l'avant du bateau. Elle s'appelle Edda et elle se démarque tant par sa beauté que par son identité. Solitaire, elle ne semble présente au monde que par respect envers la mémoire de son père, pour lequel son amour est inconditionnel et indéfectible. Il est l'homme de sa vie et c'est lui, Hermann Göring, le premier propriétaire du yacht. En 1937, l'industrie automobile allemande lui a fait ce cadeau colossal, d'une valeur d'un million trois cent mille reichsmarks, soit huit millions d'euros. Le bateau porte le nom de sa première femme, Carin von Kantzow, une Suédoise décédée en 1931, à quarante-deux ans. Dans ce monument dédié à la femme tant aimée, Edda a passé une partie de ses vacances et parmi les plus beaux moments de son enfance. Les photos de l'album de famille, prises durant les croisières avec son père, casquette vissée sur la tête, la montrent riant aux éclats, à l'endroit même où elle se tient ce soir. De son temps, son père avait stationné le yacht sur le lac

Edda Göring

Wannsee, tout proche de Berlin, peu avant la ville de Potsdam. Il aimait naviguer de longues heures sur les lacs et canaux qui entourent la ville. Il y donnait des dîners fastueux, arrosés des meilleurs vins et cognacs. On dit même qu'une plate-forme permettait de tirer des canards depuis le bateau avant de les déguster aussitôt sur place.

Le nouveau propriétaire du bateau est un certain Gerd Heidemann, journaliste au *Stern*, un des grands hebdomadaires de l'Allemagne d'après-guerre. C'est aussi un ancien membre de la Stasi aujourd'hui nostalgique du nazisme. Et c'est avant tout un homme en quête de reconnaissance et de gloire. Lorsque le bateau lui est présenté en 1972, dans le cadre d'un reportage sur les yachts privés, il n'a pas vocation à l'acheter. Mais grâce à la vente de sa maison et à des modalités de paiement intéressantes, il l'acquiert en 1973, pensant le revendre rapidement à un collectionneur américain. Il n'en sera rien. Ce yacht est son faire-valoir : il lui permet d'accomplir, à grands frais, son rêve de gloire et d'argent. Obnubilé par l'ancien propriétaire du navire, il s'attache à en faire une relique du passé et reconstitue à l'identique la décoration qu'avait choisie son prédécesseur. Pour y parvenir, il acquiert de nombreuses pièces lui ayant appartenu : argenterie, plats, cendriers, taies d'oreillers, uniformes... Pendant près de cinq ans, il sera même le compagnon de sa fille unique.

Gerd Heidemann manque de connaître la « gloire » tant convoitée lorsque, quelques années après cette soirée, il révèle au monde les carnets intimes du Führer, datés de 1932 à 1945. Soixante-deux volumes noirs, les lettres « FH » inscrites en bas à droite de la couverture, qui auraient disparu en 1945 dans un accident d'avion près de Dresde. Mais les journaux intimes se révéleront tous faux. Dès l'origine, des historiens émettent des doutes quant à l'authenticité des manuscrits, mais l'euphorie mercantile qui s'empare du journal *Stern* balaie dans un premier temps tout soupçon d'escroquerie. Le journal veut publier des extraits, le plus rapidement possible. Adolf Hitler fait recette : les ventes s'envolent et des magazines étrangers comme *Paris-Match* tentent de racheter les droits des bonnes feuilles. Mais alors que *Paris-Match* en fait sa « une », la fin de partie est sifflée par la police allemande qui démontre que les matériaux utilisés dans les carnets sont indiscutablement d'après guerre. Un faussaire du nom de Konrad Kujau les a rédigés en trois ans, puis les a vendus, via Gerd Heidemann, pour le prix de neuf millions trois cent mille marks. C'est l'un des plus gros scandales de l'histoire de la presse allemande et Heidemann sera condamné à plusieurs années de prison.

Mais ce soir du mois de mai 1978, l'air est doux malgré une brise fraîche ; les convives sont heureux de se retrouver entre eux, comme au bon vieux temps, quand se côtoyaient sur ce même yacht Goebbels, Himmler ou Heydrich. L'invité de marque pouvait alors être le Führer lui-même.

D'anciens émissaires du Reich comme Karl Wolff, l'aide de camp d'Heinrich Himmler, ou le général Wilhelm Mohnke, dernier commandant du bunker d'Hitler, font partie des convives. Le récit des derniers instants du Führer les passionne. L'alcool qui coule à flots réveille les nostalgies mais Edda, « la petite princesse du Néron de l'Allemagne nazie », semble loin. Elle est la fille du Reichsmarschall Hermann Göring.

Edda Göring

Edda a vu le jour le 2 juin 1938. Sa mère, la deuxième femme du commandant en chef de la Luftwaffe, est une actrice provinciale du Théâtre national de Weimar, Emmy Sonnemann. Ses parents se sont rencontrés en 1932 à Weimar, où Hermann Göring s'était rendu avec Adolf Hitler. Le coup de foudre est immédiat pour Emmy qui se félicite : « Je suis ravie d'avoir rencontré en Hermann un homme qui correspond à mes idées. » Leur mariage, en 1935, est à la démesure d'un Göring, proche du sacre d'un empereur : Hermann Göring aime avant tout le faste et l'opulence.

Le nouveau statut d'Emmy Göring fait jaser ses anciennes amies de théâtre. Elle est qualifiée, non sans sarcasmes, de « grande dame ». La chanteuse d'opéra Helene von Weinmann dit d'elle : « Mon Dieu, Emmy, comme elle crâne ! Je l'ai connue quand elle n'était pas encore la "grande dame" et qu'on pouvait l'avoir pour une tasse de café et 2 shillings 50. » La sanction est immédiate et ses propos lui valent trois ans de réclusion. Elle est libérée de la prison de Stadelheim en 1943, mourante[1].

Lorsque Göring devient père pour la première fois, il a quarante-cinq ans. Emmy lui annonce la naissance au téléphone : « Toutes mes félicitations de ma part et de celle de la petite Edda. » Hermann Göring est fou de joie. Il accourt à son chevet et affirme n'avoir jamais vu plus beau bébé. Pourtant, il avait d'abord souhaité attendre quelques jours avant de voir l'enfant tant on lui avait dit que les nouveau-nés étaient hideux ! Pour célébrer cette naissance, Hermann Göring fait survoler Berlin par cinq cents avions de la Luftwaffe, dont il assure le commandement. S'il avait eu un fils, Berlin aurait été survolé par mille avions. Le père d'Edda est un héros de la Première Guerre mondiale, un pilote de chasse expérimenté aux nombreuses décorations, dont la plus haute distinction militaire allemande : la croix «Pour le Mérite». A la mort du «baron rouge», le célèbre pilote Manfred von Richthofen, puis de Wilhelm Reinhard, Göring prend le relais et devient chef de la célèbre escadrille, dite du «Cirque volant».

Dès la première heure, il s'engage au côté d'Adolf Hitler. Rien ne l'attire plus que les privilèges de la puissance. Il est à l'origine de la création de la Gestapo, la police secrète d'Etat, et des premiers camps de concentration, dont celui d'Oranienbourg, à côté de Berlin.

Une rumeur court selon laquelle Hermann Göring aurait voulu donner à son enfant le même nom que Mussolini à sa fille préférée, Edda Ciano. Edda Göring dément et précise que son nom provient de la mythologie germanique, appréciée de ses parents. Selon sa mère, il s'agit tout simplement du prénom d'une de ses amies. Edda adore souligner que «Farah Diba, l'épouse du Shah de Perse, a reçu 16 000 télégrammes pour la naissance du prince héritier. Quand je naquis, on en envoya à mes parents 628 000 !». Elle est baptisée le 4 novembre 1938 dans le pavillon de chasse de Carinhall. Le faste de la cérémonie religieuse ne manquera pas d'irriter le parti à l'heure où toute religiosité est proscrite mais qu'importe, l'enfant a pour parrain le Führer en personne. Des millions de portraits vendus dans toute l'Allemagne la représentent dans les bras de son père. Edda reçoit de nombreux présents, dont un cadeau de la ville de Cologne qui fait couler beaucoup

Edda Göring

d'encre, *La Madone et l'Enfant*, une toile de Lucas Cranach l'Ancien, peintre admiré par son père. Bien plus tard, cette peinture fera l'objet d'un procès qui durera près de quinze ans, entre Edda et la ville de Cologne.

Toute la vie des Göring s'organise autour de la petite, affectueusement surnommée « Eddalein ». Elle est le « rayon de soleil » de ses parents. Pour souligner l'importance de cette jeune enfant vedette, des anecdotes circulent sans cesse : « Etes-vous au courant que l'autoroute du Reich est fermée ? Non, pourquoi ? Edda apprend à marcher. »

En 1940, le journal dédié à la propagande nazie, *Der Stürmer*, dirigé par Julius Streicher, rapporte qu'Edda a été conçue par insémination artificielle et qu'elle n'est pas la fille de Göring[2]. Il reprend une rumeur selon laquelle, outre le fait qu'Emmy Göring était déjà âgé de quarante-quatre ans au moment de la conception, Hermann Göring serait resté stérile suite à une blessure par balles dans l'aine reçue lors du fameux putsch de la Brasserie, en 1923. C'est l'ambassadeur britannique à Londres qui a télégraphié cette information en 1936[3].

Fou de rage, Hermann Göring demande à Walter Buch, régulateur du parti nazi, d'intenter une action contre l'éditeur de *Der Stürmer*. Ce journal, quasi pornographique, distille un antisémitisme primaire, mais ses ventes n'ont cessé d'augmenter à partir de 1935[4]. Grâce à l'intervention d'Hitler, Streicher est sauvé des griffes de Göring et peut poursuivre la publication de son torchon depuis sa ferme, près de Nuremberg.

La propriété de Carinhall, nommée ainsi, comme son yacht, en mémoire de la première femme de Göring, est le symbole de sa puissance. Il y a fait transporter, depuis la Suède, la dépouille de la femme aimée, dans un monumental cercueil en étain. Située à une soixantaine de kilomètres de Berlin, cette imposante bâtisse, presque un château, est construite en 1933. Initialement conçue par le Pr Werner March, architecte du stade olympique de Berlin, elle connaît deux rénovations : l'une en 1937 et l'autre en 1939, qui augmentent considérablement ses dimensions. Rien n'est suffisamment grand, rien n'est suffisamment beau pour Göring qui dépense sans compter l'argent du Reich, alors qu'il ne paie même pas ses ouvriers. D'après lui, Carinhall est une résidence officielle représentant la « Maison du Reich ». Selon Hitler, si l'on compare ce pavillon de chasse à son chalet de montagne, ce dernier « ne peut servir que de maison de jardin ».

Edda grandit dans cette somptueuse demeure entourée d'un immense parc et de milliers d'hectares de forêts, réserve naturelle dont bisons, buffles, cerfs, élans et chevaux sauvages sont les hôtes. Carinhall regorge d'œuvres d'art pillées par Göring dans son insatiable chasse aux trésors, lui qui aime à se qualifier de « Mécène du IIIe Reich ».

Au sous-sol de la demeure on trouve un cinéma, un gymnase, une piscine intérieure, une salle de jeux et un bain de vapeur russe. Göring a également fait installer des cabinets médicaux, un bunker et une salle de réception dénommée « Jaghalle », ou halle de chasse, de 288 mètres carrés, ornée de trophées et d'une nef d'église agrémentée d'une immense cheminée. Pour se distraire, si la chasse et les autres activités ne suffisent pas, 600 mètres de trains électriques, évalués à 268 000 dollars, ont été installés dans le grenier de la

Edda Göring

demeure. On y trouve également des bébés lions, élevés pour le plaisir de la famille et des visiteurs. Pour éviter tout accident, ils sont remplacés par le zoo de Berlin lorsqu'ils atteignent l'âge de un an. Les Göring en élèvent successivement sept, tous nourris au biberon. Ainsi la petite Edda peut admirer son père jouant avec son lionceau préféré, « Mucki », ou encore Mussolini qui, lors de ses visites, s'amuse volontiers avec l'animal. Autre fantaisie, la machine à maigrir d'Hermann Göring dont il se plaît à faire des démonstrations devant la duchesse de Windsor. Il n'a déjà plus rien du pilote de chasse fougueux et musclé qui aimait se faire appeler *Iron Man*, l'Homme de fer. Sa corpulence augmente d'année en année. Dès fin 1933, son poids aurait atteint cent quarante-cinq kilos. Non sans humour, William C. Bullitt, ambassadeur américain en France, dit de lui : « Son postérieur a un diamètre d'au moins un yard... pour rendre ses épaules aussi larges que ses hanches, il porte de chaque côté des rembourrages de deux pouces... manifestement il a toujours un esthéticien avec lui car ses doigts, qui sont à peu près aussi gros que longs, ont des ongles pointus et sont soigneusement vernis... et son teint trahit des soins quotidiens[5]. »

Outre son amour immodéré des bijoux, Hermann Göring adore parader et se change jusqu'à cinq fois par jour. Il peut recevoir ses invités en toge romaine, porter une lance ou revêtir une robe longue d'empereur. Il est souvent maquillé, les ongles vernis de rouge, les doigts ornés de bagues en diamant, et n'hésite pas à défiler ainsi devant Albert Speer ou Hans-Ulrich Rudel, pilote de renom, qui en restent médusés. Albert Speer le rencontre en 1943, au tournant de la guerre, et il gardera longtemps en mémoire le souvenir d'un Hermann Göring fardé, dans une robe de chambre de velours vert épinglée d'un énorme rubis, qui « écoutait paisiblement tout en faisant glisser distraitement entre ses doigts des pierres précieuses qu'il sortait de temps à autre de sa poche[6] ». Le ministre italien des Affaires étrangères, Galeazzo Ciano, note pour sa part dans son journal de 1942 que Göring est affublé d'un manteau de fourrure qui « ressemble à ce qu'une prostituée de haut grade porte à l'Opéra ».

La « petite princesse » est adorée de son père. Il en est très fier et lui consacre tout son temps libre. Il joue avec elle, l'emmène à la danse et la câline. Il aime la mettre en scène, comme sur cette photo où Edda pose dans un panier d'osier devant Carinhall, face à une assemblée d'admirateurs parmi lesquels, au premier plan, son père. Lorsque Emmy cherche une nourrice, un des dignitaires du parti lui reproche de vouloir engager une femme n'appartenant pas au parti. Elle répond qu'elle n'en fait pas partie non plus, ni aucun des membres de sa famille. Le Führer remédie immédiatement à ce problème en lui attribuant le numéro d'un membre décédé.

Edda vit ses premières années dans ce faste, entourée de parents aimants et attentifs, et rien n'est trop beau pour la Princesse. Une préceptrice est chargée de son éducation. Elle vit coupée du monde et ne connaît aucune des privations dues à la guerre, comme le rapportera sa mère dans sa biographie.

Pour distraire la petite Edda, la Luftwaffe, dont

Edda Göring

Hermann Göring est commandant en chef, lui offre une réplique miniature du palace de Potsdam du roi de Prusse, Frédéric le Grand. La « maison de poupée » comprend des cuisines, des salons et des personnages à l'échelle, ainsi qu'un théâtre avec une vraie scène et de vrais rideaux.

Edda grandit parmi des figures historiques dont les agissements auront un retentissement dans l'Histoire plus ou moins honorable : Herbert Hoover, le duc et la duchesse de Windsor, l'aviateur Charles Lindbergh mais également Benito Mussolini, les rois de Bulgarie et de Yougoslavie, Willy Messerschmitt et Heinkel, entre autres.

La vie de la petite fille est un conte de fées. Rien n'altère les journées de cette princesse et jamais Hermann Göring ne se couche sans embrasser son « Eddalein » adorée. Progressivement, il se détache de la vie politique et consacre de plus en plus de temps à sa fille.

Corrompu et incapable de prendre des initiatives, Göring est très critiqué par Hitler. Dès la fin des années 1930, il lui reproche notamment sa mauvaise gestion de l'armée de l'air. Göring tombe définitivement en disgrâce lorsque la Luftwaffe perd la guerre aérienne. Le Führer le qualifie alors de « plus grand des ratés[7] » et les Alliés lui trouvent un sobriquet : *The Fat One*. Parfois d'humeur euphorique, pupilles rétrécies par la consommation de stupéfiants, Göring peut, après un déluge verbal de plusieurs heures, ralentir son débit et poser sa tête sur la table avant de sombrer dans un paisible sommeil, devant une assistance sidérée[8].

Lors de la fête d'anniversaire de ses quatre ans, Edda

porte un uniforme rouge de hussard confectionné par les costumiers du Théâtre national. Une photo d'elle la montre au garde-à-vous dans ses petites bottes en cuir parfaitement cirées. A cinq ans, elle apprend le piano et la danse classique. Et, pour son sixième anniversaire, le 2 juin 1944, son parrain Adolf Hitler lui apporte en personne un cadeau avant d'ajouter : « Vous verrez, Göring ! Nous allons remporter la plus grande victoire du siècle[9]. » Pour son dernier Noël avant la chute de l'Allemagne nazie, sa mère lui offre six chemises de nuit roses, de soie nuptiale, provenant de la chancellerie du Reich[10].

Cette vie loin de la guerre et de ses atrocités bascule le 31 janvier 1945, lorsque Edda et sa mère sont contraintes de partir pour l'Obersalzberg, en Bavière, près de la frontière autrichienne, afin de se mettre à l'abri des troupes russes. Quand elle quitte Carinhall, la porte se ferme définitivement sur sept années de vie de princesse.

A l'approche des troupes de l'Armée rouge, la propriété est dynamitée sur ordre d'Hermann Göring lui-même. Sa démolition est confiée à une équipe de la Luftwaffe, après que Göring a, au préalable, mis sa collection privée d'œuvres d'art à l'abri, à Berchtesgaden. Plus de deux cents millions de reichsmarks d'œuvres d'art quittent Carinhall par convoi spécial. Durant son ascension, Hermann Göring a développé une passion dévorante de collectionneur. Inlassablement, il a fait transporter à Carinhall des tableaux, tapisseries, bijoux, statues, cadeaux forcés des grandes villes du pays et des protagonistes de la vie économique. Il n'a jamais hésité

Edda Göring

à faire savoir qu'à l'occasion des différents événements ponctuant la vie mondaine du IIIe Reich, il souhaitait se voir offrir telle ou telle œuvre d'art. Il pille également sans vergogne les territoires occupés d'Europe occidentale et spolie nombre de collectionneurs juifs. Son avidité est sans limite. A Paris, le musée du Jeu de Paume figure parmi ses terrains de chasse favoris. Il y sélectionne ce qu'il souhaite faire envoyer en Allemagne. Ses pillages lui permettront de dire par la suite : « A l'heure actuelle, grâce aux acquisitions et aux échanges [sic], je possède peut-être la collection privée la plus importante d'Allemagne, sinon d'Europe[11]... »

Le 20 avril 1945, jour de l'anniversaire du Führer, Berlin est en feu et les routes vers le sud, dont celle vers Berchtesgaden, sont quasiment coupées. Afin de quitter au plus vite la capitale, Hermann Göring fait alors valoir qu'il est impératif qu'un haut responsable du Reich soit mis en sûreté dans le Sud. Hitler a en effet pris la décision de ne pas quitter Berlin et son bunker dans lequel il s'est désormais retranché. En qualité de dauphin, Hermann Göring s'empresse de quitter la capitale, maquillé comme à son habitude, en uniforme de soie blanche, flanqué de quarante-sept valises monogrammées[12]. A Berchtesgaden, tout le monde l'attend, sa femme et sa fille trépignent. L'Allemagne s'effondre mais le 21 avril, la famille Göring est réunie.

Le 22 avril, Göring croit enfin que l'heure de son sacre est arrivée. Un décret du 29 juin 1941 le désigne de droit comme successeur si le Führer renonce au commandement des armées. Il souhaite toutefois au préalable solliciter l'assentiment d'Hitler. Il ne l'obtiendra jamais.

Bormann, le puissant secrétaire du parti, a entre-temps convaincu le Führer que Göring est un traître.

Arrivé à Berchtesgaden le soir du 21 avril 1945 Hermann Göring, déchu de son droit de succession, est arrêté le 23 avril par des SS, sur ordre du chef suprême : « Cernez la villa de Göring, et arrêtez immédiatement l'ancien maréchal du Reich. Ecrasez toute résistance. Adolf Hitler. » La maison est transformée en prison, des gardes sont postés dans les couloirs et les escaliers de la demeure. Les communications sont coupées et chacun est confiné dans sa chambre.

Désormais, tout s'enchaîne rapidement. Le 25 avril, Göring reçoit d'Adolf Hitler le télégramme suivant, rédigé par Bormann : « Les actes que vous avez commis constituent une rupture de la fidélité que vous devez à ma personne et une trahison. Pareille conduite revient à une haute trahison. La peine applicable est la mort. En considération de vos services passés à l'égard du parti, le Führer accepte de ne pas appliquer cette sentence, si vous renoncez immédiatement à toutes vos fonctions. Je vous prie de me répondre immédiatement par un "oui" ou par un "non"[13]. »

Les raids aériens se rapprochent de l'Obersalzberg, toute la famille est amenée dans la cave de la maison, puis dans de profonds souterrains, mais Göring est tenu à l'écart. Aucune communication ne lui est autorisée. La petite Edda est terrifiée, les attaques sont de plus en plus longues. Elle ne cesse de pleurer. Son père est soumis à l'isolement dans des excavations calcaires et les conditions de vie à trente mètres sous terre sont difficiles. L'atmosphère est irrespirable, il n'y a pas de

Edda Göring

puits d'aération et l'oxygène qui fait défaut empêche les bougies de brûler.

Göring a accepté de se démettre et le Führer l'exclut de toute fonction et du parti. Le 26 avril, Radio Hambourg annonce sa démission pour raisons de santé. Göring tente de rassurer sa famille, qui ne comprend plus rien aux derniers événements. Emmy est persuadée que Bormann, ennemi juré de son mari, veut le faire assassiner. Le couple Göring décide d'écrire un message au Führer : s'il croit à une trahison, qu'il les fasse tous fusiller, la petite Edda comprise[14].

Emmy rappellera les circonstances de leur arrestation dans une lettre adressée en 1947 au ministre des Affaires spéciales, Hagenauer. Elle s'y insurge contre les méthodes employées : elle aurait été arrêtée avec sa fille, en chemise de nuit et grelottant de froid, et aurait manqué de se faire fusiller par les SS, lorsqu'un aide de camp avait voulu leur donner des affaires de couchage.

Emmy Göring rapporte qu'Edda, qui aimait beaucoup son parrain, a eu avec sa nourrice la conversation suivante :

Edda : « Je ne veux pas que l'on dise du mal de mon parrain. Qui est-ce que tu préfères, Christa : mon oncle Adolf ou mon papa ? »

La nourrice : « Ton papa. »

Edda : « Il faut aimer aussi l'oncle Adolf. »

La nourrice : « Non je ne l'aime pas, il a fait du mal à ton papa. »

Edda : « Ce n'est pas possible car mon papa l'aime aussi[15] ! »

Lorsque les bombardements cessent et que la famille

peut enfin ressortir, la maison est détruite, comme la grande majorité des bâtiments de l'Obersalzberg.

Quelques jours plus tard, à la suite d'un changement d'unité, la surveillance SS est assouplie. Göring peut alors quitter Berchtesgaden avec sa famille pour se rendre dans le château médiéval de son enfance : Mauterndorf, en Autriche. Il l'a hérité de son parrain, Hermann von Epenstein, en 1939. La famille est encore réunie, mais plus pour longtemps. Derrière ses épaisses murailles, le château est glacial, et on le dit hanté, mais Edda voit son père reprendre de l'assurance, ce qui la tranquillise. Pourtant sa mère ne cesse de pleurer sur son épaule, évoquant toutes leurs pertes. Chaque soir, en couchant sa fille, elle se demande s'ils seront encore vivants le lendemain.

Le 1er mai 1945, la famille apprend la mort du Führer Adolf Hitler, la nouvelle est sur toutes les ondes. Le soir du 7 mai, alors que la libération de Göring a été ordonnée et que tous trois tentent de rejoindre le château de Fischorn, près de Zell am See, le brigadier général Robert I. Stack, de la 36e division d'infanterie américaine, reçoit ordre de l'interpeller. Il propose néanmoins que la famille passe la nuit ensemble au château, avant de se rendre sur les lignes américaines.

L'aide de camp du capitaine n'a jamais pu oublier cette petite fille qui pleurait à chaudes larmes à l'arrière de la limousine en voyant son père se faire arrêter. Ce matin-là, les Américains logent toute la famille dans le confortable deuxième étage du château, l'atmosphère se détend. Le père de la petite Edda prend un long bain, avant de descendre se faire photographier devant un drapeau texan[16]. Ce 9 mai 1945, sa femme et sa fille

Edda Göring

ne savent pas alors qu'elles le voient pour la dernière fois en liberté. Göring croit encore que Dwight David Eisenhower, le commandant des troupes alliées, auquel il a adressé deux courriers sollicitant un entretien, va le recevoir et lui sauver la mise. Mais le futur président des Etats-Unis décide au contraire qu'il est temps de le traiter en vrai prisonnier, et lui retire son bâton de maréchal ainsi que ses nombreuses médailles.

Le 2 juin 1945, Edda fête pour la première fois son anniversaire (sept ans) sans son père. La famille est temporairement séparée. Le 20 juin, Emmy et sa fille sont envoyées à leur demande de Fischhorn au château de Valdenstein, vide et non chauffé. Plus de cinq mois après leur arrivée, par l'intermédiaire du major américain Evans, introduit auprès d'Emmy grâce à une photo de famille portant la mention de la main de Göring : « Le major Evans a toute ma confiance », elles reçoivent enfin des nouvelles d'Hermann Göring, alors aux arrêts à Augsbourg. La petite fille écrit à son père : « A mon papa adoré !!! Nous sommes maintenant à Valdenstein. Tu me manques beaucoup, beaucoup et je t'aime très fort. Reviens-nous vite... Les pensées sont si douces et les roses sont si belles. Je prie Dieu pour nous, tous les soirs. 1 000 000 de bisous de ton Edda !!! » Le mot est accompagné d'un dessin représentant un œuf de Pâques, une maison, des fleurs de printemps, ainsi qu'une photo d'elle. Interdit de correspondance, Göring ne recevra jamais ce courrier.

Brièvement interrogé en Bavière, Göring est transféré le 22 mai 1945 au « camp Ashcan », de Mondorf-les-Bains, au Luxembourg. Quand il y arrive, il pèse

127 kilos pour 1,70 mètres, et il est gavé de paracodéine. Depuis les années 1920, à la suite de nombreuses blessures, notamment lors du putsch de la Brasserie, en 1923, Göring est dépendant à la morphine. Le produit lui est dans un premier temps injecté quotidiennement, puis on lui substitue de la codéine, sous forme de pilules. Les cures de désintoxication et l'asile d'aliénés où il passe quelques semaines durant ses années en Suède n'y feront rien. A son arrivée dans cette nouvelle prison, alors qu'il ingère quotidiennement entre vingt et quarante comprimés selon les sources, il est soumis à un sevrage forcé. A ce sujet, le colonel Andrus, commandant américain de Mondorf-les-Bains, relate : « C'était un poussah grimaçant. Il avait sur lui deux valises pleines de pilules de codéine et ressemblait à un démarcheur en produits pharmaceutiques[17]. »

Sa désintoxication intervient durant les premiers mois de son incarcération. Hermann Göring n'a alors qu'une idée en tête : rencontrer le général Eisenhower.

Dans ce centre d'interrogatoires où Ribbentrop, Dönitz et quarante-neuf autres hauts gradés nazis sont internés avant leur transfert vers Nuremberg au mois de septembre suivant, la seule distraction tient en des projections de films sur les atrocités commises par les nazis.

Le 15 octobre 1945, Emmy Göring, jusqu'alors avec sa fille au château de Valdenstein, est à son tour arrêtée et transférée, sans Edda, à la prison de Straubing, à 145 kilomètres de Nuremberg. Lors de son arrestation, elle ne sait pas où sa fille couchera le soir même. Edda est alors temporairement envoyée au village le

Edda Göring

plus proche, avant de rejoindre sa mère en prison, sept semaines plus tard. L'enfant, son nounours et sa petite valise remplie de vêtements pour sa peluche sont conduits à sa mère par des soldats américains qui ne parlent pas un mot d'allemand. Ils ont reçu l'ordre d'emmener l'enfant à Straubing. Elle sait qu'elle va rejoindre sa mère mais ne peut s'empêcher d'avoir peur.

La presse de l'époque évoque la « prisonnière star de Straubing », Emmy Göring, qui a désormais perdu de sa superbe et doit laver elle-même son linge[18]. Elle n'a droit à aucune communication avec l'extérieur et demeure sans nouvelles de son mari. Au sujet de Straubing, sa fille Edda déclarera plus tard : « En fait, j'ai trouvé qu'on n'y était pas si mal[19]. » Elle dormait dans la cellule de sa mère sur une paillasse recouverte d'une couverture à carreaux qui, dit-on, aurait été offerte par Mussolini. La détention est ponctuée de moments joyeux : le 6 décembre 1945, jour de la Saint-Nicolas, un prisonnier qui veut faire plaisir à la petite fille se déguise et lui offre des chocolats. Libérées en février 1946, Emmy et sa fille, sans le sou, ne savent où aller. L'ancienne première dame du Reich demande alors au directeur de la prison de bien vouloir les garder quelques jours de plus. Elles sont dans la même situation que Margarete et Gudrun Himmler un peu plus tard.

Mais après plus d'une quinzaine de jours, en mars 1946, il leur faut quitter le camp de Straubing. Grâce à l'aide d'une journaliste américaine, Peggy Poor, la mère et la fille s'installent à 30 kilomètres de Nuremberg, à Sackdilling, près de Neuhaus, dans un petit chalet de chasse. En contrepartie d'une interview consentie par Emmy, la journaliste leur a trouvé ce refuge.

Le chalet appartient à un garde forestier dénommé Frank, dont la femme a connu le maréchal durant sa jeunesse. Il aurait été construit par Hermann Göring lui-même, pour se changer et se reposer après ses parties de chasse. Le lendemain de leur installation, la même journaliste se rend à Nuremberg et informe Göring de leur libération.

Chaque jour, Emmy se promène avec Edda dans la forêt environnante. Elle lui sert aussi d'institutrice : tables de multiplication et littérature sont au programme. Depuis que la famille est sans le sou, la professeure d'Edda a été contrainte de les quitter. Mais la famille de Carin, la première femme de Göring, leur sera d'une grande aide matérielle.

De son côté, Hermann Göring est soulagé de pouvoir enfin correspondre avec sa femme et sa fille. Son avocat a pu rétablir la communication. Heureuse de la liberté retrouvée, Emmy est toutefois amère. Interrogée par des journalistes, elle souligne, en sanglots, l'incorrection des Américains. Elle se considère comme une femme démunie à laquelle les SS ont pris, lors de son arrestation, environ 8 000 livres sterling et un manteau de fourrure, alors qu'ils savaient qu'elle en aurait besoin. Quant aux Américains, ils lui ont soustrait des œuvres d'art d'une valeur de 50 000 livres sterling, ne la laissant qu'avec des biens de première nécessité. Elle conclut avec assurance : « Vous savez, lorsque nous sommes revenues d'Autriche, les Américains ne nous ont autorisées à prendre qu'une seule voiture, pour moi, ma petite Edda et tous nos biens[20]. »

Edda Göring

Elle ne comprend pas que son mari, qui a tout sacrifié à Hitler, n'ait reçu en retour qu'un ordre d'arrestation et d'assassinat. Hitler semblait même prêt à tuer Edda, alors qu'elle est sa filleule. Elle ne conçoit pas davantage la loyauté aveugle de son mari à l'égard d'Hitler ; une fidélité qu'elle estime digne de celle du chevalier médiéval des *Nibelungen*[21]. Lorsque l'émissaire qui a rendu visite à sa femme et sa fille le 24 mars éclaire Göring sur l'état d'esprit d'Emmy et sa volonté d'arracher son mari à sa loyauté envers le Führer, le prisonnier refuse net, estimant que si son épouse peut l'influencer sur certains points, les principes fondamentaux ne regardent pas les femmes[22].

Pour le huitième anniversaire de sa fille, le 2 juin 1946, Hermann Göring tient à lui faire parvenir une lettre. Il écrit : « Du fond de mon cœur, je prie Dieu tout-puissant de veiller sur toi et de t'assister[23]. » Il y joint une carte pour sa femme sur laquelle il signe : « Je t'embrasse avec un amour passionné. »

« Nazi numéro un », comme il aime à se qualifier, Hermann Göring est inculpé lors du procès de Nuremberg qui se tient entre novembre 1945 et octobre 1946. Début septembre, après dix-sept mois de séparation, Emmy est informée qu'elle peut désormais rendre visite à son mari. Les rencontres se limitent à une demi-heure, derrière des vitres et des grilles.

Edda n'est pas admise dans l'enceinte de la prison. Mineure, elle n'y sera tolérée que le 18 septembre, pour le « jour des enfants », dans les mêmes conditions que sa mère, sans pouvoir toucher ni embrasser son père. Emmy lui recommande alors de ne rien dire de triste devant lui, ce à quoi la petite fille répond : « Ne t'inquiète pas, maman. » Edda le revoit une dernière fois, le 30 septembre suivant, en 1946. Sa main droite est enchaînée à celle d'un soldat américain. Il lève sa main gauche et prononce les mots suivants : « Je vous bénis, toi et notre fille, je bénis notre chère patrie et je bénis tous ceux qui vous feront quelque bien[24]. »

Lors de son procès, Hermann Göring, comme les autres accusés, plaide « non coupable ». Emmy voit son mari une dernière fois le 7 octobre 1946. Elle lui déclare : « Tu peux mourir tranquillement après avoir fait à Nuremberg tout ce que tu pouvais... Je penserai que tu es mort pour l'Allemagne. » Dans la dernière lettre qu'Hermann adresse à son épouse, il écrit : « Ma vie s'est terminée à l'instant même de notre dernier adieu... Dans sa bonté, Dieu m'a ainsi épargné le pire. Toutes mes pensées sont avec toi, avec Edda... Les derniers battements de mon cœur marqueront notre grand et éternel amour. Ton Hermann[25]. » Quand Edda apprend la condamnation à mort de son père, naïvement, elle interroge sa mère : « Papa va-t-il vraiment mourir ? » Et lorsque Hermann Göring demande à sa femme si Edda a appris la nouvelle de sa condamnation à mort, elle lui répond que « oui », qu'elle ne veut pas mentir à sa fille, car il faut que la petite garde en sa mère une confiance absolue. Elle se doit de lui dire la vérité, tout en espérant que la vie ne lui sera pas trop pénible. Au terme de cet entretien, Emmy interroge Hermann : « Crois-tu vraiment que l'on te fusillera ? » Göring répond d'une voix ferme : « Tu peux être certaine d'une chose : ils ne me pendront pas... Non, ils ne me pendront pas[26] ! » L'homme pense qu'il sera un

Edda Göring

jour célébré comme martyr et que, « dans cinquante ou soixante ans, on verra dans toute l'Allemagne des statues d'Hermann Göring[27] ». Condamné à mort pour les quatre chefs de l'acte d'accusation, dont crime de guerre et crime contre l'humanité, Hermann Göring se suicide le 15 octobre 1946, quelques heures avant son exécution, en avalant une capsule de cyanure probablement fournie par un garde américain. Sa fille pense alors qu'un ange a percé le plafond de sa cellule pour lui donner ce poison[28].

Le suicide d'Heinrich Himmler lui a permis d'échapper à son procès ; celui de Göring lui permet de se soustraire à son exécution.

Le 29 mai 1947, comme toutes les femmes des dignitaires nazis condamnés à Nuremberg, Emmy, accusée d'avoir tiré profit du régime nazi, est arrêtée dans sa maison de Sackdilling. Elle souffre d'une sciatique et est transportée en ambulance. Malgré les propos rassurant de sa mère, la petite Edda, alors âgée de neuf ans, pense que sa mère peut, elle aussi, être condamnée à mort. La femme d'Hermann Göring sera internée dans un ancien camp pour travailleuses russes, à Göggingen, près d'Augsbourg. Plus de mille femmes y sont incarcérées dans cinq baraquements bas mais Emmy Göring, en sa « qualité de femme d'Hermann Göring, estime avoir droit à un traitement particulier[29] ». Il n'en sera rien. Le 31 octobre 1947, elle s'adresse par courrier au ministre compétent en ces termes : « Puis-je vous exposer mon cas et demander de l'aide ? J'ai été conduite au camp de femmes de Göggingen, sur ordre de l'ancien ministre Loritz. J'étais couchée chez moi avec une forte crise de sciatique et une phlébite au bras droit. Je souffre de crises de sciatique depuis trente-cinq ans. J'étais soignée par un médecin qui a protesté contre mon transport (...). Malgré tout, à minuit on m'a mise sur un brancard et on m'a fait voyager jusqu'ici pendant sept heures, parce que soi-disant j'aurais fait une tentative de fuite en zone anglaise... Je suis maintenant alitée ici depuis cinq mois avec des douleurs intenses... J'ai cinquante-quatre ans et j'ai subi énormément de choses ces dernières années... Monsieur le Ministre, vous connaissez peut-être mon dossier : j'étais complètement apolitique, j'ai aidé des personnes persécutées pour des raisons racistes et politiques quand et où je le pouvais, il y a suffisamment de déclarations formelles là-dessus. Mon seul tort est d'être la femme d'Hermann Göring. Il est inconcevable de punir une femme parce qu'elle a aimé son mari, et a été heureuse avec lui[30]. »

Pour Noël, Edda a le droit de venir passer deux jours avec sa mère. Puis on l'autorise à lui rendre visite une fois par mois. Le 20 juillet 1948, lors de son procès de dénazification, Emmy est mise en accusation par le procureur Julius Herf, chargé des affaires spéciales de Bavière. Il la considère comme une suspecte de première catégorie. Bien que s'étant toujours déclarée apolitique, elle admet s'être continuellement sentie liée à Göring d'un point de vue idéologique, en tant qu'épouse. Elle déclare également ne jamais avoir rien su des camps de concentration et d'extermination et se défend des accusations relatives au luxe ostentatoire dans lequel elle a vécu. Emmy Göring justifie tout par l'amour qu'elle a porté à son mari : « J'ai toujours considéré l'amour comme une grâce, j'ignorais

Edda Göring

qu'on pût être puni pour cela[31]. » Mais le procureur lui rappelle qu'à l'occasion d'une représentation, elle est entrée à l'Opéra national de Vienne vêtue d'un manteau d'hermine blanc, avec des bijoux précieux, et a fait scandale dans le public. Le procès dure deux jours. Emmy bénéficie du soutien du célèbre acteur Gustaf Gründgens, de quinze témoins à décharge et du pasteur Jentsch ; ce dernier fait état de son aide au profit de nombreux Juifs. Emmy Göring est néanmoins condamnée à un an de camp de travail en tant que bénéficiaire du régime nazi, au recouvrement de trente pour cent de ses biens et à l'interdiction d'exercer une profession pendant cinq ans. Ayant déjà purgé sa peine, elle est libérée à l'issue du procès, ce qui suscitera l'indignation de l'opinion.

A dix ans, en 1948, Edda quitte sa mère et sa tante, alors installées à Hersbruck, pour l'école de filles St. Anna, à Sulzbach-Rosenberg, en Bavière. C'est la première fois qu'Edda est scolarisée. Pendant la guerre, elle bénéficiait d'une institutrice personnelle, puis sa mère avait pris en charge son éducation. Lorsqu'elle prend connaissance de son nom, la directrice de l'école se montre d'abord très réticente, mais elle se sent obligée d'accepter une si brillante élève. Edda restera à St. Anna jusqu'à son baccalauréat, en 1958. Lors de l'épreuve, elle a pour sujet de dissertation : « L'oubli est-il à la fois une grâce et un danger ? » En 1949, elle doit pour la première fois faire face à un conflit sur la propriété de certains de ses biens. Le 11 juillet, sa mère requiert une procédure pour obtenir la restitution des cadeaux qui, selon elle, auraient été offerts à Edda par son père ou par « des parrains et marraines, avec la meilleure volonté du monde, je ne sais pas par qui ». Il s'agit notamment du tableau de Cranach *La Madone et l'Enfant*. Mais l'avocat général de l'Office bavarois, le Dr Auerbach, fait valoir que ces biens ont été offerts par des gens « qui voulaient se faire bien voir de son illustre père[32] ». Une procédure de la chambre de dénazification est alors ouverte contre Edda.

La jeune fille étudie le droit en vue de devenir avocat mais elle abandonne rapidement des études qu'elle considère trop arides, même si elle obtient un diplôme de l'université de Munich. Comme Gudrun Himmler, elle voue un amour inaltérable à son père, refusant de voir en lui un des initiateurs de la Shoah. Edda est convaincue qu'il n'est en rien responsable de la persécution des Juifs, lui qui pourtant, en juillet 1941, a ordonné à Heydrich la mise en œuvre de la solution finale en Europe[33].

Edda adhère pleinement à l'analyse de sa mère, avec qui elle vivra retranchée dans un petit logement de Munich jusqu'à la mort de cette dernière, en 1973. L'appartement est un musée à la gloire de ce père qui, s'il n'était pas devenu un homme politique, aurait pu être fabricant de chocolat, comme son grand-père. « S'il s'était contenté de fabriquer des tablettes de chocolat comme mon grand-père, aujourd'hui nous serions tous ensemble, heureux », regrette sa fille. En 1967, Emmy décide d'écrire ses Mémoires pour rétablir la vérité et rectifier « mensonges et erreurs ». Alors qu'elle ne peut plus rien ignorer des atrocités nazies et de leurs millions de morts, son Göring n'est pour elle que bonté, amour et altruisme.

Pour Edda comme pour Gudrun Himmler, seul

Edda Göring

Hitler est responsable. Göring reste pour sa fille « un père magnifique ». « Mon père n'était pas un fanatique. On pouvait lire la paix dans ses yeux... Je l'ai beaucoup aimé et on voyait qu'il m'aimait. » Elle a toujours été fière de son nom, qu'elle porte avec orgueil. Elle considère qu'il lui donne plutôt des avantages, notamment en voyage, car en apprenant son nom on lui présente des personnalités locales. « Lorsque l'on apprend que je suis la fille de Göring, les garçons de restaurant refusent de me laisser payer la note, le chauffeur de taxi ne me réclame plus le prix de la course », dit-elle, non sans une pointe d'arrogance. La fille de l'homme fort du IIIe Reich travaille comme infirmière dans le laboratoire d'un hôpital de Wiesbaden, en Allemagne. Elle maintient des liens avec Winifred Wagner, femme du fils de Richard Wagner et amie de longue date d'Adolf Hitler. Tout comme son époux, Emmy Göring appréciait beaucoup le compositeur ; d'après elle, sa fille aurait hérité de son père son amour pour Richard Wagner. Après la chute du Reich, Winifred Wagner est destituée de la direction du Festival de Bayreuth, initialement dirigé par Richard Wagner lui-même. Dans les années 1950, Winifried, qui n'a jamais renié son passé, évolue dans les mouvances d'extrême droite. A l'occasion de rassemblements groupusculaires, elle retrouve Edda Göring, Ilse Hess ou le leader fasciste anglais Oswald Mosley. Florentine Rost van Tonningen, « veuve noire » néonazie des Pays-Bas, a confirmé dans un entretien qu'Edda était demeurée fidèle à la mouvance néonazie, participant parfois à des manifestations. Il existe des similitudes troublantes entre la fille d'Himmler, le bureaucrate borné, initiateur de la solution finale, et celle de Göring, le Néron du nazisme. Toutes deux restent dans l'adoration de leurs pères, nient les crimes de ces derniers et vivent ou ont vécu l'après-guerre à Munich, dans des maisons-musées à la gloire paternelle. Autre point commun : comme Edda, Gudrun Himmler évite tout contact avec les journalistes. Un grand reporter du quotidien *Le Monde* relate ainsi sa tentative d'entretien avec la fille de Göring dans les années 1990 : « Edda Göring à l'appareil », annonce-t-elle fermement, selon la formule consacrée en Allemagne lorsque l'on décroche le téléphone. Quand elle prend connaissance de l'objet de l'appel, une enquête auprès d'enfants de nazis sur la mémoire de la Shoah, Edda répond fermement : « Je ne donne aucun entretien. » Elle tient toutefois à souligner : « Je n'ai jamais eu de problème avec mon nom. Au contraire. C'est une fierté. (...) Mon père est toujours populaire en Allemagne. Les médias n'aiment pas le dire mais ils ne reflètent pas l'opinion. Le gouvernement bavarois nous a fait souffrir ma mère et moi, mais le peuple, lui, nous a toujours soutenues. » Elle a répondu d'une traite, avec passion, colère, rancœur. Elle pense en avoir trop dit. « Pas d'entretien », répète-t-elle. Pour conclure, juste une phrase, une seule : « J'aime très fort mon père, cela au moins vous pouvez l'écrire[34]. »

Comme dans la famille Himmler, c'est la petite-nièce de Göring et son frère qui semblent rejeter ce lourd passé. A trente ans, tous les deux choisissent de se faire stériliser pour briser la lignée, ne pas engendrer un autre Göring, un autre monstre. Bettina Göring, qui vit retirée du monde, sans eau ni électricité, de l'autre côté de l'Atlantique, au Nouveau-Mexique, pense qu'elle ressemble à ce grand-oncle bien plus que sa propre fille. Lorsqu'elle évoque Hermann Göring, le Reichsmarschall, elle souligne qu'il était si effrayant que tous les membres de la famille, bien qu'étant eux aussi d'ardents nazis, semblaient insignifiants. A onze ans, lorsque Bettina regarde avec sa grand-mère un documentaire sur les camps de concentration, cette dernière rectifie : « Il ne s'agit que de mensonges ! » Chez les Göring, comme dans de nombreuses familles allemandes, le plus simple est de nier toute implication personnelle. Aucune action répréhensible, même de la part d'Hermann Göring[35].

Matthias Göring, petit-neveu d'Hermann Göring, a quant à lui embrassé le judaïsme. A quarante ans, il a décidé de porter une kippa et une étoile de David, de manger casher et de célébrer shabbat. Dans les années 2000, suite à la faillite de son cabinet de physiothérapie, sa femme l'a quitté : désespéré, il est alors proche du suicide. Il prie pour que Dieu lui vienne en aide et pense avoir reçu des signes du destin le conduisant en Terre sainte. Il choisit d'aller en Israël et d'intégrer la communauté des victimes. D'après lui, sa conversion n'est pas liée à une quelconque culpabilité. « Je ne me sens pas coupable. Il y a une culpabilité spirituelle dans notre famille, dans la nation allemande, et il est de notre responsabilité de le déclarer ouvertement. Je crois que Dieu a pris l'opportunité d'utiliser mon nom pour changer certaines choses dans le cœur des autres[36]. »

Enfants de nazis

Quant à Edda Göring, elle ne dévie pas de sa ligne de conduite. En 2015, à soixante-seize ans, elle a entamé une procédure à l'encontre du parlement bavarois pour obtenir la restitution d'une partie des biens et avoirs confisqués à son père après la Seconde Guerre mondiale. Elle a immédiatement été déboutée de son action.

WOLF R. HESS

L'enfant de l'ombre du dernier des criminels de guerre

A son fils, il ne dira rien. Il est bien trop jeune et sa mission est des plus secrètes. Aujourd'hui, exceptionnellement, il a pris quelques heures de son temps pour jouer avec lui au petit train, puis il le serre fort dans ses bras, avant de le confier à sa nourrice pour le coucher. Il sait qu'il le voit sans doute pour la dernière fois. C'est au milieu des jouets de l'enfant qu'il cache des lettres à ses proches et son testament, au cas où. Avant de partir, il prend soin de mettre une photo de son fils aimé dans la poche de sa veste.

A Churchill, il a l'intention de dire que l'Allemagne garantit à l'Angleterre son empire pourvu qu'en échange cette dernière lui laisse les mains libres. Il ira seul. Des puissances surnaturelles lui ont dicté son destin lors d'un rêve, il lui appartient désormais de l'accomplir. Sa décision de soumettre en personne une proposition de paix aux Anglais, il l'a prise à la suite de visions récurrentes où apparaissaient « d'innombrables rangées de cercueils d'enfants accompagnés de leurs mères en larmes[1] ». Lui qui est toujours resté dans l'ombre va enfin pouvoir reprendre toute son influence auprès de « l'Homme », qu'il vénère de tout son être : le Führer.

Enfants de nazis

Pour mener à bien sa mission, il est allé voir le Pr Willy Messerchmitt, dans son atelier d'Augsbourg, et lui a dit vouloir apprendre à piloter un Bf 110. Un avion sans code opérationnel sera ainsi mis à sa disposition. Il le fait adapter. L'avion est désarmé et assorti de réservoirs d'essence supplémentaires, pour augmenter son rayon d'action de 4 200 kilomètres, soit dix heures de vol.

Depuis des mois, le pilote effectue des vols d'entraînement et se tient informé de la météo. A plusieurs reprises, il a dû renoncer pour cause de mauvais temps.

Mais ce samedi 10 mai 1941, à 17 h 45 MET, l'aéronef de la marque Messerschmitt Bf 110, code radio VJ+OQ, quitte la piste de l'aérodrome d'Augsbourg, à une soixantaine de kilomètres de Munich.

Le même jour, la Luftwaffe lance un raid nocturne sur la ville de Londres. Grâce à des cartes aériennes soigneusement analysées, le pilote du Messerschmitt connaît au mieux sa navigation. Il sait la mission périlleuse. Une fois dans les airs, il sera impossible de faire demi-tour. En bleu, il a entouré son point de chute, dans le nord de l'Angleterre, plus précisément en Ecosse.

Ce soir, la nuit est belle et dégagée au-dessus de l'Allemagne. Il a revêtu son uniforme neuf de la Luftwaffe, impossible d'accomplir cette mission habillé en civil. Il se considère comme un messager porteur de paix et veut être crédible dans son rôle. L'uniforme s'impose donc. Avant de monter à bord de l'avion gris de la Luftwaffe, il a donné à son second une lettre que celui-ci devra remettre au Führer quatre heures après son départ.

Lorsque son avion se fond dans les airs, une foule

Wolf R. Hess

d'idées se bousculent dans sa tête. Il est convaincu de tenir son destin entre ses mains et d'accomplir les souhaits du Führer, qui lui en sera forcément reconnaissant. Si je réussis, songe-t-il, l'Histoire m'en sera redevable, je serai digne de lui. Cette paix, Hitler la désire autant que moi. Il garde en tête les images du rêve qui a achevé de le convaincre. Cette mission est devenue une obsession, son unique destin.
Lui, c'est Rudolf Hess, le dauphin du Führer.

Après avoir volé pendant quatre heures et franchi près de 1 600 km, seul, depuis la Bavière, à 22 h 5, l'avion, qui désormais vole à basse altitude, entre 32 et 50 pieds, entre dans l'espace aérien anglais par le petit archipel des îles Farne. Il est signalé par le Royal Corps of Signals, au sud de la ville d'Edimbourg. Hess défie la défense anti-aérienne anglaise. La RAF (Royal Air Force) tente d'intercepter l'avion, sans succès. Ils perdent sa trace. L'appareil a bifurqué vers l'ouest, en direction de la ville de Glasgow. Il vole désormais à l'intérieur des côtes britanniques.

A 23 heures, pensant avoir atteint son but, la maison du duc d'Hamilton, à Dungavel, le pilote saute pour la première fois de sa vie en parachute, et atterrit dans un champ près d'Eaglesham. Il se trouve à environ 20 km de la propriété du duc. Blessé à la cheville, il est arrêté vers minuit par les autorités britanniques. Les Anglais sont intrigués par sa carte de navigation, sur laquelle est entourée la propriété du duc d'Hamilton, et par les cartes de visite d'un certain Karl Haushaufer, l'homme censé lui ouvrir les portes en Angleterre. Au petit matin, Rudolf Hess est rapidement identifié, notamment par le duc d'Hamilton dont il pensait qu'il serait ouvert à des négociations de paix avec l'Allemagne.

Lorsque le 11 mai, le Führer a en main la lettre personnelle remise par les deux aides de camp de Hess et prend connaissance des faits, il interroge le célèbre pilote de chasse Ernst Udet sur la faisabilité d'un tel voyage. « Impossible ! » lui répond le chef des services techniques de la Luftwaffe. Quelles que soient les conditions météorologiques, le bimoteur ne pouvait atteindre son but en Ecosse. Les vents latéraux lui feraient inéxorablement rater l'Angleterre et s'écraser en mer du Nord. Il avait tort[2].

Rudolf Hess est né le 26 avril 1894, à Alexandrie, en Egypte, dans une riche famille de commerçants allemands. Le jeune Rudolf passe les premières années de sa vie dans un véritable palais, entouré de domestiques. Le garçon est proche de sa mère, Klara Munch, femme aimante et aimée qu'il n'oubliera jamais. En 1949, alors incarcéré à Spandau, il fait sienne cette phrase de Kant : « Je n'oublierai jamais ma mère. Elle a semé en moi et elle a nourri la première graine de bien ; elle a ouvert mon âme aux impressions de la nature ; elle a éveillé mon intérêt et élargi mon champ de réflexion. Ce qu'elle m'a appris a eu sur ma vie une influence durable et salutaire », et il ajoute : « Ce n'est pas vrai seulement pour la mère de Kant[3]. » Rudolf Hess restera toute sa vie en contact avec cette mère qu'il adule. Son père, lui, est un commerçant puritain et strict, qui supporte mal la contradiction. Il souhaite que Rudolf lui succède dans ses affaires et lui impose des études commerciales. Mais le fils n'a qu'une idée : fuir.

Wolf R. Hess

Son échappatoire sera l'armée. Il a vingt ans quand la Première Guerre mondiale est déclarée, et il se forme alors au pilotage. Lorsque, au mois d'avril 1920, il entend et voit Adolf Hitler pour la première fois, il dit avoir eu une sorte de vision. Il pense immédiatement avoir trouvé « l'Homme », seul capable de redresser l'Allemagne et de lui redonner sa fierté.

Dès le mois de juillet suivant, il devient le seizième homme du parti nazi. A cette date, le parti est loin des 8 ou 8,5 millions de membres qu'il comptera quelques années plus tard. A priori, rien ne destine alors le timide Rudolf Hess à devenir le dauphin d'Adolf Hitler, puis le troisième homme du Reich. Rien, sauf peut-être son indéfectible fidélité au Führer. Il veut devenir « le chevalier Hagen du parti », comme il aime à le dire. Celui qui, dans la légende des *Nibelungen*, est prêt à tout pour son seigneur, même à commettre un crime. Tout chez lui n'est qu'asservissement à Hitler, avec lequel, pour reprendre les propos de sa femme, il entretient un lien « quasi magique[4] ». « Je n'ai pas de conscience, ma conscience c'est Adolf Hitler », répète-t-il. Rudolf Hess est l'homme de confiance à qui Hitler confie la charge du parti, peut-être pour mieux l'en écarter par la suite. On lui reproche une « fidélité de caniche ». Et il se voit vite supplanté par son second, un certain Martin Bormann, dont la soif de pouvoir est sans limite.

En cette même année 1920, Rudolf rencontre sa femme, Ilse Prohl. Ilse est alors étudiante. Elle loue une chambre dans la même maison que lui, dans le quartier de Schwabing, à Munich. Le couple se marie le 20 décembre 1927 mais il a du mal à avoir un enfant. Il leur faudra une dizaine d'années pour y parvenir.

Pendant tout ce temps, ils se tournent vers les médecines parallèles. Tous deux sont férus de sciences occultes et consultent des guérisseurs en tout genre. Magda Goebbels raconte qu'Ilse lui a dit « cinq ou six fois en l'espace de quelques années qu'elle attendait enfin un bébé. En général c'était lorsqu'un prophète du bonheur le lui avait assuré[5] ». Son mari aime lui aussi se faire tirer les cartes ou dire la bonne aventure par de vieilles voyantes. Un proche de Goebbels indique : « Goebbels parla de la maladie mentale de Hess et raconta la comédie concernant Hess et sa femme qui, pendant des années, s'étaient efforcés d'avoir un héritier. Personne ne savait si l'enfant était bien de lui. Hess était apparemment allé en compagnie de sa femme consulter des astrologues, des tireurs de cartes et autres magiciens, et il avait absorbé toutes sortes de mixtures et de médicaments avant de réussir à engendrer un héritier[6]. » Enfin, Felix Kersten, le masseur d'Himmler, indique pour sa part avoir vu Hess couché dans son lit, avec douze aimants suspendus au-dessus et au-dessous de son matelas. Rudolf Hess lui aurait indiqué faire une cure de magnétisme, afin de retirer de son corps « toute substance nocive ».

Pendant sa grossesse, Ilse supporte mal ses rondeurs. Surtout lorsqu'elle doit rencontrer des femmes comme la duchesse de Windsor, qu'elle considère comme la femme la plus élégante du siècle. Elle est mal dans son corps et mal à l'aise en société. Elle aimerait que l'enfant soit un garçon, mais surtout pas un politicien, car elle estime qu'il est rare que le père et le fils réussissent dans le même domaine, le second étant toujours éclipsé par le premier[7].

Wolf R. Hess

Lorsque Wolf Rüdiger, le fils tant désiré, vient au monde le 18 novembre 1937, son père a quarante-trois ans. L'accouchement de sa femme est difficile et douloureux, mais l'enfant est là. Hess apprend cette naissance si attendue alors qu'il se trouve avec Hitler dans son célèbre nid d'aigle, à Berchtesgaden. Il est submergé de joie et son visage s'éclaire d'un de ces sourires béats dont il a le secret et qui laisse entrevoir une certaine folie. Rudolf Hess a en effet une physionomie très particulière et un air illuminé, avec ses yeux enfoncés dans leurs orbites, ses pommettes saillantes et ses sourcils proéminents. Les Hess choisissent pour leur fils un prénom qui est une combinaison du surnom que le Führer s'était attribué durant ses années de combat politique, « Wolf », et du nom d'un héros des *Nibelungen* – légende allemande tant vénérée des nazis – « Rüdiger ». Les Hess sont convaincus de l'influence des astres sur la destinée. Ilse tient à souligner que le jour de la naissance de leur fils, les étoiles étaient propices. La nuit précédente, la lune était pleine, et le petit est né sous l'influence de Jupiter, Mars et Vénus[8].

A l'issue d'une cérémonie païenne dite « de nomination » – destinée à remplacer le baptême religieux, banni par les nazis – l'enfant a deux parrains : Adolf Hitler et le Pr Karl Haushofer[9], professeur d'université et géopoliticien dont son père a été le disciple, et qui est resté un ami proche. L'enfant reçoit de nombreux cadeaux de toute l'Allemagne. Mais surtout, l'ordre est donné à tous les *Gauleiter* du pays, les patrons régionaux du parti, d'envoyer un petit sac de terre de la région qu'ils administrent. Pour Rudolf Hess, grâce à cette terre placée sous le berceau, l'enfant commence véritablement sa vie en terre allemande. Ilse tient à préserver son fils du monde extérieur, elle qui a toujours tenu à leur intimité familiale. Elle souhaite que Rudolf Hess ne demeure jamais trop loin, de peur que le petit garçon ne reconnaisse pas son papa et ne doive systématiquement se réhabituer a lui. Aussi Hess se retire-t-il dès qu'il le peut dans sa famille, pour profiter de son fils. Il est très fier de lui et certain qu'il est promis à un grand destin. Selon lui, la forme de ses oreilles laisse présager un avenir de « musicien de génie ». Même si aucune aptitude particulière n'est décelée chez l'enfant, il s'endort sur fond de mélodies classiques, et se réveille au son du jazz[10].

Wolf Rüdiger n'a que trois ans et demi lorsque, à la surprise générale, son père s'envole secrètement pour l'Angleterre afin de signer une « paix séparée ». Cette tentative infructueuse demeurera une des énigmes du XXe siècle, tant elle a prêté à des spéculations en tout genre. Aujourd'hui encore, il reste des ombres sur ce vol du samedi 10 mai 1941, certains documents anglais étant toujours classifiés secret défense. Aucun proche de Hess n'est au courant de son projet. Sa femme a certes aperçu des bulletins météorologiques, ces cartes à côté de leur lit, et elle a pressenti que quelque chose se tramait, mais elle n'avait aucune idée de ce dont il s'agissait. La possibilité d'une mission en France lui avait traversé l'esprit. Elle avait bien envisagé la possibilité d'une rencontre avec le maréchal Pétain, mais l'Angleterre, jamais[11]. Elle s'était également étonnée de la tenue vestimentaire de son mari, ce soir-là. Pourquoi avait-il revêtu sa tenue de la Luftwaffe avec sa chemise bleue et sa cravate sombre, celle qu'elle aimait tant mais qu'il ne portait plus jamais ? Et pourquoi ses bottes de pilote, qui depuis longtemps ne sortaient plus du placard ? Le Führer avait fait promettre à Hess, pilote émérite mais aussi casse-cou, de cesser de voler. Lorsqu'elle lui avait demandé quand il serait de retour, son mari avait dit qu'il rentrerait le lundi suivant mais elle ne l'avait pas cru. Le Führer était-il ou non au courant de cette tentative ? L'approuvait-il ? Cela reste un mystère. Pour son fils, aucun doute, Hitler en avait connaissance. Il tentera toute sa vie d'établir ce qui selon lui est la vérité.

La réalité est plus complexe. Il semble que Hess ait pris cette décision en croyant interpréter les souhaits du Führer. Lui qui l'a assisté dans la rédaction de *Mein Kampf*, lors de leur incarcération commune, à la prison de Landsberg, est convaincu qu'Hitler voulait maintenir une entente avec l'Angleterre. Certains évoquent à ce sujet la lettre de quatorze pages que Hess aurait écrite au Führer et fait remettre après son départ, lettre dans laquelle il aurait expliqué les raisons de son voyage et de la rencontre qu'il a prévue avec le duc d'Hamilton, féru d'aviation et qu'il prend pour un germanophile convaincu. Rudolf Hess, lui, a toujours nié l'implication du Führer dans cette affaire. Pour d'autres, tel Hermann Göring, « Hess est fou, il est fou depuis longtemps. Nous l'avons compris lorsqu'il s'est envolé pour l'Angleterre. Pensez-vous qu'Hitler aurait envoyé le troisième homme du Reich dans une telle mission sans aucune préparation ? Hitler a "explosé" lorsqu'il l'a su. Pensez-vous que c'était un plaisir pour nous que publicité soit faite de la folie d'un des leaders du parti ? Si nous avions vraiment voulu négocier avec les Anglais... mes connexions m'auraient permis d'organiser des pourparlers dans les quarante-huit heures... Non, Hess a décollé sans dire un mot[12]... ».

A la suite de son arrestation en Angleterre, tous les collaborateurs directs de Rudolf Hess sont incarcérés, et la presse nazie fait état de ses troubles mentaux. Le Führer déclare à son propos que, s'il rentre en Allemagne, il l'enverra dans un asile d'aliénés ou le fera immédiatement fusiller. On évoque une maladie engendrant une dégénérescence mentale. Pour Hans Frank, le gouverneur de Pologne : « Selon le Führer, il est maintenant clair que Hess s'en remettait totalement aux astrologues, iridologues et guérisseurs[13]. » Sujet à de longues périodes d'amnésie, feintes ou réelles, Rudolf Hess restera incarcéré en Angleterre jusqu'en octobre 1945, date de son transfert à Nuremberg. Selon certains psychiatres, il est atteint de paranoïa aiguë et d'une folie grandissante. Ainsi, il conserve de la nourriture qu'il souhaite faire examiner afin de démontrer que les Alliés ont tenté de l'empoisonner. A plusieurs reprises, il échange discrètement son plateau-repas avec celui d'un officier supérieur, de peur que le sien ne contienne une substance nocive. Lors de son incarcération à Nuremberg, Hermann Göring précise au sujet de Rudolf Hess : « Lorsque le café est trop chaud, il pense qu'on tente de le brûler. Lorsqu'il est trop froid, on tente de le contrarier. Il ne dit pas exactement cela, mais c'est le genre de propos qu'il tient[14]. »

La disgrâce de Rudolf Hess contraint sa femme et son fils à quitter leur maison de Munich, dans laquelle le petit Wolf est né. Tous deux partent s'installer à Bad Oberdorf, dans leur maison de vacances, le « Bürgle ». D'après Wolf Rüdiger Hess, Martin Bormann, le remplaçant de Rudolf Hess en qualité de secrétaire du Führer, est à l'origine de leurs déboires. Consciente du rôle joué par Bormann, la maîtresse d'Hitler, Eva Braun, les soutient. « N'hésitez pas à me faire savoir si vous avez besoin de quelque chose, je m'entretiens avec Hitler hors de la présence de Bormann », leur écrit-elle[15]. Pour Wolf Rüdiger Hess, cette phrase est révélatrice de l'influence nuisible de Bormann. Très vite, le nom de Hess disparaît en Allemagne et sa photo est retirée des murs et des écoles. Les rues qui portaient son nom sont rebaptisées. L'enfant est encore trop petit pour se rendre compte de l'opprobre jeté sur son père même si certains de ses camarades s'éloignent de lui, et si parfois son ascendance le rattrape.

Pour sa part, Rudolf Hess est heureux que son fils soit un « garçon de la montagne ». La maison de Bad Oberdorf est en effet dans une belle région, à une altitude de 843 mètres, encaissée dans les Alpes de l'Allgäu, à l'orée de la vallée de l'Iller. C'est une destination appréciée des amateurs de paysages montagnards. Le 21 octobre 1941, Rudolf Hess reçoit la première lettre de son fils, alors âgé de quatre ans. La lecture de ces mots écrits d'un trait enfantin le plonge dans une tristesse extrême. Il se demande s'il aura un jour l'occasion de revoir cet enfant tant désiré et tant adoré. Durant ses années d'incarcération, ce que Rudolf Hess apprécie avant tout, c'est recevoir des nouvelles de sa femme et de son fils, qu'il nomme « Buz ». Il est rassuré de savoir que son enfant chéri ne l'oublie pas et il s'intéresse de près à son éducation. Dans ses lettres, il lui prodigue de nombreux conseils, lui donne des leçons d'échecs, l'incite à bien parler. Lorsque l'enfant évoque sa volonté de devenir un conducteur de benne à ordures pour la ville de Munich, il l'oriente plutôt vers une carrière de conducteur de trains ou de pilote. Il déplore toutefois les difficultés d'une éducation à distance et tous deux souffrent de ne pas être réunis. Wolf Rüdiger Hess commence alors sa vie dans l'ombre lointaine de son père, ce père affectueux dont il n'a que très peu de souvenirs. Il garde en mémoire sa voix rassurante, lorsqu'un jour il avait été effrayé par une chauve-souris qui s'était introduite dans leur maison. Il se rappelle également son père jouant avec lui, dans leur jardin de Munich[16].

Mais avec les années, les souvenirs s'estompent. Les photos jaunissent, et l'image de son père devient plus floue. Il a pour lui un respect sans bornes et affirme que, contrairement à Hermann Göring, dont la cupidité ne connaissait pas de limites, son père n'a jamais usé de son pouvoir pour s'enrichir. « Je ne te souhaite qu'une chose dans ta vie : que quelque projet te "brûle" – que ce soit une invention technique, une découverte médicale ou une pièce de théâtre – même si personne ne veut construire ta machine ni monter ou même lire ta pièce, et que les médecins de toutes les facultés te tombent dessus, avec une rare unanimité, pour mettre en lambeaux tes théories[17] », écrit ainsi Rudolf Hess à son fils en 1945, depuis sa geôle. Il déplore aussi que la censure autorise les Alliés à lire ses courriers et à pénétrer ainsi dans l'intimité familiale.

Le tribunal de Nuremberg n'a pas retenu contre Hess l'accusation de crime contre l'humanité, mais l'a reconnu coupable de crime contre la paix, le condamnant à la prison à perpétuité. Comme l'indique un de ses camarades de

Wolf R. Hess

classe à Wolf Rüdiger Hess à l'issue du procès de Nuremberg : « Sois content, ton père vivra[18]. » Cette condamnation est un choc terrible pour son fils alors âgé de huit ans. Il ne la comprendra ni ne l'acceptera jamais. Pour Wolf Rüdiger Hess, la sentence demeurera à jamais injustifiée. Comment son père, qu'il estime être un martyr de la paix, a-t-il pu être condamné ? Pour lui, ce procès n'est rien d'autre qu'une parodie de justice. Les derniers mots de Rudolf Hess à Nuremberg avant que ne tombe la sentence ont marqué les esprits : « Je ne regrette rien, s'il fallait tout reprendre à zéro j'agirais de la même manière, même en sachant qu'à la fin je mourrais sur le bûcher. »

Rudolf Hess ne reniera jamais son fanatisme et son antisémitisme. A propos de cette sentence, le rabbin Abraham Cooper, du centre Simon Wiesenthal de Los Angeles, centre d'étude de l'Holocauste, écrit que « la prison à vie pour ce nazi non repentant est un acte de compassion en comparaison de la souffrance infligée à des millions de personnes requalifiés en sous-hommes, sous la plume de Hess[19] ». Après neuf mois passés à Nuremberg, Hess est transféré à la prison de Spandau, avec six autres condamnés. Dans cette forteresse de brique rouge d'une capacité de six cents prisonniers, seuls sept détenus devaient vivre, Hess étant le numéro sept. Les conditions de détention sont difficiles. L'isolement complet est fréquent et Hess refuse pendant vingt-quatre ans que sa famille lui rende visite.

Heureusement pour Wolf Rüdiger, les enfants du village de Bad Oberdorf ne se soucient guère de savoir qui est le père de celui qu'ils appellent affectueusement « Buz ». Une fois, tout de même, un enfant du voisinage l'invective par un : « Ton père était un nazi ! », ce à quoi, trop jeune pour saisir l'ampleur des faits reprochés à son père, Wolf Rüdiger aurait répondu : « Ton père aussi ! », avant que l'enfant mette fin à la dispute par un « Le tien en était un plus gros ! ».

Le fait qu'il vive seul avec sa mère n'attire guère l'attention dans l'Allemagne de l'après-guerre où nombre d'enfants n'ont pas de père à la maison. Mais le 3 juin 1947, sa mère est arrêtée et internée avec les autres femmes de dirigeants nazis, parmi lesquelles Emma Göring, Brigitte Frank, Henriette von Schirach, Grete Frick. Dans la prison d'Aubsbourg-Göggingen, Ilse Hess est affectée au baraquement V, chambre cinq. Le 7 juin 1947, elle écrit à son mari qu'elle a « de la chance d'avoir été affectée à une chambrée amicale, commandée par une vieille femme à la voix d'homme qui fume comme un pompier[20] ». Dans une autre lettre, Ilse fait état du courage de son fils lors de son arrestation. A la vue de la police, Wolf Rüdiger Hess, qui n'a alors que neuf ans, s'est caché dans le garde-manger, à l'abri du regard des autres, pour pleurer. Ilse Hess restera en prison jusqu'au 24 mars 1948. A l'issue du procès de dénazification, elle est dépossédée de tous ses biens.

Quelques semaines après l'incarcération d'Ilse, Wolf Rüdiger, qui avait été confié à sa tante Inge, est autorisé à rejoindre sa mère. Dans le camp, il retrouve d'autres enfants de criminels nazis, telle Edda Göring. Chaque jour, il aime à se rendre en cachette dans le camp des hommes pour écouter toutes sortes d'histoires, et se rêve en soldat. C'est dans ces années d'après-guerre que Wolf Rüdiger Hess apprend par bribes le rôle qu'a tenu son père dans l'avènement et les atrocités du IIIe Reich.

Wolf R. Hess

En 1950, Wolf Rüdiger intègre un internat près de Berchtesgaden, mais à la suite d'un scandale lié à des cas d'homosexualité dans l'établissement, sa mère le retire de l'école. Elle tente de l'inscrire dans l'institution de Salem *Schule Schloss Salem*, mais se heurte à une fin de non-recevoir : le margrave Berthold von Baden refuse d'accueillir le fils de l'ancien adjoint du Führer dans sa célèbre école. L'enfant retourne donc à Berchtesgaden, où il intègre une école chrétienne du nom de « Christophorus ». En septembre 1950, Rudolf Hess écrit à son fils : « Il faut me croire lorsque je te dis que digérer une injustice silencieusement, sans broncher, tout en ayant parfaitement conscience de la droiture de sa conduite, ne peut impacter la liberté intérieure de chacun[21]. » En 1954, Ilse Hess écrit un livre : *Rudolf Hess, Prisoner of Peace*. Elle y relate l'histoire du vol de son mari entre Augsbourg et l'Angleterre en mai 1941 et publie toute leur abondante correspondance à compter de l'incarcération de Rudolf Hess. Leurs lettres ont un code qui leur est propre, ils marquent par exemple le « rire » par une ligne ondulée. Un rituel que les Anglais ont dans un premier temps analysé comme un code secret.

En 1955, Ilse Hess crée une pension de famille dénommée « Bergherberg », sur le Gailenberg, dans l'Allgäu. Jusqu'à sa mort, elle restera proche des sympathisants du national-socialisme et de l'organisation dont la figure de proue est Gudrun Himmler. Ilse correspond entre autres régulièrement avec Winifred Wagner, la femme du fils de Richard Wagner, qui elle-même demeurera à jamais une sympathisante du NSDAP (Parti national-socialiste des travailleurs allemands). Wolf Rüdiger Hess est ainsi élevé dans un environnement où les idéaux nazis ne sont en rien reniés, bien au contraire.

Il poursuit ses études sans encombre, passe son baccalauréat en 1956. Diplôme en poche, il part voyager avec un camarade d'école en Afrique du Sud. Là, il découvre une réalité différente de celle relatée dans la presse. Il pense que la séparation des races est une bonne chose et le leadership des Blancs, une évidence[22]. Durant ce voyage, il contracte une maladie tropicale dont il pense que le traitement est à l'origine des graves problèmes de reins qu'il aura quelques années plus tard.

C'est à cette époque qu'il décide de se démarquer de ce que les médias ont révélé du IIIe Reich, et plus particulièrement de ce qui a été dit à propos de son père, Rudolf Hess. Il prend fait et cause pour cet homme qu'il juge victime d'une injustice. Pour Wolf Rüdiger Hess, son père n'a pu opérer de tentative de paix avec l'Angleterre qu'avec l'assentiment d'Hitler. A l'appui de cette thèse, outre la proximité entre les deux hommes, il évoque l'entretien de près de quatre heures qu'ils ont eu quelques jours avant le vol. Puis, après l'incarcération de son père, Hitler se serait assuré que sa mère touche bien une pension. Wolf Rüdiger conteste formellement la théorie mise en avant par certains historiens, selon laquelle son père aurait pris l'initiative de cette tentative de paix pour restaurer son autorité auprès du Führer.

En 1959, il refuse de servir dans la Bundeswehr au motif que son père aurait été condamné à la prison à vie parce qu'il est cosignataire de la loi du 16 mars 1935, introduisant le service militaire. Il se présente à deux reprises devant une commission de réforme et, au médecin militaire qui l'interroge sur le corps d'armée qu'il préfère, il explique : « Si je n'étais pas contraint de refuser le service militaire, je serais intéressé par les chasseurs alpins. » En 1959, il écrit à la commission de réforme : « Vous comprendrez sûrement que ma conscience m'interdit d'effectuer le service militaire pour le compte de ceux qui ont jugé mon père. » Si les autorités souhaitent qu'il effectue son service militaire, déclare-t-il, elles n'ont qu'à le faire arrêter. Dans un premier temps, ses demandes d'exemption sont rejetées faute de fondement légal mais en 1964, il est finalement dispensé de service militaire en tant qu'objecteur de conscience. Il entreprend des études à l'Université technique de Munich et devient ingénieur civil[23].

Dès les années 1960, il œuvre pour la réhabilitation de son père. Il s'attache à diffuser dans tous les médias le mythe du messager de la paix, un mythe que son père et son avocat Alfred Seidl ont contribué à créer dès le procès de Nuremberg. Face à cette « justice des vainqueurs », comme aimait à le souligner Hess, sa défense était axée sur sa qualité d'ambassadeur de la paix. Une pétition lancée par le comité de libération « Liberté pour Rudolf Hess » aurait réuni plus de 350 000 signatures, dont celles d'anciens présidents de l'Allemagne de l'Ouest, Gustav Heinemann et Richard von Weizsäcker, des prix Nobel Otto Hahn et Werner Heisenberg ou d'écrivains dont Ernst Jünger. Il parvient également à convaincre certains historiens tel Golo Mann, le fils de Thomas Mann, qui accepte de préfacer un de ses livres et souligne que Hess n'était pas un homme de guerre. Mais la première convaincue, qui se tiendra toujours à ses côtés, c'est sa mère Ilse.

Le 20 novembre 1967, Ilse Hess accorde une interview

au journal allemand *Der Spiegel*. Elle n'a pas revu son mari Rudolf depuis son envol pour l'Angleterre, soit depuis près de vingt-six ans. Incarcéré à Spandau, il a préféré ne pas infliger ce spectacle à sa famille. Pour Ilse, l'échec de sa tentative de paix avec l'Angleterre serait à l'origine de sa dépression. Elle refuse d'accepter le diagnostic de la maladie mentale, tout au plus admet-elle un épisode dépressif.

Les médecins sont divisés sur son état. Pour certains, Hess est dépressif, pour d'autres, il est atteint de schizophrénie ou de pathologies multiples. Le médecin britannique, major du RAMC (Royal Army Medical Corps) et psychiatre Henry Victor Dicks, qui l'a examiné après son arrestation en Angleterre, pense que Rudolf Hess montre des signes de grave dépression et de schizophrénie paranoïaque. « Quand je suis entré dans la chambre, ma première impression a été : Mon Dieu, voilà un cas de schizophrénie typique », conclut le psychiatre. Il relève aussi une tendance à l'hypocondrie et constate que, lors de son vol pour l'Angleterre, Hess a pris avec lui de l'aspirine, des laxatifs, des comprimés de caféine, des barbituriques, de l'antiseptique, des métaamphétamines, des opiacés, de la médecine homéopathique et des comprimés contre le mal de l'air[24] ! Son diagnostic de dépression est confirmé par la tentative de suicide de Hess. A la demande de Winston Churchill, qui tient à la version selon laquelle Hess est parfaitement sain d'esprit – en cas de démence les Allemands auraient pu demander son rapatriement –, les pathologies dont souffre Hess ne sont pas divulguées. Ce diagnostic est confirmé par le psychologue américain Douglas M. Kelley au cours du procès de Nuremberg.

Wolf R. Hess

Il estime qu'il est dans un état « proche d'une grave dépression nerveuse[25] ». Il est également imputé à Hess un complexe du père, lié à Hitler. Rudolf Hess aurait cherché un succédané d'autorité paternelle, dans un premier temps auprès de son professeur Karl Haushofer, puis auprès d'Hitler. Pour sa femme, ce diagnostic est absurde, empreint de considérations politiques, voire falsifié. Hess serait également amnésique. Pour déterminer si cette pathologie est feinte ou réelle, le colonel Amen, en charge des interrogatoires à Nuremberg, organise, le 10 octobre 1945, une confrontation avec le Pr Karl Haushofer, un géopoliticien proche de Hess qui a été son mentor. Hess reçoit à cette occasion quelques nouvelles de sa femme et de son fils. Le professeur lui dit : « Ton fils est splendide, il a sept ans maintenant. Je l'ai vu, je lui ai dit au revoir, sous le chêne qui porte ton nom[26]. »

Pendant toute la durée de son incarcération en Grande-Bretagne, Hess a gardé accrochés sur le mur en face de son lit trois portraits : ceux de sa femme, de son fils et du Führer. A Nuremberg, il n'emporte avec lui que les deux premiers. Il a également des nouvelles de sa famille lors de sa confrontation avec ses deux anciennes secrétaires. Mais toutes ces entrevues ne permettent pas aux psychiatres de déterminer de façon certaine s'il y a eu ou non simulation de la part de Rudolf Hess. Interrogé au sujet de sa femme et de son fils, il dit avoir oublié jusqu'à leurs prénoms[27]. Il ne se souviendrait de leur existence que grâce aux photos qu'il a d'eux. Mais la mention de leurs prénoms dans les courriers qu'il leur adresse semble démontrer le contraire. Göring est convaincu que Hess a berné le tribunal et ses psychiatres : « Mes derniers doutes se sont évanouis lorsque vous n'avez pas reconnu Haushofer lors de cette confrontation », lui dit-il, ravi[28]. Une seule chose est sûre, son fanatisme borné ne le quittera jamais.

Au travers de ses lettres à Ilse, Rudolf Hess continue à veiller de près au parcours scolaire de son fils. Il lui envoie de véritables cours par correspondance et incite sa femme à lui faire étudier le grec. Il souhaite que l'enfant ait des loisirs lui permettant de s'évader du pénible quotidien allemand et qu'il ne grandisse pas trop vite. Aucune photographie de Rudolf Hess n'a été prise depuis des années, et l'image qu'en a son fils s'est progressivement teintée d'ombre. L'ombre qu'un seul photographe est parvenu à capter par-dessus les barbelés de la prison de Spandau.

Contrairement à certains de ses codétenus de Spandau, Hess a refusé d'invoquer la maladie mentale pour obtenir une libération anticipée. Il a interdit à ses défenseurs d'utiliser cet argument, considérant que le premier chef adjoint a le devoir de ne jamais se montrer amoindri. En novembre 1969, alors gravement atteint d'un ulcère gastroduodénal, il revient sur sa décision et accepte enfin de recevoir ses proches. Il demande au directeur de la prison de bien vouloir lui accorder un droit de visite pour sa femme et son fils. Lors de cette première visite et des suivantes, toute référence ou mention à la politique ou au national-socialisme est bannie.

Wolf Rüdiger a trente et un ans lorsqu'il revoit son père, en 1969. Hess, lui, est alors âgé de soixante-quinze ans. Il leur est interdit de s'embrasser et même

Wolf R. Hess

de se serrer la main. Jamais ils n'auront l'autorisation de se voir seuls, un des quatre directeurs de la prison doit toujours être présent. La première visite a lieu le 24 décembre et Wolf Rüdiger est accompagné de sa mère. Mais il n'étreindra son père pour la première fois qu'en 1982. Aucun cadeau n'est toléré, même à l'occasion des anniversaires ou de Noël. Wolf Rüdiger Hess a mille questions à poser à son père, mais elles demeureront à jamais sans réponses. Lorsqu'on l'interroge sur ses loisirs, il répond invariablement : « Je n'ai pas eu de loisirs, tout mon temps libre, je l'ai dédié à mon père. » Il lui consacre successivement trois livres, le premier en 1986 : *Mon père Rudolf Hess* ; le deuxième en 1989 : *Qui a assassiné mon père, Rudolf Hess ?* ; et enfin *Rudolf Hess – Je ne regrette rien*, en 1994[29].

Dans *Mon père Rudolf Hess*, Wolf Rüdiger Hess relate notamment les conditions de détention de son père et reprend les propos du pasteur français Casalis sur le traitement inhumain des détenus à Spandau[30]. Il considère son père comme le prisonnier le plus seul au monde. Il ne peut recevoir qu'une lettre par mois, de moins de 1 300 mots. Chaque année, la famille empaquette soigneusement les douze lettres que Rudolf Hess leur a envoyées au cours de l'année écoulée[31]. Il sera même demandé aux époux Hess de cesser de tracer une ligne ondulée dans leurs courriers pour marquer le rire. Enfin, de nombreuses lettres qui ne respectent pas le code de conduite requis pour la correspondance de Spandau ne sont pas remises à leur destinataire. Ce qui espace parfois la correspondance de plusieurs mois. Rudolf Hess reçoit beaucoup de photos de son fils, mais il se plaint à sa femme Ilse de ne pas savoir à quoi il ressemble en réalité, l'éclairage ou l'angle étant différent sur chaque photo[32].

A compter de 1966, date de la libération d'Albert Speer, l'ancien architecte et ministre de l'Armement d'Hitler, et de Baldur von Schirach, ancien chef des Jeunesses hitlériennes, Hess devient le seul prisonnier de Spandau, les quatre autres sur les sept initialement incarcérés ayant été libérés dans les années 1950. Il est le prisonnier le plus cher au monde. Son incarcération en tant que seul détenu de la prison coûte à l'Etat plus de deux millions et demi de marks par an.

Pendant toutes les années d'incarcération de son père, Wolf Rüdiger Hess n'a eu de cesse de tenter d'obtenir sa libération ou d'améliorer ses conditions de détention. En janvier 1987, le fils Hess reprend espoir lorsque, pour la première fois depuis plus de vingt ans, l'ambassade soviétique répond à sa requête. Les Soviétiques étaient jusque-là les plus farouchement opposés à toute libération à titre humanitaire de Hess, eux qui auraient été les principales victimes d'un pacte anglo-allemand. Dans le cadre du rapprochement Est-Ouest, leur position s'assouplit. Il est convenu d'un entretien, le 31 mars 1987, à 2 heures de l'après-midi. Lorsque Wolf Rüdiger rend visite à son père pour lui en parler, il le trouve considérablement affaibli, il ne peut plus marcher sans aide. Rudolf Hess informe également son fils de la requête qu'il vient d'adresser pour obtenir sa libération conditionnelle, après quarante-six ans de détention, dont quarante-deux à Spandau.

Le 13 avril 1987, le journal allemand *Der Spiegel* fait paraître un article intitulé « Gorbatchev va-t-il libérer Hess ? ». Pour Wolf Rüdiger Hess, la libération de son père est alors imminente. Mais le 17 août 1987, un journaliste lui téléphone à son bureau pour le prévenir que son père est en train de mourir. En fin de journée, il reçoit un appel téléphonique d'Harold W. Keane, le directeur américain de la prison de Spandau, qui lui confirme le décès. La notification officielle est formulée en anglais : « Je suis autorisé à vous informer du décès de votre père ce jour à 4 h 10 de l'après-midi. Je ne suis pas autorisé à vous communiquer davantage de détails[33]. »

Le lendemain, lorsque Wolf Rüdiger se rend à la prison accompagné de l'avocat de son père, le Dr Seidl, une foule bloque l'entrée. Il est convaincu que son père a été assassiné. Il trouve que Keane, le directeur de la prison, est nerveux, et ne comprend pas pourquoi il lui interdit de voir le corps de son père. Le rapport d'autopsie révèle que Rudolf Hess s'est pendu avec un câble électrique, dans le cabanon du jardin de la prison où il avait l'habitude de se rendre. Malgré les tentatives pour le réanimer, il est déclaré mort à 4 h 10 de l'après-midi. Il avait quatre-vingt-treize ans. Le rapport officiel sur les circonstances de sa mort ne sera publié par les Alliés que le 17 septembre suivant.

Durant son incarcération à Spandau, son fils lui aura rendu visite cent deux fois. Malgré toutes ces années d'incarcération, Wolf Rüdiger considère que le lien spirituel l'unissant à son père n'a en rien été altéré. Suite au décès de l'homme dans l'ombre duquel il a vécu et combattu toute sa vie, Wolf Rüdiger, alors âgé de quarante-neuf ans, est victime d'une crise cardiaque. Il est immédiatement hospitalisé à Munich[34].

Pour éviter que Spandau ne devienne un lieu de

commémoration nazie, la destruction de la prison est ordonnée immédiatement après le décès de Hess. En vertu d'un accord entre les Alliés et la famille, il est convenu que le corps ne sera pas incinéré, mais rendu aux siens pour être mis en terre en Bavière, dans le caveau familial, en présence de ses seuls proches.

Demeurant persuadé que son père a été assassiné, Wolf Rüdiger Hess décide, dès la réception du corps, de faire effectuer une deuxième autopsie à Munich. Le rapport rendu par le Pr Wolfgang Spann, le 21 décembre 1988, conclut, comme la précédente autopsie, à une mort par asphyxie mais souligne l'existence de marques de pression dans le cou et la probabilité d'un étranglement. En plus de cette autopsie, deux témoignages de gardes de Spandau mentionneraient la présence de membres des services secrets anglais chargés de l'exécution de Rudolf Hess, avec l'assentiment de la CIA. Wolf Rüdiger doute également de la véracité d'une note consécutive au suicide que les Alliés auraient retrouvée dans la poche de son père. Pour lui, le contenu de cette note est hors contexte en 1987, et la formulation de la phrase finale – « rédigée quelques minutes avant ma mort » – ne correspond en rien à la manière de s'exprimer de son père. Wolf Rüdiger pense que cette supercherie a été rendue possible grâce à une lettre d'adieu écrite vingt ans plus tôt par Rudolf Hess et non remise à la famille. Pour lui, aucun doute possible, une conspiration britannique pour empêcher l'émergence de la vérité historique est à l'origine de son assassinat. Sans cela, pourquoi certains documents relatifs à sa période d'incarcération en Angleterre seraient-ils classés secret défense jusqu'en 2017 ? Wolf Rüdiger Hess reste

Wolf R. Hess

convaincu que son père a risqué sa vie pour la paix. Pour lui, c'est une victime, pas un criminel. Il estime que si son père devient un martyr, les Alliés et eux seuls en sont responsables. S'il avait été relâché vingt ans plus tôt, comme Albert Speer, personne n'en parlerait. Wolf Rüdiger Hess n'a jamais accepté la condamnation de son père. Il l'a toujours idéalisé, le considérant comme un messager de la paix. Pour lui, les lois racistes de Nuremberg de 1935, dont son père était un des principaux signataires, n'étaient que la traduction en allemand de la volonté des Juifs orthodoxes de vivre séparés des autres confessions. Ces lois n'étaient pas mauvaises en soi, c'est l'utilisation qui en a été faite par quelques nazis qui est plus contestable. Il est pour lui impossible que son père ait pu participer à l'extermination de masse des Juifs d'Europe. Pour soutenir son propos, il prend l'exemple du professeur et mentor de son père, Karl Haushofer, dont la femme a des origines juives, et auquel Hess a délivré un sauf-conduit pour le protéger des lois qu'il a lui-même promulguées.

Enfin, pour Wolf Rüdiger, l'invasion de la Pologne en septembre 1939 était destinée à protéger les minorités allemandes que les Polonais exterminaient par milliers. Hitler n'avait d'autre choix que d'attaquer la Pologne afin d'éviter un encerclement. Wolf Rüdiger considère les écrits de son père comme une bible. Il n'admettra jamais que la théorie de l'assassinat de son père ne soit pas retenue. C'est un homme amer et haineux qui, malgré les preuves irréfutables, n'hésite pas à nier la solution finale. Lorsqu'on le qualifie de révisionniste, il répond que « si le révisionnisme, c'est de démasquer les mensonges que l'on fait aux Allemands sur leur histoire, alors il accepte d'en être un[35] ».

Il estime que l'Allemagne n'a commis qu'une erreur : celle de perdre une guerre en germe dans le traité de Versailles. Hitler n'était ni fou ni monstrueux. Comme tout le IIIe Reich il est caricaturé, victime d'une propagande insensée qui colporte les mythes les plus fantaisistes sur les chiffres des victimes et leur extermination. Les témoignages de rescapés ? Vous ne trouvez pas étrange qu'il y ait autant de survivants après tout ce qui a été écrit sur l'efficacité nazie ? Selon Wolf Rüdiger Hess, le fonctionnement des chambres à gaz était techniquement impossible[36].

Fier de son père, Wolf Rüdiger considère que son nom n'a jamais été une malédiction pour lui, bien au contraire. Comme Edda Göring, il trouve qu'il l'a plutôt servi car les gens ont aimé et continuent d'aimer son père. Celui-ci est à ses yeux la conscience du parti et il pense que sa longue incarcération n'a fait qu'accroître la sympathie des Allemands à son égard.

Son fils à lui s'appelle Wolf Andreas et il est né le même jour que le Führer, le 20 avril, ce qui a fait sa plus grande joie. C'est une nouvelle fois en hommage au Führer qu'il prénomme son enfant « Wolf », le nom adopté par Hitler durant ses années de lutte. Le garçon est élevé dans l'admiration de son grand-père Rudolf. Son père est fier de dire qu'il s'intéresse beaucoup à lui et « qu'il a entièrement compris son importance[37] ». Wolf Rüdiger Hess a deux autres enfants, élevés dans ce même culte, mais dont on ne sait que peu de chose. Il meurt en 2001, après dix ans de dialyses.

Jusqu'à sa mort, Wolf Rüdiger Hess a dirigé la société

Wolf R. Hess

de défense de Rudolf Hess, la « Rudolf-Hess-Gesellschaft e.V. ». Cette entreprise créée en 1988 a pour mission de tenter d'élucider les raisons du décès de Rudolf Hess, en accréditant la thèse de l'assassinat. Des sites Internet ont été mis en ligne afin de communiquer au public les analyses allant dans ce sens. Un de ces sites, www.meinungfreiheit.de, censé mettre à disposition des internautes des faits « neutres » sur la vie et la mort de Rudolf Hess, n'est plus accessible aujourd'hui.

Wolf Andreas Hess est devenu informaticien. Il a un temps envisagé de créer un site à la mémoire de son grand-père et a été condamné en 2002 pour avoir déclaré sur Internet qu'il n'y avait pas de chambres à gaz à Dachau et qu'elles avaient installées après guerre par les Américains, pour les touristes[38].

En 2011, vingt-quatre ans après la mort de Rudolf Hess, sa tombe dans le village de Wunsiedel en Bavière a été exhumée dans le plus grand secret. Cette exhumation avait été sollicitée par la famille Hess, à la demande du maire du village, pour mettre fin aux commémorations néonazies, notamment lors de la date anniversaire de la mort de Rudolf Hess. Ses cendres ont été dispersées en mer. Mais chaque année une marche silencieuse en son hommage réunit des milliers de nostalgiques du Reich.

Comme Gudrun Himmler ou Edda Göring, Wolf Rüdiger Hess est de ceux qui ont consacré leur vie à la défense de leur père, érigé au rang de martyr. Certains, en revanche, sont envahis par la haine lorsqu'ils apprennent la vérité. C'est le cas du fils du gouverneur général de Pologne, Niklas Frank, dont le père a été condamné à mort.

Enfants de nazis

Pour Wolf Rüdiger Hess, le fils de Frank est un cas médical, et sa haine envers son père tout simplement immonde. A l'inverse, Niklas Frank plaint Wolf Rüdiger Hess, dont le destin a été écrasé sous le poids de son père, incarcéré à vie. Face à l'incarcération à vie de Rudolf Hess, Niklas Frank considère au contraire que « sur ce point le fils de Hess a eu plus lourd à porter que moi, son destin pèse plus lourd[39] ».

NIKLAS FRANK

L'appétit de vérité

« Là, à l'angle, chauffeur, arrêtez-vous ! C'est là. Qu'ils ont de beaux corsets ! Non, finalement allons d'abord aux fourrures. Là, attendez-moi. Toi aussi, Niklas, je reviens. » Deux petits yeux dépassent à peine de l'encadrement de la vitre arrière de la grosse berline noire, une Mercedes. Du haut de ses quatre ans, Niklas est obligé de se dresser sur la banquette de la voiture et de coller son nez à la fenêtre pour apercevoir l'enceinte de ce qu'à Cracovie l'on surnomme parfois la « ville interdite », clôturée par de hauts murs de trois mètres et par des barbelés. Ce quartier où le tramway passe sans marquer d'arrêt, c'est le ghetto où sont enfermés les Juifs. Devant ses yeux d'enfant se dresse une réalité macabre qui le plonge dans une immense perplexité. Il est heureux que sa mère, habituellement si distante, ait accepté qu'il l'accompagne dans son excursion, mais il ne comprend pas le tableau sinistre qu'il a sous les yeux. La mort rôde. Il aperçoit même des cadavres sur le trottoir.

Sa mère lui a dit un jour que c'est là-bas, chez les Juifs, que l'on peut acheter les meilleurs corsets, car « personne ne fait de plus beaux corsets que les Juifs du ghetto ». Il est sûr que les corsets c'est important, au moins suffisamment pour se rendre dans de tels quartiers. Et qu'il n'y a rien à craindre, l'enfant et sa mère sont protégés par le chauffeur et un adjudant. Toute personne qui prendrait le risque de trop s'approcher de la voiture serait battue à mort ou abattue sans sommation. Mais qui sont ces gens ? Des êtres humains ? Non, le Führer a dit qu'ils ne sont que « vermine », qu'il fallait anéantir. Niklas ne saisit pas. C'est la vermine qui fabrique les plus beaux corsets, ceux pour lesquels sa mère est prête à salir ses chaussures et à s'infliger un tel spectacle de désolation ? C'est à cause d'eux qu'elle se rend dans le ghetto, dont elle dit qu'il est *so schmutzig* (tellement sale) ? Dans ce quartier surpeuplé, quinze à vingt mille Juifs sont confinés et tentent de survivre. Les poux ont envahi les crânes. Les épidémies comme le typhus sont légion.

« Que font ces gens décharnés, dans ce quartier d'une pauvreté stupéfiante et d'une saleté repoussante ? s'interroge l'enfant. Il y a des enfants, certains du même âge que moi. Pourquoi sont-ils là ? Ils ont l'air d'avoir peur. Leurs vêtements sont sales et tout déchirés. Ils sont à moitié nus et tellement maigres qu'on voit leurs os ! Pourquoi sont-ils pieds nus dans la neige ? Qu'ont-ils fait pour être dans cet endroit tout cassé ? Sont-ils punis ? Et puis ces yeux, ils sont si grands ! On dirait qu'ils sont plus grands que leur visage. Ils n'ont pas à manger ? Nous à la maison, on a plein de bonnes choses, même du chocolat ! » Il ne comprend pas l'attitude des enfants du ghetto à son égard : « Pourquoi me fixent-ils ? Surtout ce garçon-là, avec son étoile jaune sur le bras. J'ai fait quelque chose de mal ? C'est la voiture ? Que se passe-t-il ? Je vais lui faire une vilaine grimace, puis lui tirer la langue, pour qu'il arrête de me regarder comme ça ! Tiens voilà ! C'est bon, je lui ai fait peur, il part en courant. Bien fait ! »

Certes il a déjà entendu à la maison le mot « ghetto » et il sait que l'on peut y négocier à bas prix toutes sortes de biens appartenant à des gens qui sont des « Juifs », mais les raisons, il ne les saisit pas. Il interroge sa mère lorsqu'elle remonte dans la voiture : « Maman, pourquoi ils ne sourient pas, pourquoi nous regardent-ils aussi méchamment ? », ajoutant : « Nous sommes pourtant dimanche, et ils ont une jolie étoile jaune sur le bras. » Il le sait, car ce jour-là, il porte toujours une culotte de cuir et une veste. Mais sa mère ne goûte guère ses questions, et le fait taire. Elle lui demande de cesser de l'interroger, il ne comprendrait pas. Ce petit garçon, c'est Niklas Frank. Il est le fils de Hans Frank, dit le « boucher de Cracovie ».

Des Juifs, il n'en connaît pas. Il ne sait pas ce que signifie l'étoile jaune. Son frère Norman, plus âgé que lui de onze ans, lui a dit qu'avant la guerre, il y avait un enfant juif dans sa classe. Un jour, il a disparu sans que personne se soucie de ce qu'il était devenu. Lui aussi est allé une fois dans le ghetto, avec le chauffeur de leur père. Il pense que les ghettos existaient avant leur arrivée en Pologne. Mais il n'a pas compris les raisons d'une telle visite[1].

Généralement Niklas reste dans la voiture pendant que sa mère, Brigitte, n'hésite pas à se promener dans le ghetto. Elle revient à chaque fois avec des bijoux, des fourrures, des tapis ou d'autres biens de valeur. Elle est si contente d'avoir fait une bonne affaire ! C'est la seule chose qui compte. Le silence de glace et la misère indicible qui y règne ne l'atteignent nullement.

Lors d'une de ces excursions, Niklas est autorisé à sortir de la voiture. Alors qu'il marche dans une ruelle sombre, une maison lugubre attire son attention. Derrière une lourde porte, que le garçon pousse avec difficulté, un homme furieux dit à une vieille femme décharnée, qui fixe le sol : « Quelle sorcière en colère. » La scène est effrayante et le petit garçon se met à pleurer. C'est alors que l'homme lui répond : « Ne te mets pas dans cet état, bientôt elle sera morte. » Ce qu'il voit ce jour-là, Niklas ne l'a jamais oublié. Chacune de ces images lui revient à l'esprit lorsque, des années plus tard, assis à sa table de travail dans une pièce volontairement non chauffée, il s'attelle à la rédaction de son premier ouvrage évoquant son père, Hans Frank, sur une vieille machine à écrire de marque Erika ayant appartenu à sa mère.

Depuis son arrivée en Pologne en 1939, la famille vit retranchée dans le château royal de Wawel, le château de la dynastie des Jagellon, sur les hauteurs de Cracovie, la ville-capitale du gouvernement général. A titre de résidence, son père s'est attribué ce château de la Renaissance et en a réaménagé une aile, selon les goûts du IIIe Reich. Un grand drapeau nazi flotte au-dessus de la bâtisse. Les Frank ne manquent de rien, bien au contraire. La famille habite dans les appartements privés du premier étage. La liste des employés affectés au service personnel des Frank est impressionnante et Niklas, le « petit prince », vit dans un luxe inouï. Plus de soixante-dix ans après, il se souvient du jour où ses

Niklas Frank

parents leur ont offert, à son frère et à lui, une voiture chacun. Niklas, ravi, s'est immédiatement installé dans la plus belle automobile, une miniature de Mercedes... d'où sa mère l'a vite fait sortir en lui déclarant que c'était celle de son frère. Cuisante déception : l'autre voiture jouet lui paraissait bien banale[2]. N'empêche, les deux garçons s'amusent à circuler dans le château au volant de leurs bolides. Caché derrière les angles des grands couloirs, Niklas attend que les domestiques avancent pour pédaler avec vigueur et les percuter de plein fouet dans les jambes. Mais nul ne saurait réprimander le petit châtelain, le fils du gouverneur général.

Les réceptions se succèdent. Le château dispose d'une cave de grands vins et de cognacs français. On y fume des havanes. Sur des plateaux en argent, on sert des mets fins puis des douceurs telles que des chocolats et des pâtes de fruit. Rien ne laisse à penser qu'aux alentours les gens vivent dans une misère épouvantable et meurent de faim.

Ce n'est qu'après la guerre que Niklas apprend le rôle de son père dans la légalisation des ghettos, initialement mis en place par la police. Hans Frank déclare avoir pris cette mesure dans « l'intérêt des Juifs[3] ». Pour Niklas, sa mère « doit remercier Hitler pour la création de ghettos, qui sont les premiers supermarchés discount, spécialement créés pour les Frank ».

Chez certains dignitaires, les psychiatres ont souligné une grande normalité, dénuée de fanatisme ou de sadisme, mais tel n'est pas le cas de Hans Frank. Etre versatile et tourmenté, il se réfugie dans le national-socialisme dès la première heure et sans réserve. Jusqu'à la fin, il se révèle un serf dévoué au « glorieux magicien dans l'art de diriger » : Adolf Hitler. Il tient ce dernier pour un « surhomme[4] » envoyé par la providence qu'il souhaite à tout prix approcher et séduire. Hans Frank est issu d'une famille de trois enfants de la classe moyenne allemande. Son père est avocat. L'union de ses parents bat de l'aile et, alors que les enfants sont encore jeunes, la mère quitte le foyer pour suivre son amant. Hans Frank est alors partagé entre ses deux parents. Dès ses années universitaires, à Munich, où il entame des études de droit, il se radicalise. Il est obsédé par la culture allemande et l'idée d'une Allemagne forte. En 1923, il intègre la « section d'assaut » du parti nazi. Alors qu'Adolf Hitler n'est encore qu'un agitateur de brasserie, Hans Frank est très vite fasciné par le personnage, grandiose orateur populaire.

Au cours de ses études, il rencontre celle qui deviendra sa femme, Brigitte Herbst. Secrétaire du parlement bavarois, elle a vingt-neuf ans, cinq ans de plus que lui. Le mariage est célébré le 2 avril 1925 à Munich. En 1926, ses études d'avocat terminées, il devient le défenseur d'Adolf Hitler et du parti nazi dans les années de lutte.

En 1933, Hans Frank est nommé ministre de la Justice de Bavière, président de l'Académie allemande de droit et une année plus tard ministre du Reich, sans portefeuille. C'est lui qui façonne le droit afin d'asseoir le régime totalitaire d'Adolf Hitler, même s'il s'en défend. Pour Frank : « Le droit constitutionnel sous le IIIe Reich est la formulation juridique de la volonté historique du Führer, mais la volonté historique du Führer n'est pas la satisfaction de conditions juridiques préalables à son activité[5]. » Alors qu'il prend des mesures pour éliminer les Juifs du gouvernement général, il déclare que « si le droit n'est pas protégé, l'Etat perd sa conscience morale et sombre dans l'abîme des ténèbres et de l'horreur... Vous pouvez être certain que j'aime mieux aller à ma ruine, que de renoncer à cette idée du droit[6] ». Il se considère comme un serviteur et presque un martyr du droit. Pour sa part, Adolf Hitler exècre le droit, lui qui estime que rien ne ressemble autant à un criminel qu'un juriste et que tous les hommes de loi sont mauvais par nature ou le deviennent avec le temps[7].

En automne 1939, alors que son dernier fils Niklas est seulement âgé de sept mois, Hans Frank est nommé gouverneur général de la Pologne, autrement dit, à la tête de la région centrale de Pologne, sous occupation nazie. Il est l'homme en charge des ghettos juifs, dont celui de Varsovie, le plus important, créé en 1940 et détruit en 1943. Dans son secteur, près de deux millions de Juifs seront gazés dans les camps d'extermination de Belzec, Sobibor et Treblinka[8].

Hans Frank a cinq enfants, trois garçons et deux filles. Norman, son fils aîné, naît le 3 juin 1928 et Niklas Frank, le plus jeune, le 9 mars 1939. Brigitte Frank aime à légitimer son union en rappelant à son mari qu'elle lui a donné cinq enfants. Lorsqu'elle n'est pas sûre de l'identité du père – sa fidélité fait parfois défaut – Brigitte préfère ne pas mener ses grossesses à terme. Face à un Hans Frank incrédule, elle déclare avoir fait une fausse couche où que l'enfant était trop prématuré pour survivre.

Dans son discours d'introduction, prononcé le 25 novembre 1939 dans la ville polonaise de Radom, Hans Frank décrit ainsi l'objet de sa mission : « C'est un plaisir que d'avoir enfin une chance de s'en prendre physiquement à la race juive. Plus il en meurt, mieux c'est[9]. » Soixante-six mille Juifs vivent alors à Cracovie. Hans Frank entend éradiquer les Juifs de cette ville et reconstruire des quartiers allemands où l'on pourrait respirer « du bon air allemand ». Niklas, son plus jeune fils, se souvient de son père, lorsque Hitler l'a fait gouverneur de Pologne, déclarant à sa mère : « Brigitte, tu seras reine de Pologne ! » A partir de l'automne 1941, la priorité de Hans Frank est de régler la question juive. Désormais, toute personne qui quitte le ghetto est passible de la peine de mort. La chasse aux Juifs est officiellement ouverte, et de terribles massacres se propagent sur tout le territoire. Les déportés ne sont plus enfermés dans des ghettos, mais exterminés dans des camps dès leur débarquement des trains[10].

Niklas ne se souvient plus exactement à partir de quelle date les trois plus jeunes enfants des Frank ont partagé leur temps entre l'Allemagne et Cracovie. Mais il précise que sa mère n'aimait pas voyager avec de jeunes enfants et qu'ils ne passaient que quelques mois par an à Cracovie. Le reste du temps ils restaient dans leur maison familiale de Bavière avec leur nourrice Hilde[11]. Seuls les deux aînés, Norman et Sigrid, à partir de 1941, y vivent à plein temps et sont scolarisés à l'école allemande de Cracovie.

Les Frank sont des parents distants et peu chaleureux. Dans la famille, Niklas porte le surnom de « Fremde », l'étranger. Niklas se souvient de son père l'interpellant par un « Qui es-tu, petit étranger ? Tu n'appartiens même pas à notre famille, n'est-ce pas ? Alors que veux-tu, petit étranger ? » tout en lui courant après autour de la grande table ronde de la salle à manger sans parvenir à l'attraper. La seule chose que veut alors l'enfant, c'est que ce père le prenne dans ses bras, une fois, une seule fois. Niklas dit avoir été un enfant qui mettait les autres mal à l'aise, il était tranquille et observait, dit-il, sa famille de criminels[12].

La mère est une femme dominatrice et acariâtre. Elle est cette « mère allemande » que Niklas décrit avec haine, dans le livre qu'il lui consacra des années plus tard[13]. Les enfants Frank ne se souviennent pas d'avoir été un jour embrassés ou pris dans les bras. Leurs parents sont, disent-ils, trop occupés à vivre leurs vies respectives. Ils se rappellent peu leur présence, et sont élevés par des nourrices. Dans sa tendre enfance, Norman ne se souvient que de sa mère, son père étant peu présent. Mais même elle ne consacre guère de temps à ses enfants. Les Frank reçoivent sans cesse des invités, membres éminents du IIIe Reich, musiciens, acteurs de cinéma ou chanteurs d'opéra. Hans Frank se considère comme un homme de culture. Dans *Kaputt*, l'écrivain italien Curzio Malaparte, correspondant de guerre sur le front de l'Est pendant la Seconde Guerre mondiale, se souvient que celui qui se rêve en seigneur italien de la Renaissance donne des dîners grandioses dans une opulence obscène, au milieu de sa cour, alors que les Polonais suent la faim et l'angoisse. Ce grand amateur de musique classique, le despotique Frank, aime jouer à ses invités du Chopin sur son piano Pleyel. Le compositeur romantique a pourtant été banni par les nazis qui ont détruit sa statue érigée à Varsovie. Malaparte souligne que « le mal dont ils souffrent [les bourreaux] est mystérieux. Ils ont peur par-dessus tout des êtres faibles, des désarmés, des opprimés, des malades ; la peur des vieux, des femmes, des enfants, la peur des Juifs ». Pendant le week-end et les vacances, la famille se rend dans le magnifique château de Kressendorf, près de Cracovie. Les garçons aiment particulièrement cet endroit où ils tirent des oiseaux à la carabine à air comprimé. Norman se souvient d'y avoir abattu près de quatre-vingt-dix-huit moineaux[14].

Parfois, Hans Frank accepte que son fils aîné, Norman, qui a rejoint la famille en Pologne en 1940, l'accompagne dans ses déplacements. Norman, pourtant âgé de treize ans, a peu de souvenirs de cette période. Sur le chemin qui les mène à Vienne, ils passent parfois à côté d'Auschwitz. L'adolescent dit ne rien avoir su de ce qui s'y déroulait. Techniquement, le plus grand complexe concentrationnaire créé par les nazis n'est pas sur le territoire du gouvernement général dont Hans Frank a la charge, mais il n'est qu'à 67 kilomètres de Cracovie. Certes, Norman sait qu'il s'agit d'un camp de prisonniers, mais il dit n'avoir entendu parler de l'extermination de masse qu'après la guerre. Son frère Niklas pense qu'il ment[15].

Lui se rappelle qu'un jour, de sa propre initiative, sa nourrice Hilde l'a emmené avec un de ses frères à l'intérieur d'un camp de travail – sans doute celui de Plaszow, dans les faubourgs de Cracovie. Là, il a assisté à une scène qu'avec ses yeux d'enfant il a trouvée hilarante : on avait hissé des hommes affaiblis et maigres sur des ânes qui ruaient avec vigueur. Les malheureux étaient vite projetés à terre, pour le plus grand plaisir de l'assistance. Puis un gentil officier en uniforme, que

Niklas Frank

Niklas suppose proche d'Hilde, lui avait donné un chocolat chaud[16]. Au contraire de son frère aîné, le plus jeune des Frank a voulu tout savoir. Son appétit de vérité est l'œuvre de sa vie. Il n'éprouve pour son père que détestation. C'était, dit-il, un « pauvre type ! Tout ce qui l'intéressait, c'étaient les bijoux, les châteaux, les beaux uniformes. La vie humaine n'avait aucune valeur ». Son règne est marqué par la terreur. Hans Frank clame haut et fort : « Je suis le roi allemand de Pologne », mais lorsqu'un interlocuteur lui fait remarquer qu'un véritable roi ne dit jamais « je suis le roi », il répond avec aplomb : « J'ai un droit de vie et de mort sur le peuple polonais, mais je ne suis pas le roi de Pologne. Je traite les Polonais avec la magnanimité et la bienveillance d'un roi, mais je ne suis pas un véritable roi. Les Polonais ne méritent pas un roi comme moi. C'est un peuple ingrat... Ils ne méritent pas l'honneur d'avoir un maître allemand[17]. »

Le mariage des Frank n'est pas heureux. Hans est rarement présent. Lors de son incarcération à Nuremberg, il déclare à son confident, le psychologue Gilbert, que sa femme était trop âgée pour lui, tant physiquement que spirituellement. Brigitte ne correspond en rien à l'idéal de la femme nazie dévouée à sa famille qui ne quitte pas son foyer. Elle est ambitieuse, vénale et entretient une liaison avec un des amis de Frank. Elle aurait même commencé à le tromper durant leur voyage de noces, avec le fils d'un armateur d'Hambourg. Mais lorsque Hans Frank demande le divorce, après avoir retrouvé son amour d'enfance, une certaine Lilly Groh, sa femme le convainc d'y renoncer. Pour rien au monde elle ne veut le laisser partir loin de la maison familiale. Tous les moyens sont bons pour le retenir, ainsi n'hésite-t-elle pas à dénoncer sa maîtresse comme juive auprès d'Heinrich Himmler. Preuve selon Niklas du fait qu'elle savait ce qui arrivait aux Juifs[18]. Elle demande également à Adolf Hitler de s'opposer à la demande de divorce de son mari, « préférant être la veuve que la divorcée d'un ministre du Reich ». Une phrase que son fils Niklas adore[19]. De son côté, Hans Frank fait valoir que sa femme Brigitte a des amants, notamment son ami le Dr Karl Lasch, gouverneur de Radom. Les amants feraient ensemble de la contrebande, et Niklas serait en réalité le fils de Lasch. Dans les premières pages de son livre *Le Père. Un règlement de comptes*, Niklas aborde la question de sa filiation. Il aurait interrogé, dès années après, l'ancienne secrétaire de son père, qui lui aurait assuré que le Dr Lasch n'était pas son père. Les fils d'Hans Frank confieront que toute sa vie leur père a eu peur de leur mère, même lorsqu'il était incarcéré à Nuremberg[20].

Dès 1942, le pouvoir d'Hans Frank est considérablement affaibli. On lui reproche la teneur de certains de ses discours dans les universités allemandes où il fait état de la nécessité d'avoir des juges indépendants, mais surtout sa corruption et son enrichissement personnel. Frank subit l'hostilité de Martin Bormann et d'Heinrich Himmler, bien décidés à démontrer son incompétence et à réclamer son limogeage. Il est contraint de céder à Himmler des compétences essentielles dans le domaine policier[21], mais malgré quatorze offres de démission auprès d'Adolf Hitler, Frank demeure à son poste à Cracovie jusqu'à « l'effondrement total de son autorité » en août 1944. Le 17 janvier 1945, il est contraint de fuir le château de Wawel pour rejoindre sa famille, partie quelques mois plus tôt en direction de la Bavière. Avant de quitter son fief, Hans Frank prend soin de transférer dans sa résidence de Bavière les objets de valeur et œuvres d'art pillés en masse, entre autres des Rembrandt, des Raphaël et *La Dame à l'hermine*, de Léonard de Vinci, et de fêter son départ avec faste[22].

En Bavière, la famille vit de nouveau dans sa vieille ferme restaurée dénommée « Schoberhof », près du lac Schliersee. Hans Frank a acquis en 1936 cette grande bâtisse de 5 000 mètres carrés typiquement bavaroise avec un toit en ardoise et une partie haute en bois foncé qui surplombe un corps de bâtiment de ciment blanc. Certains enfants y ont vécu leurs jeunes années comme de véritables petits fermiers[23].

C'est dans cette maison de famille que Frank est arrêté par les Américains, le 4 mai 1945. Quelques jours avant, il a remis cinquante mille reichsmarks à sa femme. « Mon père a donné cet argent à ma mère comme à une pute », dit Niklas. Il l'a fait devant mon frère Norman, sans le moindre geste d'affection[24].

Pour son fils aîné et préféré, Norman, alors âgé de dix-huit ans, l'arrivée des Alliés ne faisait nul doute. Depuis un certain temps, il écoute les radios de l'ennemi et sait qu'il se rapproche à grands pas. Son père le sait également, mais il attend son arrestation avec calme. Lorsque Norman vient le voir dans son bureau, la table est dressée, il y a du café et un gâteau. « Je suis certainement le seul ministre à envisager son arrestation aussi gaiement », lui confie son père en plaisantant[25]. Il pense alors qu'il sera disculpé grâce à ses discours et ses journaux, une quarantaine de volumes consignant ses activités quotidiennes entre 1939 et 1945 qu'il remet volontairement aux Alliés. Il n'a pas conscience qu'au contraire ils seront des éléments à charge ; on y trouve par exemple des déclarations du type : « Je dois vous demander de vous armer contre toute considération liée à la pitié. Nous devons anéantir les Juifs, à chaque fois que nous les rencontrons et partout où cela sera possible, ceci afin d'assurer ici la structure globale du Reich... Les Juifs représentent également pour nous des gueules à nourrir extraordinairement nuisibles. Nous en avons environ deux millions et demi dans le gouvernement général, actuellement peut-être trois millions et demi avec les personnes qui leur sont liées familialement et consorts. Nous ne pouvons fusiller ces trois millions et demi de Juifs, nous ne pouvons les empoisonner, mais nous pourrons quand même mettre en œuvre des opérations qui aboutiront d'une façon ou d'une autre à l'anéantissement, et ce dans le cadre des importantes mesures à discuter au niveau du Reich. Le gouvernement général doit être vide de Juifs, tout comme le Reich[26]. » Après la guerre, Frank espère que les mentions de ses conflits avec la hiérarchie nazie suffiront à le dédouaner. Pour son fils Norman, cette méprise est incompréhensible. Lors de son arrestation, le lieutenant de l'armée américaine Walter Stein chargé de l'emmener promet à ses enfants qu'il sera bientôt de retour à la maison[27]. Niklas est alors âgé de six ans.

Deux jours après avoir été arrêté, Hans Frank tente de se suicider. Le jour même, après avoir été battu par les Alliés, il avait déjà attenté à sa vie en tentant de se couper la gorge. Depuis sa cellule, à Nuremberg,

Niklas Frank

Frank qualifie Adolf Hitler de psychopathe, de diable satanique, entouré de diaboliques « hommes d'action » tels que Bormann et Himmler, et tente de faire valoir que les atrocités du IIIe Reich n'ont été secrètement planifiées que par ces trois hommes[28]. Hans Frank, comme nombre de nazis, est incapable d'assumer ses responsabilités dans la barbarie. Le diable Hitler l'aurait suborné.

Au « Schoberhof », Brigitte Frank reçoit la visite nocturne de travailleurs polonais et ukrainiens libérés des camps de travail qui sont venus la cambrioler. Mais elle parvient à mettre en sûreté une boîte de bijoux chez sa voisine. Son fils se souvient que, quelque temps plus tard, elle en échangera certains contre des vivres dans un camp de personnes déplacées juives[29].

Une autre fois, un soldat américain qui a mis la main sur la cave à vin des Frank et qui est lourdement armé, aligne Brigitte et ses enfants face à un mur et menace de les exécuter. Niklas se souvient que sa mère est restée ferme et lui a enjoint de ne pas tirer sur les enfants, avant que le supérieur hiérarchique du soldat mette fin à ce débordement.

En août 1945, la famille est contrainte de quitter la vaste maison « Schoberhof » avec seulement deux valises et des fourrures, pour une auberge puis un petit appartement de deux pièces-cuisine dans le village voisin de Neuhaus am Schliersee. Après avoir vendu ses fourrures, Brigitte Frank envoie parfois ses enfants mendier de la nourriture. Elle tente de faire scolariser son aîné Norman dans le seul collège proche mais elle se heurte au refus du directeur. Il ne veut pas du fils d'un criminel de guerre dans son établissement. Alors âgé de dix-huit ans, Norman est contraint d'étudier à la maison et échoue à l'examen du baccalauréat avant d'abandonner ses études.

Après cinq mois de silence, la famille Frank apprend que Hans a encore tenté de mettre fin à ses jours. Tous suivent quotidiennement l'évolution du procès à la radio. Au mois de septembre 1946, avant le verdict, toute la famille lui rend visite pour la dernière fois. Norman trouve que son père a changé, il est très maigre. Les derniers mots que son père adresse à son fils aîné sont « Sois fort et souviens-toi de ne jamais parler sans avoir bien réfléchi à ce que tu allais dire[30] ».

Niklas se souvient avec fureur de ses derniers instants : « J'avais sept ans quand il est mort et je n'ai pas pleuré. Nous lui avions rendu visite début septembre à la prison. J'avais compris qu'il allait mourir, on ne parlait que de cela à la radio et à l'école. J'étais sur les genoux de ma mère, il était derrière une fenêtre. Il a dit : "Alors Niki, dans trois mois on fêtera Noël tous ensemble à la maison !" Je me disais : "Comment peut-il encore mentir ? On ne se verra plus et il me ment ?" » Aujourd'hui encore, il ne comprend pas pourquoi ce père ne lui a jamais dit : « Niklas, je suis un criminel et c'est normal que je meure. Je suis impliqué dans tout cela. Et je le regrette. » L'absence de regret de son père lui est insupportable. « Ses fautes, c'est notre héritage », dit-il[31] et il n'a pas de mots assez forts pour décrire son père, ce « meurtrier », qu'il considère comme « faible », « vain », « hypocrite », « lâche » et comme un pathétique « lèche-cul ». « Or, c'est ce lâche qui a construit les chambres à gaz », poursuit-il. Condamné à mort par le tribunal de Nuremberg pour crime de guerre et crime contre l'humanité, Hans Frank est exécuté par pendaison le 16 octobre 1946. Quelques mois après son arrestation, il s'était converti au catholicisme, notamment grâce au soutien du père franciscain irlandais Sixtus O'Connor. D'après Niklas, c'est l'homme qui « sait le plus de choses sur mon père ». Ce nouveau Frank n'hésite pas à dire : « Je suis deux êtres à la fois. Le Frank qui est devant vous et l'autre, le leader nazi, et parfois je me demande comment ce Frank a pu commettre de tels actes[32]. » Mais Niklas a l'impression que le prêtre n'aimait pas son père. Lorsqu'il l'interroge sur les derniers mots que celui-ci a prononcés en montant les marches vers la potence, il lui répond qu'il ne s'en souvient pas. Après l'exécution de Hans, Frank Sixtus O'Connor renverra à ses enfants son livre de prières[33].

Pour son fils Norman, une condamnation à mort est préférable à une peine d'emprisonnement à vie, comme celle de Rudolf Hess. Il dit qu'il aurait eu beaucoup de mal à supporter un tel jugement : « Une peine d'emprisonnement à vie pour mon père aurait été une peine d'emprisonnement à vie pour toute la famille[34]. »

Le jour de l'exécution des dix condamnés à mort (douze ont été condamnés, mais Hermann Göring s'est suicidé et Martin Bormann a été condamné par contumace), Hans Frank est le seul à se rendre à la potence sourire aux lèvres. Il a l'apparence d'un être délivré de ses démons. Face au gibet, il prononce quelques mots : « Je vous suis reconnaissant de mon traitement durant ma détention et je demande à Dieu de bien vouloir m'accepter dans sa miséricorde. » En lui lisant les lignes de la main, une gitane ne lui avait-elle pas prédit, en 1934, une mort violente avant cinquante ans, et un grand procès ? A l'époque, cette prédiction ne lui avait pas paru étonnante, compte tenu de sa qualité d'avocat[35]. Hans Frank est exécuté à quarante-six ans.

Comme toutes les femmes de dignitaires nazis condamnés à Nuremberg, Brigitte Frank est arrêtée sur ordre du ministre Loritz, en charge de la dénazification, fin mai 1947. Lorsque la police arrive, elle se trouve dans la cuisine de l'appartement de Neuhaus, en Haute-Bavière. Contrainte d'abandonner derrière elle quatre enfants démunis, elle est désemparée. Sa fille aînée Sigrid est alors déjà mariée depuis 1945. C'est la première fois que son fils Niklas voit pleurer sa mère, habituellement si dure. Lors du verdict du procès de Nuremberg elle s'était contentée de dresser une liste manuscrite des prévenus avec une croix sur leur nom en cas de condamnation à mort ou d'accoler au patronyme la peine appliquée. Elle n'avait pas hésité à mettre une croix sur le nom de son mari. Lors de l'exécution de leur père, elle n'a pas versé une larme.

Brigitte Frank est emmenée au camp de Göggingen, près d'Augsbourg, où sont incarcérées d'autres femmes de condamnés, telles qu'Emmy Göring, Ilse Hess, Luise Funck, la femme de l'ancien ministre de l'Economie du Reich, ou Henriette von Schirach, la femme de Baldur von Schirach, le chef des Jeunesses hitlériennes. Brigitte Frank porte le numéro d'écrou 1467. Ces femmes qui ont connu l'opulence durant les années de guerre découvrent paillasses, rats et punaises. La faim et la promiscuité sont leur quotidien. Elles n'ont plus droit qu'à quelques rares visites de leurs enfants. Avant toute chose, elles s'inquiètent de leur sort, elles veulent savoir s'ils mangent à leur faim dans l'Allemagne dévastée de l'après-guerre.

A Göggingen, on assiste à des conversations étonnantes. Brigitte Frank félicite Emmy Göring pour la mort de son mari, Hermann Göring, qu'elle qualifie de « magnifique », regrettant que le sien n'ait pas eu de capsule de cyanure avec lui. Pour sa part, Emmy Göring n'hésite pas à ironiser : « Maintenant la reine de Pologne est sans Reich et sans homme ! » Elles portent parfois un toast à « la santé de leurs hommes morts » et à Adolf Hitler « à qui leurs hommes ont offert leurs principales années ». Devant le tribunal de dénazification, Brigitte Frank nie avoir acquis des bijoux au marché noir ou de quelque autre manière. Face aux preuves, acculée, elle finit par déclarer pour sa défense : « Je ne suis pas antisémite[36]. » Lors d'une des quatre ou cinq visites de son fils à la prison, elle lui fait écouter Ilse Koch, la femme du premier commandant du camp de Buchenwald, surnommée « la Chienne » ou « la Sorcière » en raison de son sadisme, qui chante de vieilles chansons nazies. Cela fait beaucoup rire Brigitte.

Libérée à la mi-septembre 1947[37], bronzée, elle aurait déclaré à ses enfants : « C'était mes plus belles vacances... Cette détention a aussi bien plu à Emmy Göring[38]. » Durant cette détention, les deux femmes se sont rapprochées. Brigitte est impressionnée par la liste de bijoux d'Emmy, établie dans le cadre de son procès de dénazification[39].

Enfants de nazis

En 1951, Norman, décide de quitter le giron familial et d'émigrer en Argentine. Mais il est rattrapé par les nazis argentins, qui voient en lui le digne héritier de son père. Il est alors contraint de partir travailler dans une mine, à la frontière bolivienne. La même année, Niklas Frank est envoyé en pension à Wyk auf Föhr. Il y reste jusqu'en 1959, à l'âge de vingt ans. Il s'en souvient comme d'une période incroyablement heureuse. Il a quitté la maison et n'entend plus les cris de sa mère. Les règles du pensionnat sont celles des chevaliers Teutoniques, très strictes. Après l'appel du matin, les cours sont dispensés jusqu'en fin de matinée, puis l'après-midi est consacré au sport. Niklas se sent au pensionnat comme à la maison. Les autres enfants connaissent ses origines mais cela leur importe peu. Le pasteur Lohmann, qui recueille des enfants de nazis, devient pour lui un père de substitution. Niklas pense qu'il aimait les enfants de nazis sans pour autant en être un[40]. Lorsqu'un jour, âgé de douze ans, Niklas écrit une lettre à sa mère portant pour en-tête « Niklas Frank, Prince de Pologne », Lohmann lui dit d'une voix ferme : « Tu ne peux pas faire ça[41]. » Adolf et Barthold, les deux fils de Joachim von Ribbentrop, ministre des Affaires étrangères du IIIe Reich, sont également pensionnaires dans le même établissement, mais ils ne fréquentent guère Niklas qui ne se souvient pas d'avoir évoqué avec eux leurs pères respectifs.

Après l'opulence des années de guerre, Brigitte Frank doit vivre avec cinq cents marks par mois, jusqu'à concurrence des cinq mille marks que le gouvernement lui a laissés après la saisie de ses biens en 1947[42].

Niklas Frank

En 1953, elle n'hésite pas à vendre les Mémoires que son mari a rédigés peu avant son exécution, sous le titre *Face à la potence*. C'est un succès en Allemagne, un best-seller que l'on lit en secret. Vendu à des milliers d'exemplaires, le livre aurait rapporté à sa veuve qui en est l'éditrice environ deux cent mille deutsche marks. Dans cet ouvrage, Hans Frank fait notamment état des origines juives d'Adolf Hitler. Suite à un chantage orchestré par son neveu, fils de son demi-frère Alois, William Patrick Hitler, ce dernier l'aurait missionné à la fin des années 1930 pour que soient effectuées des recherches, notamment sur Maria Schicklgruber, sa grand-mère paternelle. Celle-ci a travaillé comme cuisinière pour un Juif dénommé Leopold Frankenberger, avant de donner naissance au père d'Adolf Hitler, Alois Hitler. Hans Frank aurait retrouvé des lettres échangées entre la grand-mère d'Adolf Hitler et la famille Frankenberger faisant état d'une demande de pension alimentaire. Pour Adolf Hitler, ces lettres ne prouvent en rien que le fils Frankenberger soit son grand-père, mais simplement que sa grand-mère a réussi à extorquer de l'argent à cette famille, en les menaçant de révéler la paternité de ce fils illégitime. Les historiens de référence, tels que Ian Kershaw, ne reprennent pas ces révélations de Hans Frank, mais d'autres y reviennent. D'après Niklas Frank, son père n'a rien trouvé de probant. Cet épisode révèle seulement que l'homme pour lequel le droit de vie ou de mort dépend des origines aurait lui-même des origines incertaines.

Lorsque le livre ne se vend plus, vers 1958, Brigitte se rend à la gare de Munich où elle réside désormais et propose aux voyageurs un lit pour cinq marks. Elle réussit ainsi parfois à loger jusqu'à cinq personnes dans une grande pièce en séparant les matelas par des draps.

Après son baccalauréat, passionné de théâtre, Niklas Frank décide néanmoins de faire des études de droit, d'histoire, de sociologie et de littérature allemande. Il n'obtient pas de diplôme et devient journaliste et écrivain. Au magazine érotique *Her* puis pendant trois ans au magazine *Playboy*, il est rédacteur en chef de la rubrique culture. Enfin, il collaborera pendant près de vingt ans au magazine allemand *Stern*. Contrairement à certains enfants de dignitaires nazis, Niklas est très clair : « Je n'ai pas peur du passé, je veux tout savoir. » Toute sa vie, il conserve sur lui, parmi les photos de ses proches, une photo du cadavre de son père. « Je suis satisfait des aspects de la photo, il est mort », répond-il quand on l'interroge à ce sujet.

L'absence de regret et de reconnaissance de sa propre culpabilité chez un parent peut avoir un impact très différent selon les descendants. Si certains reprennent à leur compte cette absence de culpabilité, pour d'autres elle est insupportable et se traduit par le rejet. L'absence de remords, de regrets, la tentative de justification de son père sont intolérables pour Niklas Frank. « Mais non. Il ne regrettait rien… Je le hais, ce salaud qui grille en enfer et qui m'obsède, dit-il de son père. Il n'est pas un jour où je ne pense à lui avec l'affreuse impression d'être une marionnette dont il manipule encore les fils… Me croirez-vous ? Même enfant, j'avais la conviction d'appartenir à une famille criminelle. C'était confus, mais je le savais, à

Niklas Frank

la différence de mes frères et sœurs aînés qui ont toujours refusé l'évidence. Très vite j'ai vu les photos des camps, à la une des journaux : des montagnes de corps nus, des squelettes en haillons ; et puis, vous savez, cette image d'enfants qui tendent leurs petits poignets pour montrer leur numéro... Ils avaient mon âge, ils avaient été enfermés tout près du château de Pologne où mon père accumulait son or et où je jouais au petit prince avec ma voiture à pédales. La connexion était horrifiante... J'essayais comme un fou de me projeter dans ces photos ; j'essayais de ressentir la souffrance dans mon corps, l'angoisse des Juifs qui allaient mourir. J'essayais d'être eux. Ils m'obsèdent encore. »

La mort de son père le hante également. Dans sa tête, il revit ses derniers instants, imagine l'attente, le corridor, le prêtre, les treize marches de l'escalier qui monte à la potence puis enfin la corde et la mort. Niklas a tenté de comprendre, il a épluché tous les documents qu'il a pu trouver avant de parvenir à la conclusion suivante : « Je ne trouve rien. Rien qu'une cupidité et un arrivisme forcené. Et malgré les déclarations atroces qu'il a faites sur les Juifs, je crois qu'il s'en fichait et n'était pas un vrai antisémite. Si Hitler avait appelé à faire la même chose avec les Français ou les Chinois, il aurait fabriqué contre eux des discours enflammés en appelant Nietzsche, Schiller, Goethe, Corneille à la rescousse. »

Dans le cadre d'un entretien pour le magazine allemand *Der Spiegel*, Niklas déclare qu'il aurait aimé avoir un père boulanger. Mais comme d'autres enfants de dirigeants nazis, il pense que s'il s'était appelé Göring ou Himmler, cela aurait été bien pire[43].

Niklas estime que son père « méritait d'être exécuté et qu'il s'en réjouit ». Il remet en cause sa foi catholique tardive. Pour lui, il ne s'est converti que pour échapper à sa faute. Mais il reconnaît qu'il retrouve chez lui quelques traits de sa personnalité. Il dit que comme lui, c'est un menteur brillant et un excellent orateur doté d'un sens de l'humour agressif, un humour propre aux Frank[44]. Son ouvrage *Le Père. Un règlement de comptes*, publié en Allemagne en 1987, a suscité de vives réactions, notamment chez certains autres enfants de dignitaires nazis, tels Klaus von Schirach ou Martin Adolf Bormann. A l'époque professeur de théologie, ce dernier regrette de ne pas avoir pu s'entretenir avec Niklas Frank à ce sujet. Pour certains, on ne renie ni ne maudit son père. Pour d'autres, il va trop loin par la violence de ses propos et de ses actes. Son frère Michael entreprend de l'attaquer publiquement et adresse une lettre ouverte au journal allemand *Stern* qu'il termine par cette phrase : « Mon frère Niki est et reste un étranger. » Ses amis, même les plus proches, lui tournent le dos. Le début de l'ouvrage a choqué car il s'ouvre sur une scène de masturbation où Niklas Frank écrit : « Enfant je me suis approprié ta mort. Ce sont surtout les nuits précédant le 16 octobre qui sont devenues sacrées à mes yeux. Je me couchais tout nu sur le linoléum puant du grand cabinet de toilette, les jambes tendues, la main gauche touchant mon sexe mou, et tout en faisant un léger mouvement de frottement je commençais à te voir[45]. »

Niklas vit alors à Neuhaus avec ses quatre frères et sœurs dans un petit appartement situé Dürnbachstrasse 7. Un jour, un journaliste lui fait remarquer que cet orgasme est un signe de sa volonté de survivre à son père, une analyse dont Niklas dit qu'elle lui a ouvert les yeux[46]. Mais Niklas Frank va plus loin, et critique ouvertement le peuple allemand : « Il n'est pas un jour où je ne pense à mon père et à tout ce que les Allemands ont fait. Le monde ne l'oubliera jamais. Où que je sois à l'étranger, lorsque je dis que je suis allemand, les gens pensent juste "Auschwitz". Et je pense que cela est parfaitement juste. » Par la suite, le journal *Stern* reproduit un cinquième de son livre sous forme d'articles intitulés « Mon père, l'assassin nazi », publiés de façon hebdomadaire pendant sept semaines. Il y répète comment, à chaque anniversaire de la mort de son père, il se masturbe au-dessus de son portrait ou s'imagine en train de le disséquer.

Il n'épargne pas davantage sa mère, une petite provinciale parvenue qui ne rêve que d'ascension sociale. « Ma mère était aussi cynique et veule. Elle était folle de fourrures et partait en Mercedes dans le ghetto, accompagnée d'une escorte de SS, acheter pour une misère ces camisoles que, décidément, ces Juifs savaient merveilleusement travailler. Elle se moquait bien qu'ils crèvent. »

Dans l'Allemagne d'Adenauer dont le mot d'ordre est : « Ne posez pas de question. Construisons un nouveau pays ! », Niklas Frank regrette de ne pas avoir demandé à sa mère de rendre des comptes. Il dit de l'Allemagne de l'après-guerre : « Si vous croyez que la nostalgie du Reich a disparu ! On a tout fait pour empêcher que le régime soit jugé, que les fils questionnent leurs pères, qu'on procède à une sincère introspection. On le paiera ! Heureusement que les médias du monde entier nous tiennent en étroite surveillance et s'émeuvent dès qu'un Turc est attaqué ou un cimetière juif profané. Sinon, tout pourrait recommencer. J'aime le peuple allemand. Mais je n'ai en lui aucune confiance[47]. »

Il considère sa mère comme une femme dénuée de morale qui, comme nombre d'autres Allemandes, a su tirer profit du IIIe Reich. Dans son ouvrage paru en 2005, *Ma mère allemande*, il dit haïr cette femme qui n'a jamais fait preuve du moindre remords. Mais au moins, précise-t-il, après la guerre elle n'a pas tenté de glorifier son mari et elle n'évoque plus le IIIe Reich, à l'exception d'une anecdote sur la galanterie d'Hitler qu'elle ne se lasse pas de raconter. Elle doit désormais subvenir aux besoins de ses enfants[48].

Niklas dit qu'un jour, en 1959, il a tenté de l'assassiner en lui donnant une dose excessive de médicaments. Elle avait été hospitalisée pour une crise cardiaque à la clinique de l'université de Munich et il était venu fêter avec elle ses vingt ans quelques jours avant la date exacte de son anniversaire, le 9 mars. Elle souffre alors de surcharge pondérale, a de l'eau dans les jambes, mais elle a tenu à se faire belle pour son enfant et a demandé à une infirmière de la maquiller pour l'occasion. Ses lèvres sont rouges, très rouges et son fils la trouve trop poudrée et trop fardée. Elle sait que Niklas ne l'a jamais aimée, mais elle ne peut s'empêcher de lui poser la question : « Dis, tu ne m'as jamais aimée, mon petit ? » Elle comble le silence qui suit en lui recommandant de faire des études de droit, comme son père. Elle souhaite que « lui aussi ait un grand destin[49] ». Comme si rien ne s'était passé. Brigitte Frank mourra quelques jours plus tard, le 9 mars, jour de l'anniversaire de Niklas. Elle a alors soixante-trois ans[50].

Norman, lui, passe cinq ans en Argentine. De ces années loin de l'Allemagne et de sa famille, il dit qu'elles ont été une « libération ». Sa mère lui prenait tout son « air ». D'ailleurs, il parle librement de la liaison de son père avec son amour d'enfance et aurait pu comprendre qu'il quitte sa mère pour la femme aimée[51]. A son retour à Munich, Norman vit dans le grand appartement où habitait sa mère, avec un portrait de chacun de ses parents et quelques meubles leur ayant appartenu. Lui qui a redouté son passé admire Niklas pour son courage lorsqu'il écrit sur son père sans hésiter à l'attaquer de façon virulente, en des termes aussi crus que ses gestes. Norman a eu plus de mal à remettre son père en cause. Il l'aimait, et il n'a jamais réussi à s'en détacher véritablement. Contrairement à son frère, bien plus jeune, il a vécu au quotidien l'ascension de son père dans le régime nazi. Niklas Frank pense que c'est la raison pour laquelle Norman est passé à côté de sa vie tant professionnelle que personnelle. Lui a eu une fille mais comme d'autres descendants de nazis, Norman a pris la décision de ne pas avoir d'enfants pour ne pas transmettre le gène des Frank. Son seul amour, Ellens, dont il a négocié le divorce auprès de son ex-mari contre dix mille marks, se suicide le jour de ses quarante ans, le 3 juin 1967. D'après Niklas, sa deuxième femme est une antisémite féroce[52].

Jusqu'à sa mort, dans son appartement de Munich, Norman garde au-dessus de son lit un portrait peint de son père. Ce père qu'il a trop souvent tenté d'oublier dans l'alcool. Dans *Bruder Norman !*, le dernier livre de la trilogie familiale des Frank, Niklas parle de l'addiction qui a rongé la vie de son frère aîné. Sur la couverture de ce livre, qui s'ouvre sur la mort de Norman en 2009, on peut lire son mantra : « Mon père est un criminel nazi, mais je l'aimais. » Dans les dernières années de sa vie, Norman, dont le quotidien se résume à un fauteuil devant une fenêtre qui donne sur la rue, s'est rapproché de son frère Niklas. *Bruder Norman !* est né d'une discussion à propos de leur vie ou plutôt de celle de leur père. La laideur morale de leur mère, le divorce, Hitler, l'exécution et le catholicisme, tout y est. Mais les deux frères ont de tout cela une vision radicalement différente. L'un a voulu voir ce que l'autre a désespérément cherché à oublier. Sur la tombe de Norman figure l'épitaphe : « Maintenant, tu es libéré des tourments causés par l'amour de ton père. » *(Jetzt bist du all die Liebesqualen durch deinen Vater los.)*

Norman, ce fils que Hans Frank surnommait « Normi », n'a pas la même analyse que Niklas de leur vie en Pologne. Alors adolescent, Norman était apte à comprendre le monde qui l'entourait, mais il dit qu'à cette époque, seule sa puberté l'intéressait. Pour se rendre à vélo à l'école allemande de Cracovie il traversait toute la ville. Mais il ne se souvient pas de la caserne SS à côté de son école. « Des Juifs, à demi nus par moins vingt degrés, déchargeant le charbon d'un camion », il ne se rappelle pas davantage, alors que l'un de ses camarades d'école s'en souvient, lui, parfaitement[53]. Ses plus jeunes frères et sœurs ne sont que peu là, et sa sœur Sigrid a sa propre vie. Ses seuls souvenirs ont à

Niklas Frank

voir avec ses parents, très distants, ou sa solitude. Pour le reste, rien : « Le temps du gouvernement général était étrange. Dans l'ensemble je me sentais heureux. Je vivais ma puberté. Elle me fascinait bien plus que ce qui se passait autour[54]. » Après la guerre, lorsqu'il lit les écrits de son père, il dit « avoir été honteux. Ce ne pouvait être le père que j'aimais. Il existe une telle contradiction en lui. Je ne peux la comprendre. Comment pouvait-il être si cultivé et bon avec moi et dire des choses aussi stupides et haineuses[55] ? ».

Contrairement à son frère, il n'a jamais voulu reconnaître le rôle de son père dans l'extermination de millions de Juifs. Dans son enfance il a pourtant vu passer des camions sur lesquels était inscrit, en grosses lettres, « Auschwitz ». A plus de soixante-dix-sept ans il accepte enfin de faire face à la vérité historique, telle qu'elle apparaît dans le dernier volume de la trilogie familiale des Frank. Mais son frère Niklas estime qu'il est le seul à s'être confronté à leur père, un jour où, jouant au football avec d'autres enfants allemands sous le château, il a entendu des coups de feu puis vu une rangée d'hommes à terre devant un mur, fusillés, gisant dans une mare de sang. Il avait alors quatorze ou quinze ans et a interrogé son père sur les raisons pour lesquelles des hommes qui, quelques minutes auparavant, chantaient l'hymne national polonais avaient été exécutés. « Avant la fin de la guerre, je ne veux plus en entendre parler », lui avait alors répondu son père.

Les deux frères ne sont pas non plus d'accord sur l'effet produit par leur nom. Alors que Norman considère que ce nom est un handicap, son frère Niklas considère au contraire que, par son ascendance, les gens lui attachent davantage d'importance. Mais ils se rejoignent pour dire que leur héritage a eu un rôle déterminant dans leur vie[56].

Des enfants Frank, Norman et Niklas sont les seuls à avoir accepté que leur père soit un criminel. Les trois autres, qui ont connu des destins divers, mais souvent tragiques, ont refusé d'accepter la vérité historique. La fille aînée des Frank, Sigrid, émigre en 1966 avec son second mari, en Afrique du Sud, ou règne l'apartheid, politique à laquelle elle adhère. Dans une de ses interviews, son frère Niklas fait état de l'adhésion de sa sœur aux thèses négationnistes. Lors de leur dernier entretien téléphonique, Sigrid aurait tenu les propos suivants : « Si six millions de Juifs ont été brûlés, chaque corps n'aurait pu brûler que six secondes, en conséquence tout cela n'est que mensonge. »

La deuxième fille des Frank, Brigitte, atteinte d'un cancer, se suicide en 1981, à l'âge de quarante-six ans, âge qu'avait son père quand il est mort. Pour son frère Niklas, elle était convaincue de l'innocence de son père, et elle n'a jamais supporté de lui survivre[57]. Elle était mère de deux enfants et le dernier, âgé de huit ans, dormait avec elle lorsqu'elle a pris une dose mortelle de somnifères[58].

Enfin, en 1990, le troisième fils de Frank, Michael, meurt à cinquante-trois ans, obèse. Il buvait quotidiennement jusqu'à treize litres de lait.

Niklas est le seul enfant de Hans Frank encore vivant. Il poursuit inlassablement la quête de vérité entamée il y a plus d'un demi-siècle. Il est ainsi devenu le principal biographe de ce père qu'il hait tant. L'attitude de certains autres enfants de dignitaires tel Martin Adolf

Niklas Frank

Bormann lui est insupportable, il évoque ce dernier en ces termes : « C'est un principe qui remonte à la nuit des temps : on n'assassine pas ses parents. Le fils de Bormann ne fonctionnait pas différemment. Un nombre incroyable d'établissements scolaires allemands l'invitaient parce qu'il racontait partout que son père n'avait pas seulement été un criminel, mais aussi un père aimant. C'est un procédé assez dégueulasse, parce qu'il cherchait ainsi à amoindrir la culpabilité de son père – et quatre-vingts millions d'Allemands hypocrites s'alignaient derrière ces thèses[59]. »

Aujourd'hui, Niklas vit avec sa femme à la campagne, dans le nord de Hambourg. Plusieurs fois par an, il va faire des lectures dans des écoles. Lorsqu'on l'interroge sur la crise des migrants en Europe et l'accueil que leur réserve l'Allemagne en 2015, il dit que c'est magnifique mais que l'écrasante majorité des Allemands s'y oppose en silence.

MARTIN ADOLF BORMANN JR

Le « Krönzi », ou le prince héritier

Le 25 avril 1971, en fin de journée, par une forte pluie, le conducteur d'une voiture blanche de la marque Opel perd le contrôle de son véhicule et heurte de plein fouet un camion militaire américain. Il a vu trop tard ce gros camion vert foncé, roulant tous phares éteints sur la départementale qu'il s'apprêtait à emprunter. La violence est telle que la tôle de la voiture ne résiste pas au choc frontal. L'avant du véhicule est entièrement broyé. La voiture n'est plus qu'une compression de ferraille enfermant en son sein le conducteur, dont la vie ne tient plus qu'à un fil. Impossible d'extraire son corps du véhicule, il est retenu de toutes parts par la tôle et le tableau de bord. A quelques mètres de la scène, un garagiste a vu passer le camion de l'armée et a entendu le vacarme. Il se précipite pour aider à sortir le conducteur du véhicule. Est-il toujours en vie, nul ne le sait. La violence de l'accident laisse présager le pire. Les deux militaires américains regardent le garagiste se débattre avec la carcasse de la voiture. Grâce à sa pince-monseigneur, il parvient à sectionner un à un les pans de tôle qui retiennent le conducteur. Au fur et à mesure que les liens se libèrent et qu'il se rapproche

Enfants de nazis

de l'homme accidenté, il distingue son visage. Ses traits ne lui sont pas étrangers. Il connaît cet homme. Il l'a déjà vu, mais où ? Etait-ce dans son « passé » ? Celui du temps d'avant, qu'il a préféré oublier, ou plutôt passer sous silence ? Avant, il était chauffeur. Peut-être l'a-t-il déjà conduit, mais quand ? A cette époque-là, le conducteur accidenté, aujourd'hui âgé d'une quarantaine d'années, ne devait être qu'un enfant.

Encore un peu de tôle à sectionner, et il pourra enfin extraire le corps. Tout en s'activant, il tente de resituer l'homme dans ce « passé ». Une image lui vient alors à l'esprit : celle d'un petit garçon âgé de onze ans, assis sagement à l'arrière de la berline noire que lui-même conduisait. Le petit garçon était accompagné de sa mère et de deux de ses sœurs. Il portait des shorts en cuir, les fameux *Lederhose*, avec des bretelles, sur une chemise à carreaux rouges et de hautes chaussettes en laine. C'est la tenue traditionnelle des habitants de la région de Haute-Bavière, là où son ancien patron possédait une demeure. A l'époque, le garagiste travaillait pour un certain Heinrich Himmler, l'homme de la SS et de la police allemande. L'homme qu'il tient aujourd'hui dans ses bras dans un état critique n'est autre que le petit Bormann, fils de Martin Bormann, le secrétaire particulier du Führer. Des dizaines d'années séparent les deux scènes, mais désormais, il se souvient. Il conduisait fréquemment l'enfant entre Gmund et l'Obersalzberg, la montagne du Führer. Une chose le frappe, malgré le sang qui le recouvre presque intégralement : l'homme semble porter une soutane de prêtre. Lui, le fils Bormann, un prêtre ?

Ses interrogations se perdent dans le vacarme des secours arrivés sur place. Le blessé disparaît derrière les

Martin Adolf Bormann Jr

portes de l'ambulance qui doit le conduire à l'hôpital le plus proche. Son état est très grave, le pronostic vital engagé. Nul ne peut dire s'il survivra. Il est plongé dans un coma profond et y restera dix jours avant de se réveiller.

Aîné des dix enfants du secrétaire zélé d'Adolf Hitler, Martin Bormann, et de sa femme Gerda, Martin Adolf Jr est né le 14 avril 1930 à Grünwald. Son prénom est un hommage à son parrain, le Führer. Il est le premier filleul d'Adolf Hitler. Sa marraine est Ilse Hess, la femme de Rudolf Hess, le secrétaire du Führer, alors le supérieur hiérarchique de Martin Bormann. Par la suite, conformément aux rites nazis, les Bormann cesseront de baptiser leurs enfants.

Le père de Martin Adolf, Martin Bormann, est qualifié de « Führer de l'ombre », tant, avec le temps, il a acquis de pouvoirs dans tous les domaines. Qualifié de Machiavel de la bureaucratie, c'est un implacable calculateur[1]. Homme à tout faire d'Adolf Hitler, Bormann est né en 1900, dans une famille de petits-bourgeois de Saxe-Anhalt. Après avoir trempé dans une sombre affaire d'assassinat en 1923, il tombe sous le charme d'un certain « Adolf Hitler ». Certains considèrent que cet homme petit, trapu et sans charisme est devenu progressivement plus puissant qu'Hitler lui-même, tant il lui est indispensable. D'abord membre de l'équipe de Rudolf Hess, le secrétaire du parti, il gravit les échelons un à un et parvient à écarter son supérieur de l'entourage d'Hitler. Il filtre les accès au Führer, qui n'a aucun doute sur sa loyauté et le désigne dans ses dernières heures comme son exécuteur testamentaire. Jusqu'à la fin, Martin Bormann restera persuadé qu'une victoire

Enfants de nazis

du Reich est possible. Contrairement à d'autres dignitaires nazis, même à l'aube de la défaite, il ne tentera jamais de négocier la paix avec les Alliés.

Sa carrière connaît un tournant décisif lorsque Rudolf Hess entreprend sa folle expédition anglaise, le 10 mai 1941. Martin Bormann est alors son successeur désigné comme chef de la *Parteikanzlei*, la chancellerie du Parti national-socialiste. Son ascension est implacable. En avril 1943, il devient officiellement le « secrétaire du Führer ». Il est l'homme de l'Obersalzberg, la montagne du Führer, celui qui, pour ses cinquante ans, en 1939, offre à Hitler le « Nid d'aigle », ce chalet qui trône sur un piton rocheux du Kehlstein à plus de 1 800 mètres. Il est également le gestionnaire financier personnel du Führer. Rien ne lui échappe et Hitler loue son habileté. Il est craint de tous, même d'un Heinrich Himmler, d'un Hermann Göring ou d'un Rudolf Hess. Albert Speer dit de lui qu'il est le plus dangereux des proches d'Hitler. Il est parvenu à avoir un ascendant unique sur le Führer. Depuis début 1935, il administre d'une main de maître ses finances, qu'il s'agisse des revenus tirés de la vente de *Mein Kampf*, de celle de terrains sur l'Obersalzberg ou des royalties perçues par Hitler pour l'usage de son image sur des timbres postaux.

Speer n'est pas le seul à s'en méfier, tous les proches du Führer le haïssent et le craignent. Chacun d'entre eux verra dans sa disgrâce un complot ourdi par Bormann. Sa puissance connaît son apogée lors des années de déclin de l'Allemagne. Sa proximité avec le Führer lui permettra d'éclipser progressivement les plus éminents dignitaires nazis.

Son épouse, Gerda Buch, est la fille d'un membre

GUDRUN HIMMLER :
la « Püppi » du nazisme

Heinrich Himmler, sa fille Gudrun au milieu, son fils adoptif et une amie, en 1935.

Gudrun et Margaret Himmler, la fille et la femme du chef de la SS Heinrich Himmler

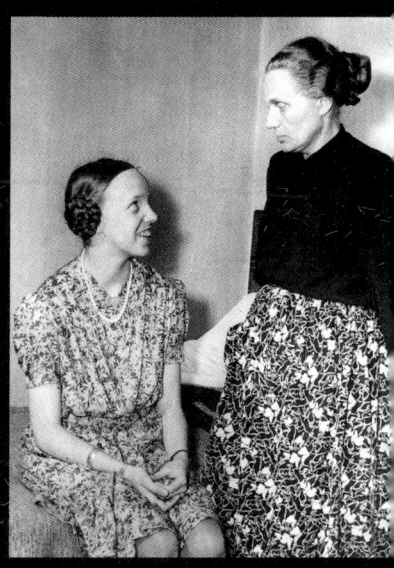

Gudrun Himmler et Adolf Hitler.

Gudrun et son père Heinrich Himmler au camp de concentration de Dachau, en 1941

EDDA GÖRING :
la « petite princesse du Néron de l'Allemagne nazie »

Edda et Hermann Göring, en 1940.

Baptême d'Edda Göring. La femme d'Hermann Göring avec Adolf Hitler, parrain de l'enfant.

Lettre d'Edda Göring à son père lorsqu'il était entendu au procès de Nuremberg.

Mein geliebter Papa !!!

Wir sind jetzt in Burg Veldenstein. Ich habe sehr sehr große Sehnsucht nach Dir, und ich habe Dich sehr lieb. Komm doch bald zu uns. Die Johannisbeeren sind schon reif und die Kirschen auch schon. Die Stiefmütterchen sind gin so üpp, und die Rosen sind so schön. Alle lassen

recht Herzlich grüßen.
Ich bete jeden Abend zum lieben Gott dass Du bald zu uns kommst.
1000 000 Küsse
von Deiner Edda !!

An
meinen geliebten
Papa !!!

Album de photos personnelles de Hermann Göring.

Edda et sa mère rendent visite à Hermann Göring à la prison de Nuremberg en septembre 1946.

WOLF R. HESS :
l'enfant de l'ombre du dernier des criminels de guerre

Rudolf Hess et Wolf Rüdiger Hess.

NIKLAS FRANK : l'appétit de vérité

Photos de famille.

Niklas, sa mère et sa sœur rendent visite à Hans Frank à la prison de Nuremberg, en septembre 1946.

MARTIN ADOLF BORMANN Jr :
le « Krönzi » (le prince héritier)

Martin Adolf Bormann Jr
à Feldafing en uniforme, en 1943.

Martin Adolf Bormann Jr,
prêtre catholique en 1958.

Les enfants Bormann.

LES ENFANTS HÖSS :
les descendants du commandant d'Auschwitz

La famille Höss.

Les enfants Höss, heureux à Auschwitz.

LES ENFANTS SPEER :
la lignée de l'« architecte du diable »

Albert Speer avec ses cinq enfants.

Adolf Hitler au Berghof avec trois des enfants Speer.

ROLF MENGELE :
le fils de « l'Ange de la mort »

Josef Mengele et son fils Rolf en 1956 à la montagne.

Josef Mengele, alors en fuite dans le sud de l'Allemagne, et son fils Rolf en 1947.

Martin Adolf Bormann Jr

éminent du Parti national-socialiste et ami proche d'Adolf Hitler. Mariés le 2 septembre 1929 conformément au rite nazi, ils forment un couple uni. Souvent éloigné de sa femme, Martin Bormann entretient avec elle une correspondance fournie. L'été 1936, la famille quitte Pullach, près de Munich, pour l'Obersalzberg. Né en 1930, Martin Adolf ne conserve que peu de souvenirs de sa petite enfance, période insouciante et légère. Seul un incident l'a marqué. Un jour, dans le jardin, alors que sa sœur est heurtée à la tête par la balançoire, il est pris de panique et court se réfugier à la cave, pour ne pas être réprimandé par son père. Il est si bien caché que personne ne le retrouve et qu'à la nuit tombée, seul dans le noir, il est pris de panique. L'enfant est si traumatisé que sa mère considéra que la peur lui avait servi de leçon[2].

Martin Adolf a neuf frères et sœurs, outre une petite fille qui meurt peu après sa naissance : les jumelles Ilse et Erengard Franziska (1931), Irmgard (juillet 1933), Rudolf Gerhard (1934), Heinrich Hugo (1936), Eva Ute (1938), Gerda (1940), Fred Hartmut (1942) et Volker (1943).

A Berchtesgaden, sur l'Obersalzberg, Martin Adolf, l'aîné, est scolarisé à l'école primaire du village. Ses parents, ouvertement antichrétiens, exigent qu'il soit dispensé d'enseignement religieux.

Martin Adolf se souvient que lors des cours de catéchisme, on l'envoie dans une autre salle où il s'installe sur le banc du fond pour faire ses devoirs. Le jeune Bormann comprend très jeune qu'il est différent de ses camarades. Il est le seul à ne pas suivre ces cours et ne comprend pas pourquoi. Lorsqu'il interroge ses parents à ce sujet, leur réponse est lapidaire : « Nous n'en avons pas besoin. » L'enfant assiste à l'aménagement

Enfants de nazis

de la montagne du Führer, dont son père est le grand ordonnateur. Après l'expulsion de ses habitants à compter du début des années 1930, la zone est sécurisée et entièrement transformée afin de recevoir les grands de ce monde et de devenir le lieu de résidence des dignitaires du Reich. L'Obersalzberg se trouve à la frontière autrichienne, face au mystérieux massif de l'Untersberg, montagne austro-bavaroise chère à Hitler. Sa jeunesse, Martin Adolf la passe isolé avec ses frères et sœurs, dans une maison située sur le domaine du Führer. Dans ce ghetto nazi, sécurisé par les SS, vivent les hautes personnalités du régime, dont Hermann Göring et Albert Speer, ainsi que leurs progénitures.

L'enfant a comme camarades de jeux les enfants des autres dignitaires du régime ayant leur résidence sur l'Obersalzberg et aussi ceux du jardinier, du chauffagiste ou du chef opérateur. Ensemble, comme tous les gamins de leur âge, ils jouent aux gendarmes et aux voleurs, aux cow-boys et aux Indiens ou à la guerre. Aucun étranger ne pénètre jamais dans l'enceinte, même si certains tentent parfois d'entrevoir les « gens de la montagne ». Le domaine s'étend sur une surface de sept kilomètres carrés et il est entièrement grillagé. Pour Albert Speer, « on se serait cru dans une réserve de chasse pour grand gibier », un monde stéréotypé et sclérosé où les gens vivent isolés de la réalité extérieure. Martin Adolf se souvient de la venue de personnalités telles que Neville Chamberlain, Premier ministre britannique, Daladier ou Mussolini qui ont coutume de rendre visite au Führer quelques jours. L'enfant revêt alors un uniforme de circonstance. Il se rappellera toute sa vie avoir donné la main à Mussolini. L'émotion fut

Martin Adolf Bormann Jr

telle qu'il ne se souvient d'aucun autre événement relatif à cette journée particulière.

Sa mère, Gerda Bormann, est une des rares femmes de dignitaire qui corresponde en tout point à l'idéal nazi. Une femme au foyer, devant ses fourneaux, qui ne se mêle pas de politique et prend son rôle de « génitrice » très au sérieux. Elle met au monde onze enfants, reste fidèle et dévouée à son mari volage, mais surtout se sacrifie à « la cause », en prônant ouvertement la polygamie à des fins de procréation. Elle veut donner des enfants au Führer et s'exprime par écrit avec le plus grand enthousiasme à ce sujet : « Il faudrait, à la fin de cette guerre, créer une loi comme celle de la guerre de Trente Ans qui accorde aux hommes sains et de grande valeur le droit d'avoir deux femmes. » Martin Bormann annotera en marge de ce commentaire : « Le Führer a des idées identiques[3]. » Sa femme Gerda se réjouit qu'il ait pu séduire telle ou telle actrice pour avoir toujours à sa disposition une femme « en état de servir ». Lorsqu'il devient l'amant de l'actrice Manja Behrens, sa femme le félicite chaudement et souhaite que celle-ci lui donne au plus vite un enfant. Bormann n'hésite pas à faire venir sa maîtresse dans sa maison de l'Obersalzberg, près de sa famille. Sa goujaterie n'est guère appréciée de tous, mais l'attitude conciliante de sa femme lui permet d'éviter le scandale[4]. Pour sa part, Martin Bormann est enchanté par la réaction de sa femme et par son analyse du rôle des femmes en général, lui qui, outre sa maîtresse habituelle, n'est pas avare de conquêtes. Gerda est une fanatique, un soutien sans faille du régime jusqu'à la fin. Elle souhaite instaurer « un mariage de détresse nationale[5] ». A l'aube de la chute du Reich,

lorsque son mari prend conscience du caractère désespéré de la situation, elle lui écrit : « Un jour naîtra le Reich de nos rêves. Nous sera-t-il seulement donné de le voir, à nous ou à nos enfants[6] ? »
A l'école, Martin Adolf Bormann n'est pas très assidu. Cela lui vaut de sévères remontrances de la part de son père, qui décide de l'envoyer dans un pensionnat nazi, pour y être « dressé ». Pour assurer la relève du Reich, Adolf Hitler a souhaité mettre en place un système éducatif de promotion de l'élite mais aucun des hauts fonctionnaires du Reich, aussi fanatique soit-il, n'y inscrit ses fils. Seul Bormann y envoie le sien, à titre de sanction. Martin Adolf a dix ans lorsqu'il intègre l'école du Reich de Feldafing, sur le lac de Starnberg. Cette institution créée par Ernst Röhm en 1933 a pour vocation de sélectionner l'élite du national-socialisme. Chaque *Gauleiter* régional ne peut y scolariser que trois candidats, à l'exception de ceux de Munich et de Berlin, qui ont droit à cinq. Seul le jeune Martin Adolf Bormann y est admis par « piston ». Il y acquiert une formation paramilitaire. Son intégration en tant que « fils de Bormann » est une épreuve difficile, qu'il doit surmonter seul. Il a du mal à suivre, surtout en sport, alors que l'éducation physique joue un rôle prépondérant dans l'éducation des jeunes garçons. Mais à force de volonté, il finit par s'intégrer. Il suit des cours de national-socialisme, durant lesquels les élèves sont tenus d'apprendre par cœur le programme du parti et étudient *Mein Kampf* puis, dans les classes supérieures, *Le Mythe*, de Rosenberg[7], dont ni les élèves ni les enseignants ne viennent à bout. Plus tard, il expliquera que son père, malgré de nombreuses tentatives, n'a pas davantage réussi à le lire en entier.

Martin Adolf Bormann Jr

Cette institution marque une rupture dans la vie du jeune Martin Adolf Bormann. Il ne reviendra jamais vivre dans sa famille, l'éloignement est définitif. Il n'a de contact avec les siens que durant les vacances scolaires, et lors de ces séjours son père est souvent absent de la maison. Lorsqu'il est présent, il est d'une sévérité exemplaire à son égard. Il se souvient d'avoir été sévèrement giflé après avoir salué le Führer d'un *Heil Hitler* alors que lorsque l'on s'adresse directement à lui, il convient de ne formuler qu'un *Heil, mein Führer*. Cette sévérité marque profondément l'enfant, d'autant qu'elle n'est contrebalancée par aucune marque d'affection. Leur relation est entièrement dénuée de communication et de chaleur humaine. Lors de ces séjours, il travaille généralement auprès d'un jardinier ou dans un domaine agricole de l'Obersalzberg. Des années de guerre, il n'a que de bons souvenirs, même s'il prend conscience de ses liens distants avec son père.

Très occupé à suivre le Führer dans le moindre de ses déplacements, Martin Bormann ne vient qu'une seule fois lui rendre visite en pension, en 1943. L'enfant se souvient parfaitement que, lors de cette visite, il a interrogé son père. Lorsqu'il lui demande : « Qu'est-ce que le national-socialisme ? », la réponse est brève et directe, et pour son fils elle en dit long sur l'absence de fondement idéologique profond du mouvement nazi et sur son attachement et sa fidélité absolue au Führer, « son Dieu » : « Le national-socialisme, c'est la volonté du Führer ! » Martin Adolf souligne dans son ouvrage publié en 1996, *Leben gegen Schatten* (*Vivre contre l'ombre*), que l'absence de programme a laissé une place importante aux interprétations les plus diverses par les groupes dirigeants du NSDAP. Hitler intervenait aussi rarement que possible et la plupart du temps ses réponses restaient ambiguës, ce qui lui permettait de se servir habilement des uns contre les autres. Martin Adolf estime que l'antisémitisme et la haine de tout ce qui est chrétien trouvent leur justification dans « la volonté du Führer » et dans la « racine religieuse » de l'idéologie nazie[8].

« Que sais-je de lui au juste ? » s'interroge Martin Adolf au sujet de son père. Il a grandi sans le connaître, au son des chants nazis, dans le cadre disciplinaire strict d'une éducation placée sous le signe de la vénération du Führer, un « envoyé de Dieu ». Ce père si rarement croisé, il le voit pour la dernière fois lors des fêtes de Noël de 1943. Le 23 avril 1945, lorsque l'école du Reich ferme ses portes, Martin Adolf a quinze ans. Il est envisagé d'envoyer les plus âgés sur le front, mais la capitulation imminente contrarie ce plan. « Le pire moment a été quand, à deux heures le matin du 1ᵉʳ mai, nous avons appris par la radio la mort du Führer. Pour moi, c'était la fin. Je m'en souviens précisément mais je ne peux décrire le silence en cet instant... qui devait durer quatre heures. Personne ne dit mot, mais peu de temps après les gens commencèrent à sortir et dès le premier, il y eut un coup de feu, puis un autre et encore un autre. A l'intérieur, aucune parole, aucun autre son que celui des coups de feu à l'extérieur. Nous avons eu le sentiment que nous allions tous mourir (...). Je ne voyais plus aucun avenir. Soudainement, derrière les corps qui recouvraient le petit jardin apparut un autre garçon, plus âgé que moi, il avait dix-huit ans. Il m'invita à venir

Martin Adolf Bormann Jr

m'asseoir près de lui. L'air sentait bon, les oiseaux chantaient, nous nous en sommes sortis. Je sais qu'à ce moment-là, si nous n'avions pas été là l'un pour l'autre, nous ne serions plus de ce monde. Je le sais. » Cette période marque une rupture totale entre une vie faite de surhommes et de sous-hommes et son remplacement par une vie faite d'amour pour tous les êtres humains, enfants de Dieu.

Les enfants de l'école du Reich sont éparpillés dans la nature, à charge pour eux de retrouver leur famille. Après le décès du Führer, Martin Adolf, celui que l'on surnomme le « Krönzi », le « prince héritier », se présente en tenue des Jeunesses hitlériennes, croix gammée sur le brassard, sur l'Obersalzberg. Mais sa mère a quitté les lieux en direction du Tyrol du Sud. Elle demeure désormais à Wolkenstein, et porte le nom de « Bergmann ». C'est là qu'ont également trouvé refuge Gudrun Himmler et sa mère.

Le secrétaire de son père est encore sur place. Il le reçoit, lui remet une veste grise, lui enjoint de brûler immédiatement son uniforme des Jeunesses hitlériennes et de changer de nom. Une fausse carte d'identité au nom de « Bergmann », tamponnée « KLV-Lager 39, Steinach a. Brenner », lui est remise, puis le jeune homme est adressé au chef de district du Parti national-socialiste, le *Gauleiter* de Salzbourg, Gustav Adolf Scheel. Ce dernier lui délivre un nouvel ordre de marche, cette fois-ci il doit se rendre en qualité d'apprenti agriculteur à l'école de St. Johann, à Pongau. Lorsqu'il y parvient, tous les autres élèves sont rentrés chez eux, Martin Adolf est seul dans l'établissement. Le lendemain, dans la rue, au loin, il aperçoit une berline noire de la marque

Mercedes identique à la voiture familiale. Il croit entrevoir sa mère mais, comprenant son erreur, il choisit de fuir à nouveau et suit un convoi de nazis en déroute croisé sur son chemin.

L'adolescent vit dans la terreur, persuadé que si les Alliés le capturent, ils l'exécuteront sur-le-champ, lui, le fils de Martin Bormann. Il ne sait rien du sort de son père. Les premières informations font état de sa mort au cours de sa fuite dans un Berlin en ruine et en feu.

Le psychologue israélien Dan Bar-On, qui l'a interrogé quarante ans après, souligne que Martin Adolf Bormann ne parvient toujours pas à maîtriser ses émotions lorsqu'il évoque cette période de sa vie[9]. De la persécution des Juifs, il dit ne rien connaître. Jeune, il n'a jamais entendu parler de la Nuit de cristal, ni vu d'étoile de David, car « il n'y avait pas de Juifs à Berchtesgaden, ou sur l'Obersalzberg ». A la maison, aucune discussion ne porte sur ce sujet. La persécution des chrétiens le marque davantage. Il dit : « L'Eglise catholique était présentée comme une forme d'extension du sionisme. Le problème juif n'était plus à l'ordre du jour, il était considéré comme plus ou moins réglé[10]. »

Fin mai 1945, son errance le mène en montagne. Atteint d'une sévère intoxication alimentaire, une salmonellose, il trouve refuge dans une vieille ferme, à Hinterthal, au sud de Salzbourg, du côté autrichien, près de la frontière allemande. Le paysan qui vit là le prend en charge et le soigne sans poser de questions. Il le laisse mener les animaux en montagne. Martin Adolf Bormann dit être de Munich, donne son faux nom, « Bergmann », et une fausse adresse, précisant pour éviter toute recherche que ses parents ont été tués

Martin Adolf Bormann Jr

dans les bombardements de Munich. L'enfant a scrupuleusement respecté le conseil donné par le secrétaire de son père : garder sous silence sa véritable identité. Il a compris que le nom de « Bormann » serait une condamnation dans l'Allemagne d'après guerre. Certains enfants de nazis subissent le poids du silence au sein de leur famille mais pour Martin Adolf Bormann, il s'agit de vivre en permanence dans l'anonymat. Il se souvient que cette famille d'accueil l'a accepté comme son propre enfant. Ce sont des gens très pieux qui comprennent dès le premier office religieux que l'enfant n'a pas reçu d'éducation religieuse. Martin Adolf Bormann dit avoir découvert chez eux ce que signifiait le fait de vivre en chrétien, à l'opposé des valeurs qu'on lui avait inculquées. Il trouve un foyer aimant et une nouvelle demeure dans cette montagne isolée, un lieu selon lui propice à la réflexion. Mais les révélations sur les atrocités de la guerre et sur l'Holocauste ne tardent pas à lui parvenir. La lecture du *Salzburger Nachrichten*, quotidien autrichien de renom, et seul journal d'information reçu à la ferme, lui ouvre les yeux sur l'ampleur de la barbarie. Lui qui n'a jamais entendu parler de l'Holocauste prend connaissance de toute l'horreur nazie.

Il est alors confronté à la vérité au sujet du rôle tenu par son propre père. Les photos de Bergen-Belsen le marqueront à jamais. Certes, il a croisé dans son école des ouvriers qui venaient de Dachau, mais ces hommes qu'il pensait être des détenus n'avaient rien à voir avec les hommes et les femmes cadavériques et affamés libérés des camps en 1945. Soudain lui apparaît l'horreur abyssale dont la nature humaine est capable[11]. Il a une vision aiguë du sentiment de responsabilité éprouvé par certains enfants au sujet des fautes commises par leurs parents. « Le quatrième commandement du Décalogue impose seulement aux enfants l'amour et le respect de leurs parents en tant que parents, et non en tant que personnes exerçant une fonction dans la société, dit-il. Ce que notre père a fait ou n'a pas fait dans ses fonctions politiques, c'est-à-dire en dehors du statut de père qu'il avait pour nous, n'échappe pas seulement en bonne partie à notre connaissance, mais surtout nous n'en sommes pas responsables et nous n'avons pas à en être tenus pour responsables. Souvent les enfants portent la faute de leurs parents, quand faute il y a et que les enfants en sont conscients. Ils portent le poids psychique de la peine et de la honte que cela leur cause, mais pas la responsabilité. Il en va souvent de même pour les parents, quand leurs enfants commettent une faute dont eux, les parents, ne portent pas la responsabilité, même si celle des enfants peut à coup sûr être mise sur le compte d'erreurs des parents dans l'éducation de leurs enfants[12]. » Le jeune homme a du mal à faire fi de son passé et de sa filiation. Il pense que l'on ne peut échapper à ses parents « quels qu'ils soient ». En 1947, désespéré, il se confie au curé du village, le père Regens, de l'église Maria Kirchental, un homme érudit, intelligent et pieux. Depuis quelques mois, Martin Adolf Bormann suit des cours intensifs de catéchisme. Cet homme lui inculque un enseignement religieux et suscite chez lui une vocation. Il l'aide à surmonter les difficultés qu'il rencontre face à sa filiation et fait de lui un homme de Dieu.

Alors que le tribunal de Nuremberg vient de condamner son père à mort par contumace, pour crime de

Martin Adolf Bormann Jr

guerre et crime contre l'humanité, Martin Adolf trouve son salut en Dieu. Il embrasse pleinement le christianisme, dont son père a été un adversaire acharné. Martin Adolf cherche à comprendre l'aversion de son père pour l'Eglise catholique. Car c'est Martin Bormann qui a souhaité mettre en place des mesures visant à restreindre le pouvoir de l'Eglise. Le Führer n'avait-il pas tenu les propos suivants : « Nous avons la malchance de ne pas posséder la bonne religion. Pourquoi n'avons-nous pas la religion des Japonais, pour qui se sacrifier à sa patrie est le bien suprême ? La religion musulmane aussi serait plus appropriée que ce christianisme, avec sa tolérance amollissante[13]. » Mais en raison de l'hostilité de la population, déjà éprouvée par la guerre, les attaques contre l'Eglise sont freinées, en particulier dans les régions fortement catholiques, comme la Bavière. Cette résistance se manifeste de façon nette lors de l'introduction de la loi de 1941, qui interdit les crucifix sur les murs des écoles.

Martin Adolf Bormann trouve un premier éclairage sur l'adhésion de son père au national-socialisme lorsqu'il apprend que ce dernier a fui sa famille à l'âge de quinze ans, ne supportant plus les brimades de son beau-père et sa religiosité intransigeante. Il trouve un complément d'explication dans la concurrence idéologique entre le national-socialisme et le christianisme. Pour son père, l'emprise de l'Eglise sur la population est une provocation manifeste, qu'il faut faire cesser. Peut-il y avoir un être supérieur à Adolf Hitler pour conduire le peuple ? La religion contrarie la volonté supérieure du Führer. Serviteur zélé et dévoué à Hitler, Martin Bormann prend pour argent comptant tous ses propos : « Le christianisme est une invention de cerveaux malades. » La puissance du Führer ne doit connaître aucun frein. Enfin, il ne faut pas exclure les motivations personnelles d'un Martin Bormann, qui voit dans le christianisme un obstacle à sa soif de conquêtes féminines. Martin Adolf pense intimement que son père avait connaissance des atrocités commises par les nazis et qu'il les approuvait[14]. Il considère qu'un homme n'est jamais privé de sa liberté personnelle au point d'être forcé à commettre un péché. Sa seule explication est que son père aurait baigné dans l'idéologie nationale-socialiste sans jamais la remettre en cause, idolâtrant Adolf Hitler comme un père suprême. Mais il ne lui appartient pas de le juger, c'est à Dieu de le faire, car lui seul peut juger un être humain en toute équité. Martin Adolf n'a jamais évoqué avec son père les exactions auxquelles il a participé, mais il souhaite endosser la responsabilité des actes de cet homme qu'il a pourtant si peu connu.

En 1947, Martin Adolf est recueilli par l'Eglise catholique d'Allemagne et il se fait baptiser catholique le 4 mai. Il entreprend alors des études à l'école secondaire des Missionnaires du Sacré-Cœur, à Salzbourg-Liefering, puis suit des cours de théologie. Le 17 octobre 1947, dans le bus qui le mène à Salzbourg où il va passer un entretien pour ses études, il a l'impression qu'une ancienne secrétaire de la chancellerie du parti de Munich l'a reconnu. Interpellé le lendemain puis présenté au CIC américain (*Counter Intelligence Corps* – Service de renseignement de l'armée de terre), il sera brièvement incarcéré à Zell am See. Mais même si son arrestation fait suite à une dénonciation anonyme, il n'est pas certain que la responsable

Martin Adolf Bormann Jr

soit la femme croisée dans le bus. L'archevêque de Salzbourg intervient en sa faveur et obtient sa libération immédiate. Pour les fêtes de Noël 1947, Martin Adolf, alors âgé de dix-sept ans, se rend chez son oncle du côté de sa mère, à Ruhpolding, en Bavière. Il a adopté le nom de « Reinhold Meier », que lui a donné la CIC. A son arrivée, il apprend la mort de sa mère, des suites d'un cancer, le 23 mars 1946. Elle n'avait pas encore trente-six ans. Dans les derniers instants de sa vie, elle aurait souhaité se rapprocher de Dieu, et avoir un enterrement religieux. Elle a notamment été très proche de Theo Schmitz, aumônier des prisonniers de guerre de Merano, qui lui a promis de veiller sur ses enfants.

Après la guerre, Gerda Bormann a été arrêtée dans son chalet de Gröben, où elle vivait avec ses neuf plus jeunes enfants, âgés de un à treize ans. Elle est emmenée par les Alliés à Merano, puis gardée au secret. Les enfants sont alors placés dans des familles d'accueil, chez des médecins, des marchands, des paysans ou des aristocrates, après avoir tous été convertis au catholicisme, même si les aînés avaient quant à eux déjà été baptisés. Seule une des sœurs de Martin Adolf, Irmgard, refuse cette conversion pour « rester comme son père... ». Comme l'avait revendiqué une certaine... Gudrun Himmler.

Certains des enfants Bormann meurent jeunes, d'abord le petit Volker qui, à l'âge de trois ans, cesse de s'alimenter et dépérit avant de mourir au bout de quelques mois, puis Ilse (que l'on surnommera par la suite Eicke), une des deux aînées, qui vivait chez un médecin de Merano. Eicke était celle qui ressemblait le plus à son père, tant physiquement que par le caractère. Née en 1931, elle a quinze ans lorsque son père est condamné mais il

Enfants de nazis

demeure pour elle le grand homme qu'elle a toujours connu et dont l'innocence ne fait aucun doute. Sa famille d'accueil a beaucoup de mal avec l'adolescente qui exige, ordonne et domine. Dans l'école anglaise de jeunes filles où elle est scolarisée, elle intime à ses camarades de classe de la considérer avec déférence. C'est une élève studieuse, toujours la première de sa classe, car elle veut que son père soit fier d'elle. En 1957, après s'être mariée à un ingénieur italien et avoir eu une petite fille, elle meurt subitement, à l'âge de vingt-six ans.

Les autres enfants connaissent des destins divers. Beaucoup ont choisi de vivre dans le Tyrol du Sud et ils n'entretiennent que peu de liens avec leur frère aîné, Martin Adolf. En 1948, il est envoyé à Ingolstadt, dans un séminaire jésuite. En 1951, il passe son baccalauréat puis en juillet 1958, il est ordonné prêtre. Sa première messe est naturellement célébrée à l'église Maria Kirchental[15]. Mais il dit que la crainte de son père persiste et qu'il a vécu dans la peur constante de son retour, craignant sa réaction face à ce fils devenu par sa conversion même un « ennemi ». « Je ne hais pas mon père. Pendant plusieurs années j'ai appris à distinguer mon père en tant qu'individu et mon père en tant que politicien et officier nazi », assure-t-il.

Après la guerre, Martin Bormann fait l'objet des spéculations les plus folles. Certains sont convaincus qu'il ne s'est pas suicidé dans le bunker mais a réussi à prendre la fuite. Son acte de décès officiel, daté du 2 mai 1945, sans qu'un cadavre ait pu être identifié, serait inexact. Il aurait survécu et serait en réalité un agent du KGB à la solde de Staline. Lors de la conquête

Martin Adolf Bormann Jr

de Berlin, les Russes l'auraient évacué, un sac sur la tête... En 1953, on l'aurait aperçu au Chili... Enfin, en 1993, le journal anglais *The Independent* publie une information selon laquelle il aurait été soigné au Paraguay par Josef Mengele, le tristement célèbre médecin d'Auschwitz, avant de succomber à un cancer de l'estomac, le 15 février 1959. Une autre piste évoque un Martin Bormann qui se ferait passer en Amérique du Sud pour un prêtre en soutane noire, célébrant des communions, des mariages, des funérailles et administrant les derniers sacrements. Pendant de nombreuses années, Martin Adolf vit sans savoir ce qu'il est advenu de lui. Enfin, en 1972, lors d'une excavation dans Berlin, un squelette sera identifié comme celui de Martin Bormann, grâce à une expertise dentaire confirmée en 1998 par une analyse ADN. Mais là encore, les analyses seront contestées.

En 1961, Martin Adolf part comme missionnaire catholique en Afrique, notamment au Congo alors en pleine guerre civile. Il y reste de longues années et y vit des événements traumatisants. Il est torturé et doit faire face à des simulacres d'exécution. Si la mort ne lui fait pas peur, la torture le meurtrit définitivement. Fin 1965, il est contraint de rentrer en Allemagne pour y faire soigner une maladie contagieuse contractée pendant sa mission. A l'Institut des maladies tropicales de Hambourg, il apprend par son médecin traitant qu'un autre fils de dignitaire y a été récemment traité, Wolf Rüdiger Hess, le fils de Rudolf Hess, le secrétaire du parti auquel son père a succédé à la chancellerie en 1941. Tous les deux ont voyagé en Afrique à peu près à la même époque mais leurs expériences et les enseignements qu'ils en retirent sont aux antipodes. En mars 1966, Martin Adolf Bormann retourne une dernière fois en Afrique et en revient neuf mois plus tard.

En 1971 survient l'accident de voiture qui marque un tournant dans sa vie et la fin de son voyage de mission évangélique. Plus rien ne sera jamais comme avant. Il est en vie et il estime qu'il le doit à « une intervention dans les fils du destin » ou à « un cadeau de la providence divine »[16]. Lorsqu'il reprend ses esprits, une femme est à son chevet, une religieuse qui le soigne. Cette inconnue vient elle-même de rentrer du Ghana où elle effectuait un reportage et entre eux c'est le coup de foudre. Ils sont faits l'un pour l'autre, désormais ils ne se quitteront plus, rien ne sera un obstacle à leur amour. Pour elle, Martin Adolf Bormann renonce à ses vœux. Elle fait de même et ils se marient le 8 novembre 1971, à Haarlem, en Hollande.

En 1973, il décide de dispenser des cours de catéchisme, ceux précisément auxquels son père lui interdisait d'assister dans sa jeunesse. Lorsqu'il se propose comme professeur de théologie à l'école de Mühldorfer, il lui est signifié qu'il n'est pas souhaitable que les élèves reçoivent un tel enseignement d'un homme « avec un tel passé », mais il est finalement accepté dans d'autres établissements[17].

Il enseignera de 1973 jusqu'à sa retraite en 1992, tandis que sa femme travaille comme éducatrice dans une école religieuse de Garmisch-Partenkirchen.

Dans les années 1980, le psychologue israélien Dan Bar-On initie un travail visant à comprendre comment les enfants de criminels nazis ont surmonté le mur du silence dressé par leurs parents pour vivre avec leur

Martin Adolf Bormann Jr

héritage et tracer leur chemin. Il souhaite également mettre en présence enfants de la Shoah et enfants de nazis, susciter des rencontres malgré les réticences évidentes, et briser la chape de plomb. Dans le cadre de ce projet, il contacte Martin Adolf Bormann. Pour Dan Bar-On, les enfants de bourreaux sont également des victimes du nazisme, en ce qu'ils portent en eux une culpabilité qui n'est pas la leur. Ensemble, ces enfants de victimes et de criminels ont visité Auschwitz, Dachau, le musée de l'Holocauste de Washington et celui de Yad Vashem, à Jérusalem. Martin Adolf Bormann prend pleinement conscience du fait qu'il n'aura plus jamais l'occasion d'évoquer ce passé avec ses parents. Ce silence diffère de celui que subissent les enfants de survivants de l'Holocauste. Pour ces derniers, il s'agit d'un traumatisme de l'inexprimé, de l'inexprimable, qui se dresse entre eux comme un mur noir. Les parents qui veulent épargner à leurs enfants les peurs subies et leur détresse ne parviennent pas à trouver les mots justes, parce que la langue échoue à cet endroit. Les enfants le devinent, ils sentent l'horreur passée sous silence, jusqu'à éprouver le sentiment d'un devoir de compassion envers la souffrance endurée par leurs parents.

« Mon poids du silence » était tout autre, indique Martin Adolf Bormann. « Je dus garder le silence, me taire par peur – justifiée ou injustifiée – d'être découvert et poursuivi en tant que fils de mon père et d'être accusé de tous les crimes commis par le régime nazi, crimes dont j'avais pris connaissance entre-temps. Avec mes parents, je n'eus jamais plus l'occasion de parler du passé et de ce qu'ils assumaient dans ce passé[18]. »

Après avoir pris sa retraite, Martin Adolf Bormann

poursuit son cheminement et entreprend un « voyage biblique » en Israël en 1993, par le biais d'une agence de voyage œcuménique pour protestants et catholiques. Le libellé de ce voyage d'étude est « Sur la piste de l'*Exodus* ». Martin Adolf est fasciné par ce pays et son peuple. Il prend également le temps de rédiger une étude à l'intention des professeurs allemands sur la manipulation de la langue à des fins de propagande, à partir de textes nazis, dont des lettres de son père. Durant des années, avec Dan Bar-On, il animera des *workshops* aux Etats-Unis, en Allemagne ou en Israël.

Sa marraine, la femme de Rudolf Hess, Ilse Hess, meurt en 1995. Son fils, Wolf Rüdiger, a choisi de rédiger l'avis de décès avec l'épitaphe suivante : « Mais où commence le destin, finissent les dieux[19] », sous une photo de Rudolf Hess probablement prise peu après son mariage. Hess est au volant de sa voiture, sa femme Ilse à ses côtés. Son regard donne à la photographie un caractère énigmatique. Wolf Rüdiger Hess a souhaité que Martin Adolf Bormann, qui la connaissait bien, prononce l'oraison funèbre de sa mère. Après la guerre, il lui a rendu visite à deux reprises à Hidelang, où elle résidait. Pour les deux enfants devenus des hommes, ces funérailles sont l'occasion de se revoir. Tout au long de ces années, ils se sont écrit, mais ces retrouvailles les réjouissent. Pendant des décennies, l'incarcération du père de Wolf Rüdiger Hess les rendait tous deux nostalgiques.

Martin Adolf Bormann est mort le 11 mars 2013, jour où j'ai commencé à écrire le récit de sa vie.

LES ENFANTS HÖSS

Les descendants du commandant d'Auschwitz

« Maman, maman, viens voir ! », crie Brigitte en tirant sa mère par la main. Elle est tout essoufflée d'avoir couru. « Viens, je te dis, j'ai vu des fraises, plein de fraises au fond du jardin. Dépêche-toi ! »
L'enfant est si heureuse de sa découverte. Toutes deux marchent à grands pas en direction de ces merveilleuses fraises.
« Tu vois comme elles sont grosses ! Je peux les manger ?
— Non, non, attends, il faut bien les laver avant.
— Mais pourquoi ? Avant, en Bavière, on mangeait les fraises sans les laver ! Elles sont sales, les fraises polonaises ?
— Oui ! Tu ne vois donc pas qu'elles sont recouvertes de poussière noire et qu'elles sentent les cendres ? Regarde, même tes doigts deviennent légèrement noirs, lorsque tu les prends dans tes mains ! »
Cette saleté, ce n'est pas de la poussière, c'est de la cendre venue d'Auschwitz.
Tout en savourant ses fraises, assise sur le perron de la maison, la petite fille ne peut s'empêcher de regarder autour d'elle pour voir si quelque chose brûle. Parfois

Enfants de nazis

une odeur terrible la prend à la gorge. Un jour, elle a entendu des adultes s'en plaindre. Ils parlaient de « crémation », un terme dont la petite fille de neuf ans ne connaît pas la signification. Elle a également entendu son père dire à un de ses subalternes qu'il n'était plus possible de continuer de la sorte. Car par mauvais temps, ou quand le vent souffle fort, l'odeur de chair brûlée empeste à des kilomètres. Tout le voisinage parle de la mort de Juifs. Un autre jour, en 1942, sa mère et son père avaient mentionné une conversation entre ce dernier et un des membres du parti. Ils évoquaient un programme d'extermination ; des bûchers seraient parfois visibles à des kilomètres[1].

Depuis ses un an, Brigitte a toujours habité à proximité de camps de concentration. Avant de déménager à Auschwitz, sa famille a vécu à Dachau, près de Munich, en Bavière, puis à Sachsenhausen, à trente kilomètres au nord de Berlin. Elle sait que son père s'occupe de détenus. Compte tenu de son comportement exemplaire, il a été promu « chef » à Auschwitz, en Pologne.

Désormais, ils vivent dans un pavillon que sa mère a transformé en maison luxueuse et confortable. Elle se compose de deux étages, une dizaine de pièces, des salles de bains, une cuisine, une buanderie. La chambre de ses parents est au premier étage et de leur fenêtre on voit le camp et la cheminée du premier crématoire. La chambre de Brigitte contient deux lits jumeaux en bois clair et un large fauteuil. Les meubles sont de qualité, les linges précieux et des œuvres d'art sont accrochées aux murs. Avant, ses parents n'en possédaient pas, mais depuis qu'ils sont là, ils ont accès aux magasins dénommés « Canada » où sont entassés les biens des victimes,

Les enfants Höss

parmi lesquels de beaux objets de toute sorte, effrayante caverne d'Ali Baba où ils se servent à volonté[2]. Des domestiques sont affectés à leur service. Ce sont des hommes en uniformes rayés, avec des étoiles jaunes ou des triangles noirs, détenus dans le camp commandé par papa[3]. La petite fille les trouve gentils car ils jouent souvent avec eux. Parfois, ils leur construisent des jouets en bois magnifiques. Elle se souvient d'un avion qui roulait, assez grand pour que l'on puisse s'y asseoir. Mon petit frère Hans-Jürgen en raffolait, s'exclame Brigitte. Sur une de nos photos de famille, on le voit aux commandes, avec un grand sourire. C'est magique ! Des détenus-jardiniers ont refait tout le jardin. Ils ont planté de très belles fleurs et arbustes. Il y en a de toutes les couleurs. Des milliers de pots de fleurs et de semences sont régulièrement livrés à la maison. Maman aime passer du temps au jardin et y planter de nouvelles fleurs. Nous avons même un potager, où l'on fait pousser différents légumes. A la belle saison, tout est fleuri. Papa nous a même fait installer un bassin, dans lequel on peut se baigner, et un grand toboggan en bois, rien que pour nous. Dans la famille, nous adorons les animaux. Papa nous a fait porter toutes sortes de bêtes : lapins, tortues, chats, couleuvres, martres. Des hommes en tenue rayée – ceux qui sont surveillés par papa – nous amènent souvent de nouveaux animaux. Au fond du jardin, il y a également une ruche et papa nous apprend à sortir les rayons sans affoler l'essaim[4]. Rien n'est trop beau pour nous. De nombreux clichés montrent la famille, tout sourire, dans ce magnifique jardin, du temps merveilleux d'Auschwitz. Une écurie est installée non loin de la maison. Papa a toujours

Enfants de nazis

adoré les chevaux. Dans son enfance, il a eu un poney, qu'il faisait rentrer dans sa chambre lorsque ses parents étaient absents. Le soir, après son travail, il aime galoper dans la nature. Il dit que cela lui vide l'esprit et lui permet d'échapper à ses hantises. Souvent, le dimanche, papa nous emmène aux écuries pour étriller les chevaux et voir le poulain, ou au chenil, dans lequel il y a des bergers allemands. Lorsque le temps le permet, nous partons faire du canoë sur la rivière Sola, qui coule près d'Auschwitz. J'aime y faire courir mes souris blanches dans les herbes hautes. « A Auschwitz, comme au paradis[5]. » Depuis que nous sommes là, il semble que chacun de nos souhaits soit satisfait. Mais moi, j'aimerais surtout que papa ait davantage de temps pour nous. Il est très occupé. Souvent, il est appelé pour régler un problème dans le camp, à toute heure du jour ou de la nuit. Il dit que personne ne peut le remplacer dans certaines tâches. Papa a un travail difficile. Parfois, lorsqu'il rentre à la maison, on voit qu'il est épuisé et stressé. Mon papa, c'est Rudolf Höss, l'homme qui a dirigé au quotidien la machine meurtrière la plus implacable de l'histoire de l'humanité, Auschwitz.

Rudolf Höss est un des exécutants les plus zélés des œuvres criminelles du Reich. Comment cet homme, qui a commis le mal absolu, celui que l'on ne peut ni comprendre ni expliquer[6], a-t-il pu, sans conflit moral, assassiner quotidiennement des milliers de personnes tout en vouant un amour inconditionnel à sa famille ? Lors de ses entretiens à Nuremberg avec le psychologue américain G.M Gilbert, il précise : « Je suis parfaitement normal. Même lorsque je procédais à des

Les enfants Höss

exterminations, je menais une vie de famille normale[7]. »
Il veut que l'on sache que lui aussi « avait un cœur ».

Rudolf Höss, dont le nom peut également être écrit « Höß », n'est pas un des dignitaires du Reich, mais un de ces hommes sans lesquels un génocide d'une telle ampleur n'aurait pu être commis. C'est une personnalité médiocre à tous égards, et, à ce titre, assez proche d'un Eichmann ou d'un Franz Stangl, le bourreau de Sobibor et Treblinka. Il est de ces hommes qui, sans aucun état d'âme, ont exterminé sur demande de leur supérieur hommes, femmes, enfants juifs, tziganes ou homosexuels, considérés comme « ennemis de l'Etat ».

Rudolf Höss est né en 1901, à Baden-Baden, en Forêt-Noire, une ville thermale connue pour sa beauté et fréquentée par la haute société. La famille Höss est d'une extrême piété. Le père de Rudolf décide que le seul garçon de la famille sera prêtre (Rudolf a deux sœurs cadettes, Maria et Margarete). C'est un homme autoritaire, un catholique fanatique, qui impose à ses enfants une discipline militaire.

Il apprend très vite à son fils qu'il faut impérativement « respecter et vénérer tous les adultes ». Rudolf précise : « Chaque fois qu'il était nécessaire d'apporter une aide, on m'en faisait une obligation impérieuse. On me rappelait sans cesse que je devais déférer sur-le-champ et sans délai aux désirs et aux ordres de mes parents, des professeurs et des prêtres, bref de tous les adultes, y compris le personnel domestique, et que rien ne devait me détourner de l'exécution de ce devoir, car ce qu'ils disaient était toujours juste. » Pour la moindre bêtise, il doit faire pénitence. Cette déférence totale à l'égard de ses supérieurs, Rudolf Höss ne s'en départira jamais. « Ces principes de mon éducation ont pénétré tout mon être[8] », dit-il. Toute sa vie, il s'est soumis sans réserve aux ordres. Enfant, il est solitaire et renfermé. Toute son éducation tend vers la prêtrise. Mais ce que le jeune Rudolf considère comme un abus de confiance ébranle à jamais ses convictions religieuses : le prêtre qui le confesse rapporte un jour à son père une banale bagarre d'école. Cette indélicatesse lui apparaît comme une trahison monstrueuse. Elle le détourne de l'Eglise et la mort de son père, en 1914, achève de l'en écarter. La vie civile lui fait peur, il veut devenir soldat, comme tous les hommes du côté paternel de sa famille. La guerre de 1914-1918 lui en donne l'occasion. A seulement quinze ans, il endosse l'uniforme.

Après la défaite de l'Allemagne, et dans le but de retrouver un cadre militaire, source d'équilibre, il s'engage en 1919 comme garde-frontière en Prusse-Orientale, dans le corps franc de Rossbach. Cette unité paramilitaire a été formée par des nationalistes pour combattre les communistes dans la Baltique. Pour la première fois, Höss dit avoir été témoin d'horreurs commises sur des civils. En 1922, il intègre également le Parti national-socialiste, sous le numéro d'adhérent 3240. Connu pour sa brutalité, le corps franc de Rossbach va le mener en prison. En 1924, Rudolf Höss est condamné à dix ans de travaux forcés dans la même affaire qu'un certain Martin Bormann, qui deviendra le secrétaire particulier d'Adolf Hitler, pour avoir participé au meurtre du communiste Walter Kadow.

Obéir inconditionnellement aux lois de l'Etat est un devoir absolu : ne jamais refuser d'exécuter un ordre,

Les enfants Höss

car « avec l'éducation que nous avons reçue, jamais l'idée ne nous en serait venue, quel que soit l'ordre donné[9] ». Aurait-il exécuté ses propres enfants si on le lui avait intimé ? Toute sa vie, Rudolf Höss ne souhaite qu'une chose : ne pas avoir à décider, se contenter d'exécuter. Ce qui le dédouane, pense-t-il, de toute responsabilité personnelle. La discipline très stricte de la prison, où le quotidien est réglé dans ses moindres détails, convient parfaitement à sa personnalité. Rudolf Höss est un détenu modèle. Il aime avant tout obéir.

A sa libération de la prison berlinoise de Brandebourg, après quatre ans de détention, il pense un temps devenir agriculteur. Il prend contact avec un groupuscule appelé les « Artamans », de jeunes nationalistes qui souhaitent revenir à une vie saine, proche de la nature, source vitale de la nation allemande. Höss aime la vie rurale. Heinrich Himmler en fait également partie et c'est là qu'il rencontre sa future femme, Hedwig Hensel, en 1929. Ils sont faits l'un pour l'autre, ils partagent les mêmes opinions et les mêmes idéaux. Il a une confiance absolue en elle. Mais il considère qu'il est le seul à pouvoir résoudre ses propres problèmes et ne partagera jamais avec elle ses pensées intimes[10]. Ensemble ils auront cinq enfants. Klaus, l'aîné, naît trois mois et demi après leur union, le 6 février 1930, puis vient Heidetraut, le 9 avril 1932, et Inge Brigitt dite Brigitte, le 18 août 1933. Suivent, en 1937 et 1943, Hans-Jürgen et Annegret.

Tandis que le paysage politique allemand subit un profond changement, la famille Höss vit isolée, dans une ferme sur la mer Baltique. Les parents travaillent avec acharnement. Pendant leurs premières années de

Enfants de nazis

mariage et jusqu'à l'intégration de Rudolf Höss dans les services actifs de la SS, la famille – qui a déjà trois enfants – tente de subvenir tant bien que mal à ses besoins, appliquant ses idéaux de vie paysanne. Mais le quotidien à la ferme est dur et Rudolf Höss ne résiste pas à l'appel d'Heinrich Himmler, rencontré en 1929, qui l'invite à intégrer le service actif des SS. Nous sommes alors en juin 1934, date à laquelle Himmler, le Reichsführer-SS, après la Nuit des longs couteaux, a repris le contrôle des camps à l'organisation rivale de la SS, la SA.

En 1934, Höss est donc affecté à Dachau, premier camp de concentration nazi, près de Munich. Le commandant du camp, Theodor Eicke, lui enseigne les bases du système concentrationnaire : briser psychologiquement, moralement et physiquement les prisonniers. Le papier à lettres de Theodor Eicke a pour en-tête : « Une seule chose compte : l'ordre donné ! » Une maxime qui sied parfaitement à Rudolf Höss. Pour Eicke, un SS doit être capable d'anéantir même ses parents les plus proches s'ils se rebellent contre l'Etat hitlérien[11]. Conformément à l'objectif d'Heinrich Himmler, déshumaniser et insensibiliser les troupes SS, tout sentiment est une marque de faiblesse. Rudolf Höss n'a pas de mal à se défaire de sa part d'humanité en se soumettant entièrement aux ordres, tel un pantin animé par les seuls commandements de ses supérieurs. Pour le psychiatre qui s'entretiendra avec lui à Nuremberg, « il donne le sentiment d'être un homme normal avec une apathie de schizophrène et un manque de compassion digne des plus grands psychopathes[12] ».

Peu après son arrivée à Dachau, il est rejoint par

Les enfants Höss

sa femme et ses trois premiers enfants, âgés respectivement de quatre ans, deux ans et demi et un an et demi. La famille réside près du camp, dans une maison d'officiers. En 1937, Hedwig est de nouveau enceinte. Les Höss ont un deuxième fils, Hans-Jürgen. Les enfants sont scolarisés, avec d'autres enfants d'officiers, à l'école communale de Dachau.

A Dachau, Höss fait ses preuves. Selon la volonté d'Himmler, ce camp doit servir de modèle pour les camps à venir. L'efficacité redoutable de Höss et son sens stratégique et pratique contribuent à son ascension. Dachau se déploie jusqu'à pouvoir accueillir près de 20 000 détenus.

Quatre ans plus tard il est muté au camp de Sachsenhausen, à côté de Berlin, en qualité de premier adjoint. Sa famille le suit, leur vie n'est en rien affectée par le camp voisin. Mais la guerre a éclaté. La Pologne est envahie le 1er septembre 1939 et les prisonniers commencent à affluer.

Le soir ou les après-midi de week-end, Höss aime lire à ses enfants des contes appartenant au folklore populaire allemand ou l'histoire de Max et Moritz, les péripéties de deux enfants réfractaires à l'ordre qu'il affectionne particulièrement. Il leur fait aussi écouter de la musique sur un gramophone. Parallèlement à cette vie de bon père de famille, il veille à ce que des millions de gens soient consciencieusement exécutés. Pendant des années, il parvient à mener naturellement une double existence.

Lorsque Himmler décide de créer un nouveau camp en Haute-Silésie, à une soixantaine de kilomètres à l'ouest de Cracovie, en Pologne, Höss, qui a déjà une

Enfants de nazis

certaine expérience du monde concentrationnaire, est chargé d'aller inspecter le site. Il s'agit d'une ancienne caserne d'artillerie polonaise, sur un terrain marécageux, près de la petite ville polonaise d'Oświęcim. Nous sommes en mai 1940. Grâce à l'efficacité de Höss, dès l'automne, vingt-deux « blocks » de briques, répartis sur trois rangées et entourés d'une double enceinte en fils de fer barbelés de quatre mètres de haut, sont prêts à recevoir les premiers prisonniers. La lourde grille en fer de l'entrée est surmontée de l'inscription en fer forgé : *Arbeit macht frei* (Le travail rend libre).

Une fois le camp bâti, le reste de la famille de Höss le rejoint dans la maison voisine du camp. Comme lors des précédentes affectations de leur père, les enfants sont scolarisés à l'école communale. Mais la position de Rudolf Höss rend difficile leur intégration.

Pour endiguer le nombre croissant de prisonniers, les demandes d'extension du camp par Berlin se font de plus en plus pressantes et rendent la vie de Höss impossible. Dans ses Mémoires, il indique : « Chaque obstacle ne faisait que stimuler mon zèle. » Il sait qu'il ne peut se fier à ses supérieurs hiérarchiques, et que ses subalternes sont incompétents. Dans ses Mémoires, il n'aura de cesse d'évoquer les difficultés logistiques qu'il doit surmonter pour satisfaire les ordres. Le matin il est le premier arrivé, et le soir il repart après ses subalternes. Manque de matériel, installations défaillantes, incompétence, épidémies, Himmler ne veut pas en entendre parler. Il souhaite faire avancer les extensions du camp coûte que coûte. A l'issue de la visite d'Himmler en mars 1941, Rudolf Höss indique qu'« il ne s'agissait plus

Les enfants Höss

d'élargir le camp pour y recevoir 30 000 internés, il fallait encore installer et mettre en place un camp pour 100 000 prisonniers de guerre[13] ».

En octobre 1941, il entreprend la construction d'un deuxième camp, dit « Auschwitz-Birkenau », à quatre ou cinq kilomètres du premier. Là sont testées, à compter de septembre 1941, les opérations de gazage au Zyklon B, un insecticide à base de cyanure d'hydrogène déjà utilisé dans les casernes pour la décontamination. Il est fatal à faible dose et les nazis disposent d'un stock important.

Rudolf Höss indique qu'à l'été 1941 (*sic*)[14], Heinrich Himmler lui aurait déclaré : « Le Führer a donné ordre de procéder à la "solution finale" du problème juif. Nous, les SS, sommes chargés d'exécuter cet ordre. » « Je n'avais pas à réfléchir ; je devais exécuter la consigne. Mon horizon n'était pas suffisamment vaste pour me permettre de me former un jugement personnel sur la nécessité d'exterminer tous les Juifs », poursuit Höss. Le choix d'Auschwitz tient à son isolement et à la proximité des voies ferrées[15]. Rudolf Höss rentre alors de Berlin à Auschwitz pour mettre en place consciencieusement le processus d'extermination par le gaz. Toute autre méthode d'extermination, notamment pour les femmes et les enfants, aurait été « trop pénible pour les SS qui l'appliqueraient ». Pour Rudolf Höss, l'extermination par le gaz permet avant tout d'éviter le « bain de sang », et l'horreur des scènes de massacre au moyen de mitrailleuses, insoutenables pour les hommes des « kommandos » d'extermination, qui absorbent pour y faire face des quantités incroyables d'alcool et parfois deviennent fous[16]. Comme le souligne

Enfants de nazis

Joachim Fest, c'est cette mécanisation de l'assassinat qui devait plus tard permettre à Rudolf Höss de refuser toute responsabilité et d'écarter toute culpabilité, précisément parce qu'il accomplissait le meurtre sans avoir le sentiment d'y participer. Tout est une question d'organisation administrative[17].

La mort est le quotidien de Höss : sa mission est de tuer, il l'exécute avec zèle. Il est dressé à exterminer puis à comptabiliser les morts dans un souci maniaque des chiffres et d'efficacité industrielle. Dans ses Mémoires, *Le commandant d'Auschwitz parle*, rédigés durant sa détention en Pologne, il détaille les rouages du système industriel d'extermination des Juifs mis en place dans le camp d'Auschwitz, dont il est le commandant de 1940 à 1943. C'est un homme déshumanisé, n'ayant rien renié de ses idéaux, qui se justifie et expose les difficultés de sa tâche. La pitié et la compassion ne sont pour lui qu'une faiblesse qui ne saurait être admise au sein des SS. Lors des premières utilisations du Zyklon B, il raconte : « D'abord des voix isolées crièrent : les gaz ! Et puis ce fut un hurlement général. Tous se précipitèrent vers les portes, mais elles ne cédèrent pas sous la pression. On ouvrit la pièce au bout de quelques heures seulement et c'est alors que je vis pour la première fois les corps des gazés en tas. Je fus saisi d'un sentiment de malaise et d'horreur. Pourtant je m'étais toujours imaginé que l'usage des gaz entraînait des souffrances plus grandes. » Il n'hésite pas à faire valoir qu'il n'a jamais tué un seul détenu de ses propres mains, ni toléré d'abus de ses subordonnés et qu'il a accompli la tâche qui lui avait été confiée avec une efficacité implacable.

Les enfants Höss

Dès 1942, le complexe concentrationnaire s'étend sur des kilomètres. Höss se plaint d'avoir chaque jour à motiver des SS presque toujours ivres pour qu'ils augmentent la cadence des crématoires[18]. Mais il est fier de sa funeste réussite et de sa croix « Pour le Mérite » de guerre. Son seul souci demeure, jusqu'à la fin, les difficultés de service. Le fait qu'Himmler l'ait désigné et lui ait fait confiance, dans un premier temps pour créer le camp d'Auschwitz, puis pour mettre en place la solution finale (alors qu'il aurait pu s'adresser à un de ses supérieurs hiérarchiques), le touche profondément. Il veut être digne de la mission qui lui a été confiée.

Rudolf Höss vit avec sa famille à Auschwitz, derrière un mur qui les protège des chambres à gaz. Cette proximité ne trouble en rien la quiétude familiale. Contrairement à d'autres enfants évoqués dans cet ouvrage, qui vivent à l'écart des horreurs du Reich, ceux-là grandissent à proximité de la mort. Ils y sont reliés par une grille que le petit-fils de Höss, Rainer, qualifiera de « porte vers l'enfer ».

Le ménage est heureux, même s'il est sans passion. Rudolf cherche avant tout à contenter sa famille. Contrairement à l'ordre formel que lui avait donné Himmler de ne rien révéler de la solution finale, il en parle à sa femme fin 1942. Il pense que le désir charnel de sa femme a diminué après la révélation de la nature exacte de ses activités quotidiennes[19], même si elle partage son aversion des Juifs et des Polonais « qui n'existent que pour travailler jusqu'à ce qu'ils en crèvent[20] ».

A la maison, Höss se révèle être un père exemplaire.

Enfants de nazis

Dès qu'il le peut, au cours de la journée, il passe chez lui, joue avec ses enfants et leur lit de la poésie. C'est un père aimant, qui regrette vivement de ne pas pouvoir s'occuper davantage de ses petits.

Outre deux domestiques, généralement des témoins de Jéhovah qui résident sur place, toute une équipe composée d'une cuisinière, une gouvernante, un peintre, un tailleur, une couturière, un coiffeur, un chauffeur, s'affaire à satisfaire les besoins et les désirs de la famille. Hedwig, surnommée « l'ange d'Auschwitz », estime que ce personnel lui est indispensable pour recevoir des personnalités du Reich telles qu'Heinrich Himmler, Adolf Eichmann, l'organisateur des déportations de Juifs, ou encore Richard Glücks, patron de l'IKL (l'inspection des camps de concentration). La petite famille est très flattée lorsque « l'oncle Heini » [Heinrich Himmler] lui rend visite. Rudolf aime à photographier ses enfants, parés de leurs plus beaux habits, sur les genoux du Reichsführer Heinrich Himmler[21].

Le jardinier, Stanislaw Dubiel, un prisonnier politique polonais, a été interrogé par la Commission de district d'enquête sur les crimes hitlériens en Pologne, le 7 août 1946. Il a pu observer la vie des Höss de l'intérieur et se souvient que le couple donnait de brillantes réceptions. Il devait sans cesse trouver quantité de produits comme du vin, de la viande, du lait, du sucre, du cacao, de la farine et autres. Les Höss vivaient dans une certaine opulence : Mme Höss avait de nombreuses exigences, et il lui appartenait de les satisfaire. Le détournement de denrées du dépôt alimentaire du camp devait bien entendu rester secret. Les Höss ne

Les enfants Höss

payaient rien. Au « Canada », qui désigne dans l'argot du camp les « baraques-magasins », Mme Höss se procure du linge précieux, volé aux femmes gazées. A partir des matériaux dérobés, deux couturières juives affectées au service des Höss confectionnent des toilettes pour Madame. Selon Dubiel, les Höss s'étaient aménagé une maison si luxueuse et si bien équipée que Madame aurait déclaré un jour « vouloir vivre ici, et y mourir[22] ». Après le transfert de Höss, il fallut quatre wagons de chemin de fer pour assurer le transport des marchandises emmagasinées chez lui.

Interrogée le 13 janvier 1963, Janina Szczurek, la couturière de Mme Höss, une Polonaise âgée de trente-deux ans pendant la guerre, indique que sa patronne avait toujours eu une attitude loyale à leur égard. Les enfants étaient gentils : « Ils se contentent de courir autour des détenus qui travaillent dans le jardin. » Rudolf borde ses enfants tous les soirs et embrasse sa femme chaque matin. Il écrit aussi des poèmes sur la « beauté d'Auschwitz ». Elle évoque un incident survenu alors qu'elle était au service de la famille Höss : « Un jour, les enfants sont venus me voir pour me demander de leur confectionner des vêtements de détenus et de coudre sur leurs chemises des triangles noirs ou des étoiles jaunes, comme ceux des prisonniers... » Klaus, le plus âgé, portait un brassard de Kapo sur sa manche, et donnait des ordres aux autres enfants qui jouaient aux prisonniers. Alors qu'ils couraient dans le jardin, leur père les surprit, arracha les insignes et interrompit immédiatement le jeu, avant de les rabrouer sévèrement[23].

A la maison, Rudolf ne parle jamais de son travail au

camp, mais les enfants remarquent qu'au cours de ces années, leur père est de plus en plus fatigué et stressé. Jour et nuit, il se dit obligé d'assister à tout le déroulement de l'opération d'extermination et même d'observer la mort à travers les lucarnes de la chambre à gaz[24]. Il reconnaît lui-même dans ses Mémoires être devenu de plus en plus « dur et inaccessible ». Mais il se devait de faire bonne figure car tous les regards étaient tournés vers lui. Lorsque des incidents survenus lors d'exterminations lui reviennent à l'esprit, il ne peut plus soutenir la vue de sa femme rayonnante de bonheur, entourée de ses enfants[25]. Elle attribue son humeur à des soucis de service et ne cesse de lui répéter : « Ne pense donc pas toujours au service, pense aussi à nous. » Elle l'accompagne au théâtre ou à des réceptions mondaines, tentant désespérément de lui changer les idées, en vain. Rudolf Höss est peu enclin à s'épancher. Son salut, il le trouve dans la solitude. Il dit ne jamais avoir entretenu de rapports étroits avec ses proches, ni avoir eu d'amis, même dans sa jeunesse. Il a toujours considéré qu'il se suffisait à lui-même.

Les enfants Höss ont quitté la ferme dans laquelle certains d'entre eux sont nés, à Dachau, pour s'installer à Sachsenhausen et enfin à Auschwitz, au gré des affectations de leur père. Les plus jeunes ont toujours vécu à proximité d'un camp de concentration. Brigitte est née dans une ferme près de la mer Baltique, elle a vécu à Dachau de un an à cinq ans, à Sachsenhausen de cinq à sept ans puis à Auschwitz de sept à onze ans. Le cinquième et dernier enfant des Höss, une fille dénommée Annegret, naît le 20 septembre 1943, à Auschwitz.

Les enfants Höss

Nouveau bouleversement professionnel pour Höss : le 1ᵉʳ décembre 1943, il est nommé directeur de la section politique de la WVHA (l'Office central SS pour l'économie et l'administration) chargé de l'inspection et de la gestion des camps de concentration. Pour lui, c'est la conséquence de la scission d'Auschwitz en trois administrations séparées. Certains y voient le résultat d'une enquête sur la corruption qui sévit dans le camp ou la conséquence de rumeurs trop fortes à la radio anglaise sur l'extermination des prisonniers, d'autres la volonté d'améliorer l'efficience des autres camps[26]. Ereinté, Höss obtient alors fin 1943 six semaines de congé pour surmenage et part seul dans un chalet de montagne.

À son départ, sa dernière fille n'a alors qu'un peu plus de huit semaines, et il ne la reverra pas avant six mois. Hedwig et les enfants demeurent durant tout ce temps dans la maison d'Auschwitz. À son retour, en mai 1944, il a encore moins de temps à consacrer à sa famille car il est chargé de l'extermination de plus de 400 000 Juifs hongrois. Le rythme des exterminations est tel qu'une fumée noire se répand sur des kilomètres à la ronde.

À la capitulation de l'Allemagne, Rudolf Höss parvient un temps à échapper aux Alliés. La famille prend la fuite vers le nord, sur les traces d'Heinrich Himmler, avec la femme et les enfants de Theodor Eicke, l'inspecteur des camps de concentration. Pour échapper aux contrôles, ils voyagent de nuit, tous feux éteints. Les routes sur lesquelles ils se lancent sont constamment bombardées par les Alliés. Les bois sont leurs seuls abris de fortune. C'est au cours de ce périple que la mort du Führer leur est annoncée, le 1ᵉʳ mai 1945.

Comme de nombreux autres sympathisants du national-socialisme, Rudolf Höss a envisagé un temps de se suicider avec sa famille. Il a pris la précaution de se procurer du poison, en cas de capture par les Russes. Car enfin, quel avenir leur reste-t-il ? Höss propose alors à Hedwig d'en finir ensemble mais leurs enfants les font renoncer à cette solution. Par la suite, il regrettera de ne pas avoir choisi cette voie qui aurait épargné à sa famille bien des souffrances et lui aurait permis de s'éteindre avec « le monde auquel nous rattachaient des liens indestructibles[27] ».

Après un bref passage à Berlin, Hedwig et les enfants – à l'exception du fils aîné resté avec son père – trouvent refuge dans le Holstein, au nord de Allemagne. Avec la complicité du beau-frère de Rudolf, ils se cachent dans une vieille cabane en bois. L'intérieur est rudimentaire : un poêle à bois, deux ou trois vieux meubles et pas de lit. La famille dort à même le sol, sans couvertures, et la nourriture est rare.

De leur côté Rudolf Höss et son fils rejoignent Heinrich Himmler à Flensbourg, où s'est établi le gouvernement provisoire du Reich. Rudolf estime que son fils, quinze ans alors, est en âge de se battre avec la résistance nazie. N'avait-il pas le même âge lorsqu'il s'est engagé dans l'armée ? Mais pour dernier ordre, Heinrich Himmler les reçoit avec un « Voilà messieurs, tout est fini, vous savez ce qu'il vous reste à faire ». Il leur intime de se camoufler au sein de la Wehrmacht. Après avoir renvoyé son fils auprès de sa mère, Rudolf Höss parvient à échapper aux contrôles britanniques et

Les enfants Höss

se réfugie dans le corps de la marine, sur l'île de Sylt, au nord de l'Allemagne. Après la capitulation du pays, il trouve un travail dans une ferme, non loin de l'endroit où sont cachés sa femme et ses enfants. Il communique avec eux par des lettres que son beau-frère leur remet. Malgré les quelques deniers qu'il parvient à leur faire passer, avec l'aide de son ancien chauffeur d'Auschwitz, la famille est contrainte de voler du charbon pour se chauffer. Ils n'ont plus de vêtements ni de chaussures. L'hiver, ils vont pieds nus dans la neige.

Le 8 mars 1946, la femme de Höss, Hedwig, est arrêtée dans le petit appartement qu'ils occupent à présent dans le village de St. Michaelisdonn, au-dessus d'une fabrique de sucre. Quelques jours plus tard, des officiers britanniques tentent d'obtenir des enfants, désormais livrés à eux-mêmes, des informations sur la localisation de leur père. Brigitte, âgée de treize ans, se souvient des hurlements des officiers anglais qui lui criaient : « Où est ton père... où est ton père ? » Mais les enfants gardent le silence et jurent ne pas le savoir. Les officiers décident alors de conduire l'aîné, Klaus, jusqu'à la prison où se trouve sa mère.

Ils la menacent de déportation en Sibérie si elle ne révèle pas où se cache son mari. Hedwig, qui ne cessait de répéter que celui-ci était mort, cède alors sous la pression, et note sur le papier qu'on lui a remis à cet effet son nom d'emprunt, « Franz Lang », et l'adresse de la ferme dans laquelle il se cache.

Peu après, le 11 mars 1946, Rudolf Höss est capturé dans une ferme près de Flensbourg. Sa fiole de poison s'est cassée deux jours plus tôt, excluant toute possibilité de se donner la mort. Rudolf Höss sera entendu à Nuremberg comme témoin. Témoin à décharge de Kaltenbrunner, qui entend démontrer grâce à lui son absence d'implication dans la solution finale. Höss, pour sa part, dit ne jamais en avoir compris la raison. Au psychologue G. M. Gilbert qui lui demande si, selon lui, les Juifs assassinés avaient mérité leur sort, il répondra : « Il ne nous appartenait pas de penser... Il était établi que les Juifs étaient responsables de tout, nous n'avions jamais entendu autre chose... Il nous appartenait de protéger l'Allemagne. »

Prisonnier des Britanniques, Höss est remis aux autorités polonaises et comparaît devant le tribunal suprême de Pologne en mars-avril 1947. Détenu modèle, il se révèle également un accusé modèle qui répond avec précision aux questions, sans se défausser, sans doute parce qu'à aucun moment il ne semble mesurer l'horreur de ses actes. Il dit avoir cessé depuis longtemps d'éprouver des sentiments humains. Pour ce national-socialiste convaincu, Auschwitz doit être considéré sur le même plan que le bombardement des villes allemandes. Car Rudolf Höss ne renie en rien la philosophie du national-socialisme, une *Weltanschauung* « seule appropriée à la nature du peuple allemand » et « capable de ramener graduellement le peuple allemand tout entier à une vie conforme à sa nature ». Son autobiographie rédigée pendant sa détention à Cracovie, en Pologne, *Le commandant d'Auschwitz parle,* se referme sur ces mots qui laissent sans voix : « Que le grand public continue donc à me considérer comme une bête féroce, un sadique cruel, comme l'assassin de millions d'êtres humains : les masses ne sauraient se faire une autre idée

Les enfants Höss

de l'ancien commandant d'Auschwitz. Elles ne comprendront jamais que, moi aussi, j'avais un cœur[28]... » A la veille de sa mort, il précise que sa famille lui est tout aussi chère que le national-socialisme : « Je me suis toujours préoccupé de son avenir : la ferme devait devenir notre vraie maison. Pour ma femme et pour moi, nos enfants représentaient le but de notre existence. Nous voulions leur donner une bonne éducation et leur léguer une patrie puissante... J'ai fait le sacrifice de ma personne une fois pour toutes. La question est réglée et je ne m'en occupe plus. Mais que feront ma femme et mes enfants[29] ? » Il est pendu le 16 avril 1947, devant le camp d'Auschwitz, à cinquante mètres de son ancienne maison.

Dans une dernière lettre à sa femme et à ses enfants, rédigée le 11 avril 1947, il demande à celle-ci de partir le plus loin possible et de reprendre son nom de jeune fille car « mieux vaut que mon nom disparaisse avec moi », puis il écrit à ses enfants : « Votre papa doit maintenant vous quitter » et à son fils aîné : « Klaus, mon cher garçon, tu es l'aîné. Tu vas maintenant te faire une place dans le vaste monde. Tu dois tracer ton propre chemin dans la vie. Tu as de bonnes capacités. Utilise-les. Garde ton bon cœur. En devenant un homme, laisse-toi guider en premier lieu par la chaleur et l'humanité. Apprends à penser et à juger par toi-même, en toute conscience. N'accepte pas tout sans esprit critique et comme la vérité absolue[30]. »

La famille connaît alors la misère et tente de se faire discrète. Elle vit dans le déni, comme si sa généalogie avait débuté à la mort du père[31]. Hedwig et les enfants demeureront pendant dix ans dans le village de

Enfants de nazis

St. Michaelisdonn où ils parviendront progressivement à s'intégrer, même si certains voisins les évitent. Hedwig, veuve d'un criminel de guerre, n'a droit à aucune pension ou allocation de l'Etat. Devenus adultes, les enfants partent vivre chacun de leur côté, en Australie pour Klaus, dans les pays Baltes pour d'autres ou aux Etats-Unis, pour Brigitte.

En 1950, Brigitte, la troisième des cinq, quitte l'Allemagne pour l'Espagne. Très belle jeune femme blonde, elle devient mannequin, notamment pour Balenciaga. En Espagne, elle rencontre un Américain d'origine irlandaise qui travaille pour une société basée à Washington. C'est à cette période que sont publiés les Mémoires de son père, des confessions majeures pour l'Histoire[32]. Au gré des déplacements professionnels de son mari, le couple déménage au Liberia, en Grèce, en Iran puis au Vietnam. Ils se marient en 1961 et ont deux enfants, une fille et un garçon. Peu après leur rencontre, Brigitte évoque sa filiation. Son futur mari dit avoir été un peu choqué, mais, après en avoir discuté avec elle, avoir compris qu'elle était également une victime. Elle n'était encore qu'une enfant au moment de ces événements ; du jour au lendemain, son existence a basculé du faste à la misère.

En 1972, le couple s'installe à Washington, en Caroline du Nord. Brigitte a du mal à s'intégrer. Elle n'a pas d'amis, ne parle pas anglais, n'a aucune compétence particulière et, selon ses propres termes, n'est même pas capable de remplir un chèque bancaire. Alors qu'elle travaille comme vendeuse à mi-temps dans une boutique, une femme d'origine juive, qui admire son style

Les enfants Höss

vestimentaire, lui propose de travailler chez Saks Jandel, boutique de luxe où le Tout-Washington vient s'habiller. Peu après avoir été engagée, un soir, alors qu'elle a bu plus que de raison, elle raconte au directeur du magasin que son père n'était autre que Rudolf Höss, le commandant d'Auschwitz. Informés par le directeur, les propriétaires juifs du magasin, qui pourtant ont dû fuir l'Allemagne après la Nuit de cristal en 1938, décident de ne pas la renvoyer. Ils considéreront qu'elle n'a commis aucun crime. Brigitte ne l'apprendra que bien plus tard et travaillera pendant près de trente-cinq ans en collaboration avec ce couple qui a su la voir comme une personne à part entière, plutôt qu'une fille de... et qui gardera cette histoire secrète[33]. Elle même cachera sa véritable identité. A son entourage, elle dit que son père est mort pendant la guerre. Même à ses petits-enfants, Brigitte n'a jamais eu le courage de révéler que leur grand-père était le commandant d'Auschwitz. Lorsque sa mère s'éteint chez elle en 1989, elle choisit de la faire enterrer sous un autre nom.

Une fois à la retraite, divorcée, Brigitte s'installe à côté de Washington DC. Elle vit avec son fils, pianiste de jazz. Sa fille, elle, est morte d'un cancer. Elle-même est atteinte et se bat contre la maladie. Il y a quelque temps, elle a accepté de donner une interview à Thomas Harding pour son livre *Hanns and Rudolf*, qui porte sur la vie de son grand-oncle, Hanns Alexander, un Juif allemand qui a réussi à capturer Höss après la guerre. Mais elle a exigé que ni son nom de jeune fille ni son nom de femme mariée ne soit mentionné. Elle refuse que soit publié tout élément susceptible de dévoiler son identité par crainte de représailles.

Enfants de nazis

Brigitte n'a accepté d'être interviewée par Thomas Harding qu'en raison de son grand âge. Longtemps elle a préféré garder son secret pour elle-même. En vieillissant, elle a admis l'idée que l'horreur ait pu être commise par un proche. Elle a d'abord, après la guerre, pratiqué le déni puis elle a minoré le rôle de son père en soulignant qu'Auschwitz n'était pas l'idée de Höss. Pour Brigitte, il n'a fait qu'agir sur ordre d'Himmler ou d'Adolf Hitler, lui qui par ailleurs était un père exemplaire. Lorsque Harding lui demande : « Comment il est possible que le plus gentil père au monde ait été le commandant d'Auschwitz ? », elle lui répond qu'elle n'en sait rien. Il devait y avoir chez lui une dualité dont elle-même n'a connu que le bon côté. Mais elle ne croit pas que des millions d'individus aient été tués. « Comment peut-il y avoir tant de survivants si tant d'autres ont été tués ? » se demande-t-elle toujours. Pour Brigitte, son père n'a avoué des meurtres que parce qu'il a été torturé. La photo du mariage de ses parents est accrochée au-dessus de son lit et pour elle, son neveu Rainer Höss est un « menteur incroyable[34] ».

Rainer Höss, le fils de Hans-Jürgen, le deuxième fils de Rudolf Höss, découvre à douze ans que son grand-père est l'un « des pires meurtriers de masse de l'Histoire ». Dès lors sa vie est irrémédiablement bouleversée.
Son père, lui, reste fidèle aux idéaux du sien. Rainer Höss le qualifie de dictateur violent et antisémite. Tout comme sa sœur Brigitte, Hans-Jürgen n'a jamais voulu parler à son fils de ce lourd secret. Chaque fois que ce dernier a tenté de l'interroger, il s'est aussitôt refermé

Les enfants Höss

comme une huître. L'histoire de sa famille, Rainer l'apprendra à ses dépens lorsque le jardinier du pensionnat où il est interne, survivant d'Auschwitz, le bat violemment après avoir appris qui était son grand-père. « Il m'a battu, car il a projeté sur moi toutes les souffrances qu'il a dû endurer, explique Rainer. Un Höss reste un Höss, que vous soyez le grand-père ou le petit-fils, un coupable est un coupable. »

Ce silence brûlant a lourdement pesé sur des familles entières. Et c'est en raison de la résistance silencieuse à laquelle il se heurte au sein de sa famille que Rainer Höss a entamé une longue enquête pour faire éclater le secret au grand jour. Il a recherché dans les archives et sur Internet toutes les informations disponibles sur son grand-père. Il a rassemblé de nombreuses photographies montrant une famille heureuse et unie dans la propriété d'Auschwitz. Sa mère, Irene, a divorcé de son père après vingt-sept ans de mariage. Son mari ne lui avait jamais avoué qu'il était le fils du commandant du camp d'Auschwitz. Elle l'apprendra par un article de journal. Elle dit qu'Auschwitz, il n'en parlait que lorsqu'il était triste.

Rainer Höss a toujours difficilement supporté cet héritage. C'est un homme brisé par son histoire familiale qui dans sa jeunesse a tenté à deux reprises de mettre fin à ses jours. Il a fait trois crises cardiaques et est victime de crises d'asthme qui s'aggravent à mesure qu'il fouille son passé familial. Mais, contrairement au reste de sa famille, il n'a pas pu fermer les yeux. Si son grand-père est un criminel de masse, il ne peut qu'en être honteux et triste. Sa famille le considère comme un traître, et ne veut plus entendre parler de lui. Il n'a plus de liens avec elle depuis 1985[35]. Lui s'est fixé pour but que ce passé silencieux cesse de hanter ses enfants. Avec l'âge, il ne se sent plus coupable de son histoire familiale, même si le poids de l'héritage pèse toujours.

Il faut toutefois noter que Rainer Höss est un personnage controversé. On lui reproche son macabre opportunisme mercantile. Il aurait voulu vendre à Yad Vashem des biens ayant appartenu à son grand-père. Dans une missive brève et succincte, il a proposé sans scrupule de monnayer certains des biens de son grand-père. Sa missive était la suivante : « Rares objets, Auschwitz Commander Höss. Il y a certains biens personnels de Rudolf Höss, le commandant d'Auschwitz : une grande boîte résistant au feu avec les insignes officiels, cadeau d'Heinrich Himmler le commandant de la SS, pesant 50 kg, un coupe-papier, des dossiers et des photos d'Auschwitz qui n'ont jamais été publiées, des lettres datant de la période de son incarcération à Cracovie. Je vous remercie pour votre réponse. Cordialement, Rainer Höss. » Il nie cette version, expliquant d'abord qu'il s'agit du fils d'un autre nazi, puis que c'est Yad Vashem qui est à l'origine de cette initiative.

Lorsqu'il donne son nom, il a le sentiment que les gens le regardent avec méfiance, comme s'il portait le caractère diabolique de son grand-père. Il n'a pourtant jamais cherché à en changer, car au fond cela ne résoudrait rien. Il a également rencontré Jozef Paczynski, un survivant des camps qui a été le coiffeur de son grand-père. Il espérait avoir avec lui un dialogue constructif et bienveillant ; or, après avoir demandé à Rainer Höss de se lever pour mieux l'observer, Paczynski lui assena : « Tu es le portrait de ton grand-père. » Il ne cesse pourtant de répéter inlassablement à ceux qui l'interrogent à son sujet : « Si je savais où grand-père est enterré, j'irais pisser sur sa tombe[36]. »

En 2014, il tourne un clip avec le mouvement social-démocrate suédois pour sa campagne aux européennes afin de lutter contre la montée des mouvements extrémistes en Europe. Le slogan est « N'oubliez jamais de voter », comme parade à l'extrémisme qui grandit dans l'Europe d'aujourd'hui. Il estime qu'actuellement les mouvements d'extrême droite sont mieux organisés que dans l'Allemagne hitlérienne et que les pays n'ont rien appris du passé.

LES ENFANTS SPEER

La lignée de « l'architecte du diable »

Francfort. En cette fin de journée d'automne 2013, Albert contemple une maquette réalisée sous sa direction pour l'Exposition universelle de Hanovre en 2000. L'échelle de la maquette, de 1,50 mètre sur 1,50 mètre, illustre bien le gigantisme du projet. Albert aime décrire en détail sa dimension unique, son élégance. Il dit ne pas avoir de style, comme s'il cherchait à se démarquer de quelqu'un. Des projets, il en développe depuis 1964, date à laquelle il a remporté son premier concours d'architecte pour l'aménagement de la gare de Ludwigshafen, en Allemagne. Il n'a alors que trente ans lorsqu'il gagne ce concours anonyme. Il sait que si son nom avait été révélé au jury, les choses se seraient peut-être passées différemment. Il a toujours préféré éviter d'y penser. Son nom, son prénom même sont ceux de son père. Il sait que ce jour-là, son père était fier de lui.

Une lumière crépusculaire traverse les grandes fenêtres de ses bureaux situés dans une tour de verre. Son père aimait la pierre ; lui aime les matériaux qui donnent un sentiment de légèreté : le verre en fait partie. Avec ses associés de toujours, il réfléchit à la meilleure manière de stimuler la créativité. La créativité est le maître mot de leur association, son moteur. Lorsque son associé l'interroge sur la taille des bâtiments qu'il souhaite réaliser, il répond qu'il ne faut pas avoir peur de voir grand. Le monumentalisme n'a rien à voir avec la grandeur.

A l'aube de ses quatre-vingts ans, il songe que toute sa vie, il a voulu s'offrir des rêves : il aime les projets imprévisibles ; les projets ordinaires, il préfère les laisser aux autres.

Son champ d'action ne se limite pas à la ville de Francfort, ni même à l'Allemagne. Il bâtit au-delà des frontières, partout dans le monde. Son cabinet, AS&P, est implanté en Asie depuis de nombreuses années et on ne compte plus ses réalisations.

Aujourd'hui, il rêve de désert. Il se remémore sa conférence à Doha, au Qatar. Dos à un projecteur qui illuminait un immense écran, il faisait disparaître et apparaître les images des bâtiments à concevoir pour la Coupe du monde de football, en 2022. On a dit de ce projet qu'il était fou, la plus grosse aberration de l'Histoire. Il répond à ses détracteurs que le propre des événements comme les Jeux olympiques ou les Coupes du monde, c'est de rendre possible l'impossible[1]. Dans son livre paru en 1992, *La Ville intelligente*[2], il estime que celle-ci doit être une métropole humaine et progressiste ayant pour seule fonction de plaire au citoyen : la dimension humaine ne doit jamais être sous-estimée. Une ville doit paraître naturelle et spontanée. L'intervention de son concepteur doit être invisible : par la création de plans directeurs, il offre aux autres – architectes, constructeurs de routes, concepteurs d'espaces – un canevas simple pour embellir l'espace[3]. Car il est davantage intéressé par les

Les enfants Speer

villes et leur complexité que par l'aspect esthétique des immeubles pris isolément. Il se considère avant tout comme un concepteur d'environnements citadins.

Rejoint par sa femme, Albert Speer Jr quitte son bureau, éteint sa lampe, puis vérifie si toutes les lumières des autres bureaux le sont également. N'est-il pas un des précurseurs d'une architecture respectueuse de l'environnement ? De nos jours, nous nous devons de réduire notre consommation d'énergie. Certains ne le voient-ils pas comme la conscience verte de l'industrie[4] ? Il sort de son immeuble avec son épouse Ingmar Zeisberg, une actrice, son unique amour depuis plus de quarante ans. Ils se sont mariés en 1972, elle a souhaité conserver son nom. En marchant dans Francfort, il admire la ville, si belle la nuit, et il s'imagine qu'il y a contribué. C'est à ses yeux la seule ville allemande véritablement internationale. Un modèle pour le monde. A Francfort, son nom est plus attaché à l'architecture de la ville qu'à celui de son père. L'architecte « star », c'est lui. Chacun sa ville. Comme si cette répartition leur permettait d'éviter de se comparer. Berlin est la ville de référence de son père, alors que lui aime Francfort, « la ville juive » pour laquelle Hitler n'avait que mépris. Albert pense que les Berlinois ont encore un malaise avec son nom. Lors de la présentation d'un de ses projets à Berlin, il se serait vu répondre : « Speer à Berlin ? On a déjà essayé une fois[5]. »

A l'occasion des Jeux olympiques de Pékin, en 2008, la Chine veut montrer sa grandeur. En 2002, elle sollicite des architectes, dont AS&P, pour développer un projet reliant la Cité interdite au stade national. Son cabinet a alors proposé un projet gigantesque qui n'est pas sans rappeler le stade olympique conçu pour les Jeux de Berlin de 1936 et le projet « Germania » imaginé par Adolf Hitler et développé par son père Albert Speer. « Germania », c'était la capitale du monde dans le Reich millénaire.

Berlin devait être réorganisé autour de deux axes : nord-sud et est-ouest. Une grande restructuration ferroviaire était à l'étude. Le projet prévoyait un axe central gigantesque avec au nord une « halle du peuple » inspirée du Panthéon de Rome, immense bâtiment à coupole ; à l'ouest, la nouvelle chancellerie et le palais du Führer ; au sud, le haut commandement de la Wehrmacht et enfin, à l'est, le Reichstag, le Parlement allemand.

Albert Speer Jr se demande, si, comme le lui a reproché un journal anglais, son projet a été inspiré par « Germania »[6]. D'autres pensent qu'il cherche à tout prix, même inconsciemment, à se démarquer de son père. Il est toujours difficile de succéder à ses parents dans le même domaine : la comparaison est inévitable. A son âge, il ne veut plus être présenté comme « le fils de... ». Mais il ne renie pas son nom. Il n'a jamais souhaité en changer, lui qui, pourtant, a le même patronyme et le même prénom que son père. Ce qu'il veut, c'est que l'on parle désormais de son œuvre à lui, du chemin qu'il a tracé. Et il pense avoir réussi par lui-même[7].

Sur son site Internet personnel, www.albert-speer.de, Speer fait état de trois générations d'architectes : son grand-père, son père, Albert Speer, qu'il qualifie d'« architecte-politicien » et lui-même, « architecte-urbaniste ». Il se souvient des recherches effectuées, lors de la création du site, dans les vieilles boîtes de photos familiales de la maison de l'Allgäu, près de la Bavière, que son père aimait tant. Dans une première version de son site, il avait attribué à chacun d'entre eux la création qu'il préférait. Pour son grand-père, un bâtiment rénové dans le quartier historique de la ville de Mannheim, en Allemagne. Pour son père, il avait choisi sa grande œuvre, la nouvelle chancellerie du Reich, au croisement de Wilhelm-Strasse et de Voss-Strasse, dans le centre de Berlin, résidence officielle du Führer entre 1938 et 1945. Enfin il avait cité sa propre création du quartier de l'Europe à Francfort, un projet entamé en 2005 et qui devait être le couronnement de sa carrière. Le site comportait une chronologie de sa vie professionnelle et privée intitulée « Dolce Vita ». On le voyait enfant avec ses frères et sœurs, au côté de son père, l'architecte d'Hitler, sur l'Obersalzberg, magnifique montagne dans les Alpes bavaroises. Depuis, le site a été rénové et seuls ses frères et sœurs y apparaissent. Le père a disparu.

Cette photo rappelait les temps heureux où, enfant, il vivait dans le nid douillet des Speer, un chalet de montagne entouré de forêts et d'animaux. C'était avant que la réalité ne les rattrape, avant qu'il ne devienne le fils de celui que l'on surnomme « l'architecte du diable », avant que son père ne soit incarcéré à Spandau, la prison de Berlin, après sa condamnation pour crime de guerre et crime contre l'humanité. Il n'avait alors que douze ans et il se souvient qu'à cette époque il avait un problème d'élocution, un bégaiement que l'on perçoit encore aujourd'hui et qui a empoisonné sa jeunesse. Il ne sait pas quand exactement ce trouble de la parole a commencé, mais il pense qu'il est « lié à tout cela[8] ».

Pour surmonter ce handicap il a dû faire ce qu'il détestait le plus : parler, parler, et encore parler[9].

La famille Speer s'installe en 1938 sur la montagne du Führer. Le rapprochement entre son père et Adolf Hitler est renforcé par la proximité de leurs résidences respectives. Albert Speer, tout comme Göring, le Reichsmarschal, ou Bormann, le secrétaire particulier d'Adolf Hitler, possède une vaste demeure proche du Berghof du Führer. Afin de lui permettre d'avancer sur les plans de ses projets, Hitler lui fait construire un grand atelier d'architecture. La famille est logée dans l'ancienne maison d'un peintre. Pour installer la garde rapprochée d'Adolf Hitler, Martin Bormann a pris soin d'expulser tous les habitants des maisons avoisinant le Berghof.

Albert Speer Jr est le premier enfant d'Albert Speer, il naît à Berlin en 1934, puis se succèdent Hilde (1936), Fritz (1937), Margret (1938), Arnold (1940) et Ernst (1942). L'ascension d'Albert Speer père est rapide. L'homme dispose de moins en moins de temps pour sa famille. Adolf Hitler est passionné d'architecture : la rencontre est inéluctable. L'architecture place Albert Speer au cœur du pouvoir du IIIe Reich, même s'il n'hésite pas, dans son autobiographie, à se défausser en ces termes : « Je me sentais l'architecte de Hitler. Les événements de la vie politique ne me concernaient pas. Je ne faisais que fournir des décors impressionnants[10]. » On peut s'interroger sur son absence totale de considération pour les millions de travailleurs forcés affectés à ses réalisations les plus folles[11].

Speer se démarque des autres artisans de la machine

Les enfants Speer

nazie en ce qu'il est un des seuls, voire le seul, dont on a reconnu la brillante personnalité. Alors comment un tel homme a-t-il pu adhérer, sans aucun recul, aux idéaux nazis, à leur folie meurtrière ? Pourquoi a-t-il servi ce régime jusqu'au bout ? Or, sans lui, la guerre n'aurait pu durer aussi longtemps. Pour certains, comme l'historien américain R. Trevor-Roper, cela fait de lui le « véritable criminel de l'Allemagne nazie[12] ».

Speer est un enfant de la Forêt-Noire. Fils d'architecte, il naît en 1905, à Mannheim, dans une famille aisée qui le protège des vicissitudes du monde extérieur. Très jeune, on détecte chez lui une insuffisance physique liée à un dysfonctionnement du système sympathique, qui fait de lui un enfant chétif et peu enclin à l'exercice physique. Il compense cette défaillance par une grande agilité intellectuelle. C'est ainsi qu'à l'âge de douze ans, il crée sa première œuvre d'art à l'encre de Chine.

A dix-sept ans, Albert Speer tombe amoureux d'une certaine Margarete Weber, rencontrée sur le chemin de l'école. Les parents d'Albert ne voient pas d'un bon œil cette relation, eux qui souhaitaient pour leur fils mieux que la fille d'un ébéniste. Mais Albert n'en a cure ; six ans plus tard, ils se marient à Berlin et ses parents ne sont pas conviés. Seuls les parents de la mariée, les Weber, sont présents. A la grande satisfaction de son père, Albert Speer, qui aurait aimé étudier les mathématiques, s'oriente vers des études d'architecture. Après avoir fait ses classes à Munich et à Charlottenbourg, au sein de la « Haute Ecole technique de Berlin », il devient, en 1927, l'assistant du Pr Heinrich Tessenow, l'architecte urbaniste néogermanique se réclamant du style « Défense de la patrie », apparu au début du siècle et très actif durant la république de Weimar.

Albert Speer poursuit ainsi les mêmes études que son père avant lui et son propre fils ensuite. Elevé au sein d'une famille de libéraux, où la politique tient une place mineure, Albert prend bientôt connaissance de l'idéologie du national-socialisme en raison de l'analogie faite entre celle-ci et les travaux de son mentor, le Pr Tessenow. Car celui-ci considère notamment que « tout style émane d'un peuple ». Comme le souligne Albert Speer père, le Pr Tessenow, qui n'adhérait nullement à ces idéaux, aurait été horrifié par ce rapprochement[13]. C'est à l'occasion d'une intervention d'Adolf Hitler, déjà fort populaire dans les milieux estudiantins, à la « Haute Ecole technique de Berlin », qu'Albert Speer tombe sous son charme. Il dit : « Adolf Hitler m'a remué jusqu'au plus profond de moi-même[14]. » Albert Speer est fasciné par la verve de cet homme qui sait s'adapter à son auditoire : « Sa force de persuasion, la magie singulière de sa voix, par ailleurs dépourvue d'agrément, le côté insolite de ses manières plutôt banales, la simplicité séduisante avec laquelle il abordait la complexité de nos problèmes, tout cela me troublait et me fascinait. Je ne connaissais pour ainsi dire rien de son programme. Il m'avait pris et enchaîné avant que j'aie compris[15]. »

Albert Speer n'est pas le seul de la famille à adhérer, dès la première heure, au national-socialisme ; très tôt, sa mère sera également séduite par la conception de l'ordre qu'offre le parti dans une nation en proie au chaos. Eu égard à la tradition libérale de la famille, elle ne dira rien à son mari de cette adhésion et ne l'évoquera que bien plus tard avec son fils. Après quelques années en qualité d'assistant, et voyant ses émoluments se réduire en raison de la crise, Albert Speer caresse un temps l'idée de s'établir à son compte et d'ouvrir son propre cabinet d'architecte dans sa ville natale de Mannheim. Nous sommes alors en 1931, Speer a vingt-six ans, mais il comprend très vite que ses chances de trouver des projets, aussi modestes soient-ils, sont extrêmement faibles. Alors que le pays connaît une hyper-inflation sans précédent et que la construction est au point mort, qui voudrait confier un chantier à un jeune architecte sans expérience ?

Propriétaire d'une voiture, Albert Speer propose ses services à l'Association des chauffeurs du Parti national-socialiste, le NSKK. On lui confie alors la présidence de l'association automobile du parti pour Wannsee, son quartier, en banlieue de Berlin. Karl Hanke, le responsable régional politique du national-socialisme, dont il dépend, lui propose également la réfection de la maison régionale du parti, à Berlin. Cette maison portera désormais le nom d'Adolf Hitler. Satisfait de sa contribution, Hanke n'hésite pas cette fois à recommander Albert Speer en haut lieu.

Après la nomination d'Hitler au poste de chancelier du Reich, Albert Speer est sollicité par Joseph Goebbels, le ministre de la Propagande, pour participer à la rénovation du quartier général du parti, à Berlin. Mais c'est surtout la scénographie de la manifestation du 1er mai 1933, sur l'esplanade de Tempelhof, qui fait impression auprès des grands du parti. Albert Speer fait installer une tribune gigantesque, devant trois immenses drapeaux de la hauteur d'un immeuble de six étages, dont l'un, celui du milieu, est orné d'une croix gammée. Le tout, illuminé par cent trente puissants projecteurs militaires, produit dans le ciel des faisceaux lumineux grandioses, créant une « cathédrale de glace[16] ». Ce succès l'amène ensuite à concevoir la scénographie du congrès du parti à Nuremberg, la même année. Le parti a trouvé en lui un homme capable d'évoquer, par ses mises en scène, la puissance à venir de la nouvelle Allemagne du Führer. Hitler est séduit. Introduit auprès de lui, Albert Speer comprend très vite que le mot « architecture » a un pouvoir magique sur le Führer.

Dans le cadre de la rénovation de la chancellerie, il est nommé assistant de Paul Ludwig Troost, alors principal architecte hitlérien. Celui-ci est notamment chargé d'informer le Führer de l'évolution du chantier. Lors d'un déjeuner où il est convié par Hitler en personne, ce dernier lui confie être à la recherche d'un jeune maître d'œuvre capable de réaliser les rêves architecturaux de la nouvelle Allemagne. Albert Speer est son homme. La mort de Troost, en 1934, accélère les choses : Speer est alors nommé architecte en chef du parti.

Sur l'Obersalzberg, près de la frontière autrichienne, la vie suit son cours. Chaque année, lors de l'anniversaire d'Hitler, on revêt les enfants de leurs plus beaux habits et on se rend au Berghof, le chalet de montagne du Führer, pour lui souhaiter un bon anniversaire et manger avec lui des gâteaux au chocolat. Chaque enfant lui remet une gerbe de fleurs, puis on prend une photo d'Hitler entouré de ses jeunes admirateurs. De nombreux petits films réalisés par Eva Braun le montrent souriant, en train de jouer avec les enfants. Les enfants Speer sont évidemment présents, ils s'amusent avec les enfants de Martin Bormann ou avec la fille de Göring. Lorsque Albert Speer Jr visionne une vidéo qui le montre avec sa sœur en compagnie du Führer, il se rappelle un homme particulièrement aimable, un gentil oncle pour les enfants. Son père indique pourtant que les petits n'appréciaient pas Hitler, car il « n'avait pas l'art de s'attacher les enfants, ses efforts tombaient dans le vide[17] ».

Les enfants Speer vivent ainsi pendant toute la guerre : dans les montagnes, loin des privations, à l'abri des intrus et des étrangers. Jusqu'au 25 avril 1945, aucune bombe n'arrive jusqu'à eux. La maison a une vue imprenable sur le magnifique massif montagneux du Watzmann, un des plus hauts sommets d'Allemagne, qui domine l'Obersalzberg. Les enfants Speer en âge d'être scolarisés vont à l'école dans le village de Berchtesgaden, avec les enfants des autres dignitaires nazis réfugiés dans ce vaste domaine privé. Chaque matin, ils marchent une heure jusqu'au village situé à environ six kilomètres de là et reviennent ainsi. Albert Speer Jr se souvient d'avoir détesté l'école car on lui dictait ce qu'il devait faire[18]. Rien, dans la demeure des Speer, ne fait référence au national-socialisme, aucun symbole, ni uniforme ni rituel. Sa sœur, Margret Nissen, se souvient d'une éducation très différente de chez les Bormann, ces fanatiques, qui élevaient leurs enfants selon les préceptes du national-socialisme.

Speer a une vie de famille comblée. C'est également un homme élégant, très gêné par la grossièreté et la goujaterie d'un Martin Bormann, qui installe sa maîtresse dans la demeure de sa famille, en présence de sa femme. Margret évoque une enfance heureuse et un père peu autoritaire qui possédait un certain sens de l'humour. Sur la question de l'autorité, son frère ne semble pas avoir la même perception.

La vie sur l'Obersalzberg oblige également Albert Speer à se rendre à des soirées incessantes et ennuyeuses chez Hitler. Ces mondanités l'empêchent d'avancer dans ses projets aussi vite qu'il le souhaite. Speer est un bourreau de travail et rien ne le comble plus que de passer des journées et des nuits entières sur ses plans. Mais Hitler apprécie sa présence et Speer précise à ce propos que si Adolf Hitler avait eu des amis, il aurait été l'un d'eux[19]. Conscient des rivalités et des conflits entre ses subalternes, Hitler voit en Speer un homme qui sait se tenir à l'écart des bassesses de sa cour et se dévouer corps et âme à son œuvre. Devenu ministre de l'Armement en 1942, Speer décide même de ne pas passer les fêtes de fin d'année en famille, préférant partir en Laponie. Une fois de plus, sa femme se résigne à son absence.

En avril 1945, Speer sent le vent tourner et cette vie idyllique prend fin. Les enfants sont peinés de quitter Berchtesgaden, ils disent avoir perçu qu'une catastrophe approchait, sans comprendre laquelle, ni mesurer son ampleur. Speer sait qu'il risque de subir les foudres du Führer qui condamne comme traîtres tous ceux qui tentent de fuir. Mais il n'a pas le choix.

Les enfants Speer

Les Speer partent se réfugier dans le nord du pays, pour fuir les Alliés et rejoindre le gouvernement provisoire du Reich, dirigé après la mort du Führer par l'amiral Dönitz. Après avoir rallié le gouvernement éphémère, Speer est arrêté par les Alliés le 15 mai 1945. Sa famille passe de la vaste demeure de l'Obersalzberg à un étroit deux pièces. Comme de nombreux autres enfants des maîtres du national-socialisme, les petits sont baptisés. Ils doivent désormais se confondre dans la masse. Ils grandissent sans père à la maison parce que c'est un criminel de guerre[20], un statut qui éclabousse chacun des membres de la famille. Pour les enfants Speer commence alors un long chemin qui les conduit vers une rupture radicale avec leur père. Tous auront des problèmes de communication avec lui, même Albert Jr, qui a pourtant choisi la même voie professionnelle. Il est vrai que ce domaine n'était pas l'apanage de son père, son grand-père ayant été architecte avant lui.

Alors qu'Albert est transféré de la prison de Mondorf-les-Bains au Luxembourg, puis près de Versailles et enfin à Nuremberg, où l'attend son procès fin 1945, la famille part vivre dans la maison des parents de Speer, à Heidelberg, en Forêt-Noire. Leur vie est agréable. Après un an sans école, les enfants Speer sont de nouveau scolarisés à l'école publique de la ville, non sans difficulté car aucun établissement ne souhaite avoir pour élèves les enfants d'Albert Speer.

Les gens de la petite ville acceptent Margarete, car elle en est originaire, de même que son mari Albert. Et, heureusement pour les enfants, certains professeurs font la part des choses.

Le professeur d'Albert, l'aîné de la fratrie, indique aux autres élèves : « Vous savez ce qu'il est advenu du père de l'un d'entre vous. C'est justement la raison pour laquelle je désire que vous soyez convenables avec lui[21]. » Sa scolarité est difficile et dès l'âge de quinze ans, on lui propose un apprentissage de menuisier. La route avant de devenir architecte sera longue, mais couronnée de succès. Ainsi, après trois ans d'études puis des cours du soir Albert passe son baccalauréat et entre à l'Université technique de Munich pour y suivre un enseignement d'architecture, sous la direction du Pr Hans Döllgast, architecte d'après guerre connu pour son œuvre de reconstruction. Ce dernier a reçu, en 1972, le prix d'architecture Heinrich Tessenow, qui fut justement le premier maître à penser du père d'Albert.

Les deux filles de Speer, Hilde et Margret, sont acceptées au pensionnat protestant pour filles d'Heidelberg, qui porte le nom de la résistante Elisabeth von Thadden. Tous connaissaient l'identité des fillettes. Leur intégration dans cette école marqua à jamais les jeunes filles. Des années plus tard, Hilde rendra hommage à son professeur d'histoire. Il s'agit du Pr Dora Lux, issue d'une famille juive de Berlin, qui a survécu à la guerre et qui joua un rôle déterminant dans la formation intellectuelle de la jeune fille[22]. Margret, quant à elle, se souvient d'y avoir rencontré Adda, la fille de Hans Bernd von Haeften, un résistant qui fut l'un des maillons du complot du 20 juillet 1944 contre Adolf Hitler. Le père de son amie a été exécuté par les nazis tandis que son père à elle, criminel de guerre, est toujours vivant et incarcéré ! Pour la première fois, elle se sent coupable d'être la « mauvaise » fille du criminel nazi, face à la

« bonne » fille d'un héros de la Résistance. Quant à son avant-dernier fils, Arnold, il déclare : « Jusqu'en 1945 c'était un père que je pouvais regarder en face, après 1945, c'était un criminel de guerre[23]. »

A Nuremberg, Albert Speer élabore un système de défense qui repose sur la condamnation de l'idéologie nazie et de son Führer Adolf Hitler, mais également sur la « responsabilité collective pour des crimes aussi horribles » qu'il se doit d'assumer, en sa qualité de personnage influent du système[24].

Albert Speer mis en examen, pour les quatre chefs d'inculpation possibles, échappe à deux d'entre eux : participation à un complot et crime contre la paix. Le 1er octobre 1946, il est condamné à vingt ans de prison pour crime de guerre et crime contre l'humanité. Lors du procès, l'attitude de Speer, la reconnaissance de ses responsabilités et de sa collaboration, visant à se démarquer de ses coprévenus, jouent en sa faveur. Enfin, il met en avant le complot qu'il aurait ourdi contre Adolf Hitler et son attitude à la fin de la guerre, suggérant qu'il aurait été un des seuls à s'opposer à sa politique de terre brûlée, autant de stratégies pour lui permettre d'obtenir la clémence des juges. Comme le souligne sa biographe Gitta Sereny[25], il n'aurait pas forcément été entendu s'il avait fait part de ses doutes au sujet du traitement effroyable réservé aux Juifs. S'il avait reconnu, même implicitement, avoir eu connaissance de la persécution des Juifs et de leur extermination, il aurait été *de facto* considéré comme un des rouages essentiels de la machine de mort. Speer a donc tenu une ligne de défense habile, et heureusement pour lui on ignorait à l'époque certains de ses écrits qui l'impliquent directement.

Lors de son incarcération, Albert Speer a quarante et un ans. « Que vais-je faire de toutes ces années ? Cela ne revient-il pas à une condamnation sans fin, à un supplice qui recommence tous les matins ? » dit-il avec désespoir à sa femme lorsqu'elle vient lui rendre visite après sa condamnation[26]. Mais c'est compter sans la capacité de Speer à ériger une technique de survie : c'est un homme froid, avec une grande faculté d'oubli et de refoulement des sentiments. Dès le début de son incarcération, grâce à l'aide d'un de ses amis d'enfance et homme de confiance, Rudolf Wolters, il crée un « fonds de soutien » à sa famille pour subvenir aux besoins de ses enfants. D'anciennes relations d'Albert Speer qui lui sont redevables se chargeront de l'approvisionner. Chaque mois, la famille reçoit la somme de deux cents marks[27] et, au total, Albert Speer aurait bénéficié de plus de cent cinquante mille marks entre 1948 et 1966, date de sa libération. Au début de sa détention, ses enfants sont âgés de un an et demi à onze ans et demi. Il met en place un système de récompenses financières pour ses enfants lorsque ceux-ci obtiennent de bonnes notes à l'école. Grâce à Rudolf Wolters et depuis sa cellule, Speer peut « régenter » la vie de sa famille et contrôler ses activités. Margarete, qui a parfois du mal à gérer seule six enfants, se tourne également vers ce fidèle ami. Par un système de correspondance, une sorte de « poste noire », Wolters permet à Speer de communiquer abondamment avec l'extérieur. Cette « poste » lui offre la possibilité d'adresser à l'extérieur les notes qu'il rédige sur son quotidien et ses états d'âme.

Les enfants Speer

A Spandau, Albert Speer est le « cinq », numéro qui lui sert de nom. L'écriture devient vite son activité principale. Il a soif de tout raconter, que ce soit sur Hitler ou sur lui-même. Toutefois, il abandonne vite son projet de biographie d'Hitler qu'il avait entrepris pour se concentrer sur sa propre personne. Pendant près de huit ans, Albert Speer, comme Rudolf Hess, refuse de voir ses enfants. Est-ce, comme il semble l'indiquer dans le *Journal de Spandau*, pour ne pas les voir repartir en pleurant[28] ? Les aînés sont encore des adolescents lorsqu'ils se rendent à Spandau pour la première fois en 1953.

Ces visites mensuelles d'une demi-heure sont laborieuses et froides. Speer ne sait que dire, il se tient raide face à ses enfants, le sourire figé, cherchant à meubler la conversation. A ses questions impersonnelles, les enfants répondent poliment. Il estime « échanger des monologues » et se demande s'il les a « perdus seulement pour la durée de la détention ou à jamais[29] ». Lui-même ne semble pas les connaître. Avant la prison, ses activités frénétiques l'ont souvent tenu éloigné de la maison. « A cette époque je n'imaginais même pas Albert me parler d'un de nos enfants, explique sa femme. Plus tard bien sûr, à Spandau, là il a eu le temps et là, il a parlé des enfants[30]. »

C'est finalement à travers ses lettres que ses enfants apprendront à le connaître, même si pour plusieurs d'entre eux il demeurera un parfait inconnu. Albert Speer n'entretient plus que des liens formels avec ses enfants, sans aucun contact physique ni geste chaleureux, juste des politesses de circonstance. Même le mot « père » devient tabou. Parfois il se demande s'il ne vaudrait pas mieux ne jamais rentrer dans sa famille.

« Qu'auraient-ils à faire d'un étranger de soixante ans ? » écrit-il[31]. Sa fille Margret se souvient fort bien que la rédaction de leurs lettres donnait lieu à des séances familiales au cours desquelles les termes employés faisaient l'objet d'un décompte scrupuleux[32]. Chaque courrier est accompagné de photographies permettant à Speer de suivre l'évolution de ses enfants. Mais il les confond et a du mal à identifier précisément chacun d'entre eux[33]. Durant ces années, il s'évertue à maintenir le contact par des lettres enjouées et pleines d'humour sur sa jeunesse et sa vie de prisonnier. Hilde, sa première fille et deuxième de la fratrie, se souvient d'avoir beaucoup ri à la lecture de ces récits.

Speer ne parviendra jamais à se rapprocher de ses enfants, pas même de sa fille Hilde, pourtant son meilleur ambassadeur. D'une loyauté sans bornes, elle assure la communication entre Speer et le cercle de gens qui le soutiennent. Chaque année, elle adresse un courrier à la présidence de la RFA au nom de la famille pour obtenir la libération de son père. Ces requêtes suscitent des réactions positives mais elles ne permettront pas la libération anticipée de son père, malgré les soutiens de Charles de Gaulle et Willy Brandt[34]. L'homme politique allemand n'est encore que maire de Berlin lorsque Speer parvient à obtenir sa libération. C'est donc naturellement à cette fille dévouée que Brandt adresse un bouquet de roses rouges lors de la libération de son père. C'est également grâce à lui que Speer ne fait pas l'objet d'un procès de dénazification, dans le cadre duquel ses biens auraient été confisqués.

Hilde est probablement l'enfant qu'il apprécie le plus, et dont il est particulièrement fier, mais elle n'en reste pas moins une fille. Pour Speer, ce n'est pas la même chose qu'un fils, un homme. Il se tourne alors vers Ulf Schramm, son gendre, pour entretenir une correspondance dont il estime qu'elle le revigore intellectuellement, au point de faire de l'ombre au reste de la famille. Il réserve ses pensées et analyses à Ulf et ne parle à ses autres interlocuteurs que de détails pratiques[35].

A seize ans, sa fille chérie s'était d'abord vu refuser un visa pour les Etats-Unis où elle souhaitait étudier grâce à une bourse d'études. Mais un comité de soutien et la famille israélite qui souhaite l'accueillir réussissent à faire plier les autorités américaines. Albert Speer s'est d'ailleurs inquiété de l'accueil que l'Amérique réserverait à la fille d'un criminel de guerre condamné.

Le 13 mai 1953, Hilde adresse à son père une lettre dans laquelle, pour la première fois, elle l'interroge sur sa participation à un système aussi diabolique. Dans une longue lettre, il n'hésite pas à lui répondre : « Je te rassure, des horreurs, je n'en sus rien. » Et il lui conseille de lire le *Journal de Nuremberg* du Dr G. M. Gilbert pour mieux comprendre ce qui s'est passé. On peut y lire qu'« Albert Speer n'en savait pas plus sur les camps de concentration que d'autres ministres sur les V-2 ».

C'est avec son fils Ernst, le plus jeune des enfants Speer, âgé d'un an et demi lors de l'incarcération de son père, que la relation est la plus difficile. Ernst ne dit jamais mot lorsqu'il vient à Spandau. Renfermé et taiseux, toute sa vie il refusera de parler de son père. « Je n'avais rien à dire, c'est triste, mais c'est toujours le cas », dira-t-il des années plus tard. Pourtant, à partir de 1968, Ernst, sa femme et ses deux enfants s'installent dans le garage attenant à la propriété des Speer, à Heidelberg. « Je ne connaissais mon père que comme un étranger », confie Ernst qui a du mal à décrire sa relation avec Speer, car c'était comme avoir un père sans en avoir un[36]. Speer n'a pas de rapports plus faciles avec son troisième enfant, Fritz, dont il estime qu'il est très intelligent et probablement celui qui lui ressemble le plus. Dans son journal, Speer se dit irrité par son sérieux, paralysé par l'embarras qu'il lui manifeste. Lorsqu'il s'adresse à lui, ses paroles demeurent sans écho. Quant à son avant-dernier fils, Arnold, lors de ses visites à Spandau, il semble davantage s'intéresser aux détails de l'aménagement du parloir qu'à leur conversation. Le contact est inexistant[37].

Speer met à profit ses années de prison pour se réhabiliter, écrire sur sa vie et les raisons pour lesquelles Hitler a exercé sur lui un tel ascendant. Il écrit aussi pour éviter de sombrer dans la dépression : « Aurais-je pu survivre tout ce temps si je n'avais pu écrire une seule ligne[38] ? » Il s'essaie également au jardinage et arpente inlassablement le jardin de la prison. Pour s'évader mentalement, il parcourt chaque année, entre 1953 et 1966, une distance qui varie entre 2 300 et 3 000 kilomètres. Il s'invente une véritable marche autour du monde. A la fin de sa détention, il totalisera une distance de 31 816 kilomètres[39] !

Le jour de la libération d'Albert Speer, à 0 heure, le 1er octobre 1966, une foule de journalistes attend l'ancien détenu numéro cinq, désormais âgé de soixante et un ans. L'homme aux cheveux gris quitte l'enceinte de la prison sous la lumière aveuglante des projecteurs et

Les enfants Speer

des flashs. Malgré le poids de l'âge et les années d'incarcération, il a conservé une certaine élégance. Ce jour-là, la seule de la famille à être venue le chercher est sa femme. Après une brève accolade dénuée d'affection, l'ancien détenu numéro cinq de la prison de Spandau prononce calmement les mots suivants : « Ma condamnation était juste », avant de rejoindre sa voiture. Albert Speer réserve ses premières impressions d'homme libre au journal allemand *Der Spiegel*.

Dès le lendemain, le couple Speer rejoint le reste de la famille dans un pavillon de chasse sur le Kellersee, dans le nord de l'Allemagne. Une quinzaine de proches l'attendent, impatients de le retrouver après tant d'années d'absence. Mais la réunion de famille tourne au désastre. Chacun tente en vain d'être naturel et chaleureux. De longs silences entrecoupent les échanges. Devenus adultes, les enfants ne se souviennent pratiquement plus de ce père incarcéré lorsqu'ils étaient encore tout jeunes. Quant aux gendres et belles-filles, ils ne l'ont jamais vu et tentent désespérément d'instaurer des rapports familiers et de détendre l'atmosphère. Mais les mots simples, chaleureux et spontanés manquent. Quand Speer parle de Spandau, son récit, connu de tous, rend la réunion de famille encore plus ennuyeuse. Ses enfants voudraient parler de leurs propres projets, de leurs idées, de leurs amis et de leur vie. Mais Albert Speer ne s'intéresse pas à eux. « C'était probablement trop lui demander », pense sa femme[40]. Deux mondes opposés qui ne parviennent pas à communiquer, celui du passé et celui de l'avenir, celui de la prison et celui de la liberté. Pour sa fille Margret, il était également exclu de parler de sa vie d'avant Spandau : la relation familiale se trouve alors dans un cercle vicieux[41]. Il ne reste que peu de sujets de conversation. Même à sa femme, Speer refuse de parler du passé. « Cesse donc avec ces vieilles histoires », répond-il invariablement quand on l'interroge sur le national-socialisme et la guerre[42].

La communication avec Albert Speer ne se fait pas, et elle ne se fera plus jamais. En 1978, lorsque Gitta Sereny vient l'interroger à Heidelberg, il endosse la responsabilité de cet échec et reconnaît ne jamais avoir su comment s'y prendre. Sa présence pèse sur sa famille[43]. Comme la plupart des parents, Speer est heureux d'apprendre les succès de ses enfants aux examens scolaires puis universitaires. Il s'intéresse plus particulièrement au parcours de son fils Albert, qui a épousé la même carrière que lui en devenant architecte. A Spandau, il s'était déjà interrogé sur le fait de savoir si la distance entre lui et ses enfants était liée au contexte ou définitive. Cette réunion de famille lui confirme la deuxième hypothèse et lui laisse un goût amer. Il est déçu et estime que, jamais, même à Spandau, il ne s'est senti aussi seul. Durant ce séjour familial, il en vient à regretter sa vie monacale, ses livres, ses marches imaginaires. Speer prend conscience que rien ne pourra plus être comme avant[44]. Ce sentiment est partagé par ses enfants. Comme l'indique sa fille Hilde, « un par un mes frères et sœurs ont abandonné. Il n'y avait pas de communication ». « Mon père admirait mon travail d'architecte, mais il ne le comprenait pas. Nos époques étaient trop différentes », dit son fils Albert[45]. Ses enfants évitent de plus en plus de le voir et viennent souvent à Heidelberg rendre visite à leur mère en son absence. Speer ne semble pas en faire grand cas : il consacre désormais sa vie à sa réhabilitation. Il est sollicité de toutes parts pour des interviews. D'après ses enfants, il reçoit constamment des visiteurs dans sa propriété de Heidelberg.

En 1971, dans un entretien accordé au journaliste Eric Norden, du magazine *Playboy*, Speer reconnaît son assentiment tacite aux assassinats de masse et précise que « si je n'ai rien vu c'est que je ne voulais pas voir[46] ». Le journaliste relève que ce qui l'a le plus dérangé lors de cet entretien, c'est l'impassibilité de Speer : la façon qu'il avait de s'accuser de terribles crimes et de proposer sur le même ton une part de tarte aux pommes[47]. Quelques années plus tard, il confie à Gitta Sereny : « Je me suis douté qu'il se passait quelque chose d'effroyable. » Un doute qui vaut reconnaissance implicite de son savoir[48].

Ses livres connaissent un succès retentissant : *Au cœur du Troisième Reich*, témoignage unique d'un haut dignitaire nazi, ou le *Journal de Spandau*, qui regroupe plus de 20 000 notes prises quotidiennement sur tout support – dont du papier hygiénique d'« une valeur insoupçonnée[49] ». Plus de deux cent mille exemplaires de son premier ouvrage s'écoulent en Allemagne et le livre devient un best-seller aux Etats-Unis. Durant ses dernières années, Speer mène une existence retirée dans sa maison de l'Allgäu. Ses relations avec sa femme s'étiolent et il prend une maîtresse, ce qui ne contribue pas à améliorer ses rapports avec ses enfants. Il a de moins en moins de contacts avec l'extérieur, néanmoins il accepte de recevoir Matthias Schmidt, spécialiste du national-socialisme, qui souhaite le rencontrer dans le cadre de sa thèse de doctorat. Albert Speer le dirige vers son vieil et très proche ami Rudolf Wolters. Mais ce dernier, déçu par la façon dont Speer rejette la responsabilité sur Hitler et de ne pas être mentionné dans ses livres, autorise Schmidt à lire l'original de ses propres *Chroniques*. Cet ouvrage, qui porte sur les fonctions assumées par Speer entre 1941 et 1945, atteste de sa participation active aux abominations du IIIe Reich. Y sont joints des documents portant sur l'expulsion des Juifs de Berlin signés de la main même d'Albert Speer. Ce texte et ces documents sont les preuves concrètes de la mauvaise foi avec laquelle il a manipulé le tribunal de Nuremberg.

Speer meurt en 1981 d'une crise cardiaque dans son hôtel londonien. Il s'était rendu en Angleterre accompagné de sa maîtresse pour une interview de la BBC par Henry T. King Jr, un ancien procureur américain de Nuremberg, et Norman Stone, professeur d'histoire à Oxford.

Une partie des enfants de Speer disent avoir refoulé tous leurs souvenirs associés à Adolf Hitler. Ils ne veulent pas admettre cet étroit contact avec un homme dont Hilde Speer dit qu'il la « révulse ». Elle refuse de s'en souvenir, même si, petite fille, elle a pu l'apprécier. Nombre de photos la montrent tenant la main du Führer, avec sa petite jupe blanche et des fleurs dans les cheveux. Elle ne s'en souvient pas ou ne veut pas s'en souvenir. Déni ou volonté d'aller de l'avant, il est impossible de trancher.

Hilde devient sociologue, s'investit en politique. Elle sera un temps proche d'un des chefs de file des Verts en Allemagne puis vice-présidente du conseil municipal de Berlin. En 2004, Hilde Schramm obtient le prix

Les enfants Speer

Moses Mendelssohn pour la tolérance et la réconciliation entre les religions et les peuples, pour l'intégralité de son œuvre. Initialement prévue dans une synagogue de Berlin, la remise de ce prix n'a pu avoir lieu tant la communauté juive s'y est opposée et ce, malgré le soutien d'Albert Meyer, porte-parole de la communauté. Il n'était pas envisageable que la fille d'Albert Speer, un des principaux criminels de guerre, reçoive cette récompense en un lieu aussi sacré pour les Juifs. La cérémonie a donc eu lieu dans une église. Hilde Schramm comprend et accepte cette décision[50].

Pendant la guerre, les nazis ont spolié de nombreuses propriétés appartenant à des Juifs de toute l'Europe. Quantité de biens ont été transportés en Allemagne pour y être vendus aux enchères. Hilde Schramm estime qu'il est important que tous les Allemands s'interrogent sur l'origine de leurs biens, des œuvres exposées chez eux et même de leur travail. Ont-ils été acquis ou obtenus entre 1933 et 1945 ? Pour la fille de Speer, les gens qui ont survécu à la guerre ne sont pas tous coupables. Comme elle le sous-entend, nous n'héritons pas de la culpabilité mais nous héritons des actions coupables de nos ancêtres. Aussi appartient-il à chacun d'agir de façon responsable et de restituer leurs biens à ceux qui ont été spoliés.

Après avoir, dans un premier temps, refusé des tableaux qu'elle a hérités de son père car il avait été acquis à bas prix pendant la guerre auprès de propriétaires juifs, elle décide de les vendre. L'argent récolté, soixante-dix mille livres, sera reversé à la fondation « Restitution », qui promeut les femmes juives dans les arts et la science. Elle dit de la culpabilité que c'est une notion complexe. Après y avoir réfléchi pendant des années, la fille de Speer estime que l'on ne peut être tenu responsable de ce que l'on n'a pas commis. Aujourd'hui, comme ses frères, elle se refuse à parler de son père mais accepte d'évoquer sa contribution à la fondation. Alors qu'il est au cœur du Troisième Reich, elle n'est qu'une enfant. Lorsque la guerre prend fin, elle a neuf ans et un peu moins d'un an plus tard, son père est incarcéré à Spandau. Très jeune, comme Albert et ses autres frères et sœurs, elle comprend que pour survivre elle doit dire qu'elle n'est pas coupable et se dissocier des actions de son père. Aujourd'hui, c'est une femme qui refuse d'être continuellement associée à ce géniteur embarrassant. Le mot honte décrit mieux ses sentiments que celui de culpabilité. De quoi serait-elle coupable ? Y a-t-il une filiation dans la culpabilité[51] ? « Que leur père ait été au cœur de la direction du Reich, voilà ce qui demeurera longtemps leur problème vital », écrivait son père en 1952, dans son *Journal de Spandau*. « Je comprenais que je ne constituais sans doute pas un complexe de culpabilité, mais un motif de honte », dit sa fille[52]. Hilde sait que la partie de sa vie qui intéresse le plus les médias concerne son père Albert Speer et reconnaît que, comme tout politicien, elle aime l'attention portée à son action. Lucide, elle pense qu'il lui appartient de créer sa propre biographie[53].

Margret, la plus jeune fille d'Albert Speer, est photographe et mère de quatre enfants. Mariée très jeune, elle ne porte plus le nom de Speer depuis bien longtemps. Dans son livre *Etes-vous la fille Speer ?*, publié en 2007, elle relate sa vie dans l'ombre de l'architecte du Führer[54]. Son titre reprend l'interrogation

Les enfants Speer

d'un de ses collègues, lorsqu'il prend connaissance de son nom de jeune fille. Elle travaillait alors comme photographe à Berlin, dans le cadre de l'exposition « Topographie de la terreur », lorsqu'elle s'est reconnue sur une image comme la petite fille souriante et fière qui se tenait au côté du Führer. Margret Niessen s'interroge sur son père. Comment a-t-il pu mettre son savoir-faire au service d'un tel régime ? Elle évoque les années de son enfance, l'homme qu'il était à la maison, puis celui qu'il est devenu avec la guerre, au cours de sa détention et à sa libération. Elle est amère vis-à-vis de cet homme qui, sur le tard, prit une maîtresse et abandonna encore davantage sa famille, et en particulier sa femme qui lui avait consacré toute sa vie. Margret a du mal à accepter cette filiation mais elle aime à garder ses souvenirs d'enfance intacts et elle ne veut pas avoir à se sentir responsable de ce qui est arrivé. Jeune, elle refuse de voir son père comme un criminel, lui qui n'avait personnellement tué personne. Elle ne veut pas regarder en face sa responsabilité durant les années du Reich. Un déni qui rappelle celui de Speer lui-même à l'égard du génocide juif, dont il avouait : « Si j'avais voulu savoir, j'aurais pu savoir. » Margret explique le parcours de son père par son opportunisme et sa volonté aveugle de parvenir à ses fins.

Elle décrit un homme entièrement voué à ses projets, soucieux de construire une œuvre au-delà des implications et des conséquences de ses actes. Une analyse qui sonne comme un écho aux propos tenus par son père dans son livre *Au cœur du Troisième Reich* : « Je me sentais l'architecte de Hitler. Les événements de la vie politique ne me concernaient pas. Je ne faisais que leur fournir des décors impressionnants[55]. »

Albert Speer a vécu enfermé dans son désir de réhabilitation, négligeant sa relation avec ses enfants. Eux passeront pourtant leur vie entière à s'interroger sur ce père, dont les fils ont conservé le nom. Ils ne parviendront jamais à se confronter personnellement à cet homme qui se drape d'une responsabilité personnelle tout en clamant son ignorance des abominations nazies.

D'autres enfants de nazis ont eu l'occasion d'affronter leur père. C'est le cas du fils de Josef Mengele, même si ce dernier ne s'est jamais repenti.

ROLF MENGELE

Le fils de « l'ange de la mort »

Le descriptif de la vente qui se tient le 21 juillet 2011 chez Alexander Autographs, établissement spécialisé dans les manuscrits historiques à Stamford, Connecticut, indique pour le lot numéro quatre : « Prise dans son intégralité et lue avec attention et analyse, cette archive dont la grande majorité n'a jamais été publiée ou même visionnée, offre une vue en profondeur de l'esprit le plus cruel du xxe siècle. »

Adjugé, vendu ! Le marteau du commissaire-priseur retentit. Par téléphone, pour la somme de 245 000 dollars, le fils d'un survivant de l'Holocauste, un Juif ultra-orthodoxe qui souhaite rester anonyme, vient d'acquérir plus de 3 380 pages manuscrites, à l'encre bleue. Le prix a été estimé entre trois cent mille et quatre cent mille dollars. L'acquéreur juge qu'un tel document doit absolument être montré au public, pour contrer tout négationnisme et toute doctrine menant à la discrimination.

Le lot est composé de trente et un cahiers d'écolier à spirale : noirs, kaki, verts ou à carreaux. Sur la couverture, il est mentionné en espagnol : « Cuaderno » (« cahier »), « Cultura General » ou « Agenda classica ».

Enfants de nazis

Les pages sont recouvertes d'une écriture régulière, anguleuse, penchée vers la droite. Dessins et croquis entrecoupent récits autobiographiques, poésies, considérations politiques et philosophiques. Le tout a été rédigé sur une période allant de 1960 à 1975.

La vente a fait grand bruit. Certains commentateurs considèrent que de tels documents ne devraient pas faire l'objet d'actes mercantiles, voire jugent cette vente obscène.

L'auteur de ces pages parle de lui à la troisième personne et il a pris pour pseudonyme « Andreas ». L'homme, un des plus grands fugitifs du XXe siècle, se cache derrière un surnom de peur que ces cahiers ne permettent un jour de remonter jusqu'à lui. Il y retrace en effet sa fuite à travers l'Europe d'après guerre et jusqu'en Amérique latine ; en Argentine, au Paraguay et enfin au Brésil. Il y fait également état des expériences qu'il a réalisées et qui ont, selon lui, contribué au bien de l'humanité.

Dans ses écrits, l'auteur ne renie en rien les idéaux du national-socialisme. Il expose ses théories concernant la surpopulation, l'eugénisme et l'euthanasie.

« Quand vous commencez à mélanger les races, la civilisation décline », écrit-il notamment en 1960-1962[1]. « Il n'y a rien de bon ou de mal dans la nature. Il n'y a que des éléments appropriés et inappropriés... Les éléments inappropriés doivent être exclus de la reproduction[2]. » « Il faut abandonner l'idéologie féministe ; la biologie n'est pas liée à l'égalité des droits... Les femmes ne devraient pas avoir de postes qualifiés. Le travail des femmes doit dépendre de leur capacité à remplir leurs quotas biologiques. Le contrôle des naissances doit être

Rolf Mengele

effectué par la stérilisation de celles ayant des gênes déficients. Celles qui ont de bons gènes ne seront stérilisées que lorsqu'elles auront eu cinq enfants[3]. »

Les carnets ont été saisis en 2004 à São Paulo, au domicile d'un couple qui a hébergé l'auteur de ces textes. Ils ont ensuite été remis à son unique fils biologique, Rolf. Est-il le vendeur de ces carnets ? Nul ne le sait, car le vendeur a souhaité rester anonyme.

Chaque jour, sur sa petite table, progressivement courbé par le poids de l'âge, Josef Mengele revit ses grandes heures puis celles de son interminable fuite. Celle-ci a débuté quinze ans avant la rédaction de ces carnets. Depuis, ses convictions restent intactes et elles le demeureront jusqu'à la fin, après trente-quatre ans de cavale. Convaincu qu'aucune faute ne lui est imputable, son exil a fait de lui un écrivain compulsif. Terré dans sa petite maison de la banlieue de São Paulo, il consacre désormais le plus clair de son temps à l'écriture. Il noircit les pages de ses carnets de dessins de ses meubles de style bavarois, de croquis de maisons, d'animaux ou de végétaux. Il s'adonne également au jardinage, à la menuiserie, à la randonnée et aime observer les plantes et les animaux.

En 1977, enfin, arrive le jour qu'il attend depuis de longues années : son fils unique arrive d'Europe pour lui rendre visite. Il ne l'a pas vu depuis vingt et un ans ; la dernière fois, c'était en 1956. A l'époque, son fils ignorait que cet homme, caché sous une fausse identité, était son père. La vraie rencontre a donc lieu aujourd'hui, et elle est risquée car le tristement célèbre Dr Josef Mengele est un des nazis les plus recherchés de la planète. Son surnom, « l'ange de la mort », il le doit à ses expériences macabres à Auschwitz.

Pour éviter que son fils ne soit repéré par les traqueurs de nazis, ce voyage a nécessité plus de cinq ans de préparation. Avant le départ de Rolf Mengele au Brésil, l'homme de confiance de la famille Mengele, l'avocat Hans Sedlmeier, a organisé un rendez-vous entre Rolf et son cousin Karl-Heinz, qui a vécu quelques années en Argentine avec Josef Mengele. Hans Sedlmeier souhaite attirer l'attention du jeune Rolf sur le décalage entre l'analyse du IIIe Reich fait par la jeunesse allemande et la perception de ceux qui ont vécu cette période. Il souhaite également remettre une certaine somme d'argent à Mengele, qui a toujours reçu de sa famille un soutien indéfectible.

Sur recommandation de son père, Rolf prend la précaution de se rendre anonymement à São Paulo en subtilisant le passeport d'un ami, dérobé lors de leurs précédentes vacances communes. Il est déterminé à retrouver son père, dont il dit pourtant qu'il n'était plus le héros qu'il avait été dans sa jeunesse. Il pense n'avoir rien en commun avec lui. « Au contraire, mes opinions sont diamétralement opposées. Je n'avais même pas envie de l'écouter ou de m'intéresser à ses idées. Je rejetais tout simplement tout ce qu'il me présentait. Mon attitude personnelle à l'égard de la politique nationale et internationale n'était jamais en doute. Mes aspirations politiques libérales, plutôt de gauche, étaient connues. Le résultat de mes nombreuses critiques était que l'on me suspectait même d'être un communiste[4]. »

A la tombée de la nuit, lorsqu'il entend le vieux bus s'engouffrer dans sa rue poussiéreuse de la banlieue

Rolf Mengele

de São Paulo, le vieil homme cassé a un sursaut, ses membres se mettent à trembler. Les mains osseuses enfoncées dans les poches de son pantalon défraîchi, le visage figé, il attend, immobile. Lui qui autrefois soignait ses tenues se moque aujourd'hui de son apparence. Il sait que son fils doit arriver ce soir-là. Mais il ne peut s'empêcher de penser qu'il peut aussi s'agir de chasseurs de nazis venus l'arrêter. Même à la fin de sa vie misérable, Mengele ne baisse jamais la garde. Aux antipodes de l'homme froid et calculateur qui régnait sur le camp d'Auschwitz, il est devenu durant ses années de cavale un homme rongé par la peur. Il craint de façon obsessionnelle d'être repéré et capturé. Cette peur est plus forte que tout : elle le dévore. Son angoisse se traduit par la succion et l'ingurgitation incessante des poils de sa moustache. Dans ses intestins, ces poils forment des boules qui obstruent les voies digestives et le font atrocement souffrir, au point de mettre sa vie en danger.

Depuis des années, Mengele vit seul et isolé. Sa petite maison en stuc jaune est spartiate : une table, des chaises, un lit et une armoire. La maison a un toit en pente qui lui donne un air de petit chalet, avec ses deux fenêtres blanches et les quelques arbres qui l'entourent.

Lorsque son fils passe le portail en bois, l'émotion le submerge et des larmes lui montent aux yeux. Bien que ses jambes le soutiennent à peine, il parvient à atteindre le perron et à accueillir ce fils qui est courageusement venu lui rendre visite. Comme Rolf le dit lui-même, son père considère qu'en osant venir le voir au Brésil, il s'est montré un brave soldat passant les lignes ennemies[5]. Mais tel n'a pas toujours été le cas.

Enfants de nazis

En ce jour, c'est Rolf le héros pour son père. Il a pris de nombreux risques pour rencontrer cet homme qui n'a jamais daigné s'intéresser à lui. Dans sa tendre enfance, son père était trop occupé à commettre les pires atrocités puis, dans sa jeunesse, à fuir les Alliés et les chasseurs de nazis. A ce fils, il n'a consacré que peu de temps, seules des lettres ont permis de maintenir un semblant de lien.

Rolf voulait voir ce père en chair et en os, en face de lui, et il reconnaît à peine ce géniteur qu'il n'a aperçu qu'à deux occasions dans sa vie. Il est surpris de voir cet as du camouflage aussi amoindri physiquement. Il sait aussi que cette rencontre représente un événement important pour son père. Est-ce pour agir en procureur face à celui qui est parvenu depuis plus de trente ans à échapper aux tribunaux des Alliés, que Rolf a pris autant de risques ? Non, ce qu'il veut, c'est tenter de comprendre. Comprendre comment cet homme, qui reste après tout son père, a pu participer activement à une telle machine de mort.

Lui, l'enfant longtemps considéré par la dynastie Mengele comme le mouton noir de la famille, est aujourd'hui un avocat établi à Fribourg, en Allemagne. Perçu par les siens comme un gauchiste radical, il a toujours estimé ne rien avoir en commun avec sa famille sinon le sang, par le biais de l'homme le plus haï au monde, son père. Lorsqu'il fait ce voyage, Rolf a trente-trois ans, l'âge qu'avait son père lorsqu'il était médecin à Auschwitz et décidait de la vie ou de la mort de milliers de gens d'un simple geste de la main.

Aucun survivant n'a pu oublier cet homme de type méditerranéen, élégant, cravache en main qui, dans son uniforme impeccable et ses bottes parfaitement

Rolf Mengele

cirées, se contente de pointer du doigt ceux qu'il a choisis comme objets de ses expériences : à droite, la vie et son laboratoire ; à gauche, la mort. Aucune émotion ne transparaît sur son visage lorsqu'il dirige hommes, femmes, enfants et bébés vers les chambres à gaz ou vers de sombres expérimentations. Sur les airs de Wagner ou de Puccini qu'il aime à fredonner, cet homme est au centre de la machine de mort.

Rolf ne parvient à articuler qu'un faible « bonjour, père ». L'étreinte entre les deux hommes est brève et froide, ni l'un ni l'autre n'est habitué aux effusions. Rolf s'oblige à tenter d'être cordial envers celui dont il dit : « à la fin, c'était mon père », mais il n'y parvient vraiment que lorsqu'il sent les larmes de son père couler le long de ses joues.

C'est la deuxième fois que son fils Rolf le voit depuis le début de sa cavale ; ce sera aussi la dernière. Lors de leur première entrevue, sa mère lui avait dit qu'il s'agissait de son « oncle Fritz » qui vivait en Amérique latine. Plus tard, il a appris qu'il s'agissait de son père et a découvert le rôle joué par ce dernier dans la plus sombre époque de l'Allemagne. Rolf est partagé entre un sentiment d'amour filial et un irrépressible rejet pour cet homme aux actes inhumains. Criminel de guerre pour l'immense majorité de l'humanité, il reste aux yeux du clan Mengele un honorable et brillant médecin. Pour la famille, ce qui compte avant tout, c'est de ne pas ternir l'honneur du nom, celui de riches industriels bavarois, et une fratrie de trois garçons dont Josef est l'aîné.

Spécialisée dans les machines-outils agricoles, l'entreprise familiale « Karl Mengele & Söhne » est un des principaux employeurs de la ville de Günzburg, en Bavière. Grâce à son soutien au national-socialisme, elle devient pendant le IIIe Reich la troisième entreprise d'outillage agricole allemande. Hitler en personne vient y faire un discours. L'établissement « Karl Mengele & Söhne » existe toujours et son nom demeure inscrit en gros caractères sur l'usine qui se dresse au milieu de la ville. Une rue est même baptisée en l'honneur de Karl Mengele, le père de Josef. Mais nulle trace de ce fils gênant à Günzburg.

Le jeune Josef n'a jamais été attiré par l'outillage agricole. Il préfère laisser la succession de l'entreprise à ses frères. Très bon élève, ce qu'il souhaite avant tout, c'est laisser une trace dans l'Histoire. Depuis toujours, il est animé par une ambition dévorante.

En 1930, lorsqu'il entreprend des études de philosophie, d'anthropologie et de médecine à Munich, les universités allemandes sont déjà fortement imprégnées des idéaux nazis. Très tôt, il étudie sous la houlette d'eugénistes convaincus et s'intéresse particulièrement aux conférences du Pr Ernst Rüdin, à l'origine de la loi sur la stérilisation des individus atteints de tares héréditaires. Cinq ans plus tard, en 1935, sous la direction du Pr Theodor Mollison, de l'université de Munich, spécialiste de l'« hygiène raciale », il soutient une thèse déjà empreinte des théories eugénistes : « L'examen morphologique de la partie antérieure de la mâchoire inférieure dans quatre groupes raciaux. » Josef Mengele est d'ores et déjà convaincu de l'existence d'une race supérieure germanique de type aryen et il compte le démontrer scientifiquement.

Assistant d'Otmar von Verschuer, chercheur eugé-

Rolf Mengele

niste, directeur de l'Institut de pureté et d'hygiène raciale, instigateur de la génétique nationale-socialiste, Mengele est diplômé de l'université de Munich puis, en 1938, de celle de Francfort. Le Pr Otmar von Verschuer est convaincu que la clef d'un modèle de race aryenne pure, blonde, aux yeux bleus, se trouve dans la génétique propre aux jumeaux. En 1937, Mengele adhère au NSDAP sous le numéro 5574974 puis, en 1938, il intègre la SS. Pour démontrer la pureté de ses origines, il n'hésite pas à faire remonter sa « pureté raciale » jusqu'en 1744.

Mengele est convaincu que la manipulation génétique est l'avenir de l'Allemagne. Par son étude des jumeaux, il ambitionne de multiplier la nation allemande[6]. Avec son mentor, le Pr von Verschuer, il tente de déterminer les codes génétiques qui pourraient donner naissance à une race aryenne pure. Le national-socialisme a besoin d'asseoir ses théories d'hygiène raciale sur des considérations scientifiques et Mengele participera activement aux recherches sur le sujet.

Lorsque, en 1939, Mengele se marie avec la mère de Rolf, Irene Schoenbein, celle-ci a du mal à prouver l'absence de sang juif du côté de son père. Sans cette formalité, l'autorisation de mariage est compromise. Seul le « côté nordique » d'Irene permet de faire fi de cette suspicion et de rendre le mariage possible. Cette grande blonde sera l'amour de sa vie ; elle-même est très dévouée à son mari, et très jalouse. Mais les parents de Rolf ne parviendront jamais à mener une véritable vie de couple. Pour Irene, ce mariage sera synonyme d'absence et de solitude : Mengele se consacre avant tout à ses aspirations patriotiques et professionnelles.

Enfants de nazis

C'est sans remords que, deux mois après son mariage, il laisse derrière lui sa jeune épouse pour s'enrôler avec enthousiasme dans l'armée allemande au moment de l'invasion de la Pologne.

En janvier 1942, il rejoint le corps médical de la division SS Wiking qui opère sur le front de l'Est, notamment en Ukraine. Pour avoir sauvé et soigné deux soldats allemands, Mengele est décoré de la croix de fer. Blessé au combat, il est contraint de rentrer à Berlin fin 1942. Sans hésiter, il se replonge alors dans la médecine, en particulier dans la génétique, avec son mentor de toujours. Entre-temps, le Pr von Verschuer a obtenu la direction de l'institut Kaiser Wilhelm, une institution scientifique initialement destinée à la recherche fondamentale et qui, entre 1927 et 1945, s'est consacrée à l'eugénisme et à l'hygiène raciale.

Six mois après, fin mai 1943, alors qu'il a été nommé SS-Hauptsturmführer en avril, Josef Mengele est affecté à Auschwitz, le plus grand camp de concentration créé par les nazis, à 67 kilomètres à l'ouest de Cracovie, près de la frontière tchécoslovaque.

Auschwitz est alors une machine d'extermination industrielle implacable. Une fumée s'échappe sans interruption des quatre grands complexes de chambres à gaz et de fours crématoires, l'air y est irrespirable, l'odeur de chair humaine encore plus éprouvante lorsqu'il fait chaud. Le camp est immense, constitué de trois grandes sections qui n'ont cessé de s'étendre au fil des années : des baraquements en brique rouge et en bois s'y succèdent à l'identique. La vue de cet enfer sur terre n'affecte en rien Mengele qui, dès son arrivée, se rend au baraquement portant le numéro 10.

Rolf Mengele

Il veut se mettre au travail au plus vite. Pour lui, Auschwitz est une opportunité unique de faire avancer la science, offrant de formidables perspectives d'expériences sur des « cobayes humains » qui lui permettront de démontrer ses théories raciales. Mengele adresse régulièrement pour analyse des fragments de corps humain portant la mention « matériel de guerre, urgent » à ses homologues de l'institut Kaiser Wilhelm. Quelques jours après son arrivée, il n'hésite pas à envoyer plus de mille cinq cents Tziganes à la mort, lui qui pourtant a souvent ironisé sur le fait qu'il ressemble davantage à un gitan qu'à un parfait Aryen. Quand il était enfant, son teint mat, ses cheveux noirs et ses yeux marron-vert lui avaient valu le surnom de « gitan[7] » à l'école.

Mengele arrive seul à Auschwitz. Sa femme a choisi de rester en Allemagne. Durant l'année et demie qu'il passe au camp, elle ne rend visite à son époux qu'à deux reprises, au mois d'août 1943 puis en août 1944, quelques mois après la naissance de leur fils Rolf, né en mars et qu'elle laisse en Allemagne. Lorsqu'elle interroge son mari sur l'odeur épouvantable qui règne dans le camp, elle obtient pour seule réponse : « Ne me questionne pas sur cela[8]. » Néanmoins, Irene ne semble guère se soucier de ce qui se passe autour d'elle. Elle considère même son deuxième voyage comme idyllique ; c'est une seconde lune de miel avec l'homme qu'elle aime. Les journées sont ponctuées de baignades dans la rivière Sola, de cueillette de myrtilles et de préparation de confitures. Dans son journal, nul mot sur les expériences de son mari ou sur la réalité du camp[9]. Mengele est un homme secret, froid et cynique, qui reste souvent à l'écart de ses collègues. Il est fier de son statut et de ses décorations, dont la croix de fer, qu'il arbore en permanence. Il vit à l'écart des autres, concentré sur ce qu'il pense être son destin : l'évolution de l'espèce humaine. Même si, pour cela, il doit faire fi de toute humanité ou compassion.

Par ses compétences, Mengele intrigue certains de ses collègues, comme Hans Münch, un de ses compagnons à Auschwitz : « C'était un idéologue de corps et d'esprit... Il ne manifestait jamais aucune émotion ; ni haine ou fanatisme. Pour lui, les chambres à gaz étaient la seule solution rationnelle et comme les Juifs devaient mourir de toute façon, il ne voyait aucune raison de ne pas les utiliser au préalable pour des expérimentations médicales[10]. » Du Dr Mengele, nul ne connaît rien. Sa discrétion et sa retenue lui épargnent toute familiarité. Il n'informe personne de la naissance de son fils Rolf en 1944 ; d'ailleurs, il ne se rend même pas au chevet de sa femme en couches.

Dans un premier temps, le petit Rolf vit seul avec sa mère à Fribourg, en Forêt-Noire. En novembre 1944, Josef Mengele vient voir son fils pour la première fois : il est alors âgé de près de huit mois. Puis, à compter d'avril 1945, Irene et Rolf partent vivre à Autenried en Bavière, près du fief des Mengele. Le petit Rolf vit alors avec ses grands-parents et connaît enfin un vrai cadre familial.

A Auschwitz, des trains arrivent sans cesse de toutes les villes d'Europe. Les nouveaux arrivants subissent une sélection préalable : ceux que l'on juge aptes au travail forcé et ceux qui sont directement envoyés

Rolf Mengele

dans les chambres à gaz, camouflées en douches. A chaque arrivée sur la rampe, Mengele traque jour et nuit les jumeaux pour leur faire subir les expérimentations les plus sinistres, menant le plus souvent à la mort dans d'atroces souffrances. Grâce à ses expériences sur la gémellité, il est convaincu qu'il peut percer à jour le génie génétique et éradiquer les gènes défaillants. Son visage ne s'éclaire que lorsque des jumeaux se présentent à la sélection et qu'une voix forte crie « Jumeaux, jumeaux ».

Ses expériences sont innombrables et effectuées sans anesthésie : manipulations sanguines, inoculation de gènes infectieux, expérience sur la moelle épinière, ablation d'organes ou de membres, stérilisation. Josef Mengele s'intéresse également à la couleur des yeux, afin de déterminer si celle-ci peut être modifiée. A cette fin, il n'hésite pas à injecter des produits chimiques qui provoquent, pour la plupart, la cécité de ses « patients ». Toutes ces expériences ont pour seul but de promouvoir une race supérieure, conformément aux idéaux du national-socialisme.

Lorsque, le 17 janvier 1945, Mengele s'enfuit d'Auschwitz, il laisse derrière lui des montagnes de cadavres. Très peu de ses « cobayes humains » survivront à ses expérimentations macabres – même si, selon une survivante, être sur la liste de Mengele offrait au moins un espoir de courte durée. Lors de la débâcle, l'exode des soldats allemands vers l'ouest lui permet d'échapper aux Alliés. Il troque son uniforme SS pour un uniforme de la Wehrmacht et se cache en Tchécoslovaquie. Débordés par les hordes de soldats en fuite, les Alliés décident de ne capturer que les SS, identifiables grâce

Enfants de nazis

au tatouage de leur groupe sanguin qu'ils ont sous l'aisselle. Or Mengele, très attaché à sa personne, a refusé de se faire tatouer le bras comme les autres SS. Cette coquetterie lui sauve la vie car les Alliés ne disposent alors d'aucune liste complète des criminels de guerre. La mère de Rolf lui a raconté que son père attachait une telle importance à son apparence qu'il jugeait une telle atteinte à sa personne impensable. Un tel tatouage aurait été inesthétique et répugnant[11], lui qui ne portait que des costumes faits sur mesure et passait des heures devant son miroir à se contempler et à admirer la douceur de sa peau.

Peu après la fin de la guerre, Irene, alors sans nouvelles de son mari, est informée par la femme d'un de ses amis médecin que Mengele est en vie. Son nom commence à circuler et les Alliés sont à l'affût de la moindre information qui pourrait leur permettre de le retrouver. Tous les membres de la famille du fugitif sont mis sous surveillance et interrogés, sans résultat : aucun d'entre eux ne donnera jamais d'information. Le journal allemand *Bund* expliquera notamment ce soutien indéfectible par la crainte qu'avait la famille Mengele de faire l'objet de poursuites en réparations par les victimes de Josef Mengele.

Lorsque Irene est interrogée par deux officiers américains à la recherche de son mari, elle leur répond qu'il a disparu et qu'il est probablement mort sur le front de l'Est. Pour rendre crédible cette hypothèse, Irene, toujours vêtue de noir, ira même voir, durant l'été 1946, le prêtre de Günzburg pour lui demander de bien vouloir prononcer une messe en mémoire de son mari mort à la guerre[12]. Si la femme de Mengele, malgré ses deux

Rolf Mengele

visites au camp d'Auschwitz, a pu pendant un temps ignorer les atrocités commises par son mari, ce ne peut plus être le cas, et pourtant elle choisit de ne pas le dénoncer.

Après un bref passage à Munich, Mengele revient sur les terres de ses ancêtres et se cache dans les forêts autour de Günzburg où il est régulièrement approvisionné en nourriture par sa famille. Les autorités ne s'aperçoivent de rien, même un rapport de la police israélienne ne fait état d'aucun contact entre Mengele et sa famille.

A compter de la fin 1945, « l'ange de la mort » vit sous le nom de « Fritz Hollman », et travaille en toute discrétion comme garçon de ferme à Rosenheim, en Bavière. Il utilise ce même nom d'emprunt lorsqu'il rencontre son fils sous la fausse identité d'un oncle d'Amérique. Sa famille, et surtout sa femme, vient souvent lui rendre visite, parfois avec Rolf qui n'a alors que deux ans. En toute discrétion, ils se retrouvent sur les berges d'un lac. Une photo prise à cette époque montre Mengele, souriant, derrière son fils. Mais le plus souvent, Irene vient seule à ces rendez-vous. En novembre 1946, Mengele, convaincu que les Alliés ont relâché leurs investigations, entreprend même une visite de deux semaines à Autenried, où vivent désormais sa femme et son fils.

Durant les quatre années qui suivent la guerre, Rolf dit de sa mère qu'elle était très anxieuse et malheureuse. Elle qui avait toujours aspiré à une vie traditionnelle dans une famille unie et soudée, se retrouve l'épouse d'un fugitif avec lequel elle n'a jamais véritablement vécu et qui devient progressivement un parfait étranger. La relation entre les époux Mengele, déjà très éprouvée par la guerre, commence à s'étioler. Irene, qui depuis longtemps souffre de solitude, a le sentiment que son mari a changé, qu'il n'est plus celui qu'elle a épousé. Elle recherche la compagnie des hommes, ce qui met Josef Mengele dans une rage folle. Pathologiquement jaloux, il ne cesse de reprocher à sa femme ses sorties et des scènes mémorables s'ensuivent. Depuis nombre d'années, Irene n'est plus l'épouse dévouée du début de leur mariage. Elle ne supporte plus la vie de femme de fugitif que lui offre Mengele. En 1948, lors d'une des sorties que lui reproche tant son époux, elle rencontre celui qui deviendra son prochain mari. Propriétaire d'un magasin de chaussures à Fribourg, Alfons Hackenjos sera considéré par le petit Rolf, alors âgé de quatre ans, comme la première figure paternelle de sa vie.

Lorsqu'il apprend par la presse que son nom est cité dans le « procès des médecins » de Nuremberg qui débute en décembre 1946 et succède à celui des grands criminels de guerre, Mengele prend conscience que le danger se rapproche. Lui qui avait baissé sa garde estime alors qu'il est temps de quitter l'Europe et décide de se rendre en Amérique latine. L'embarquement à bord du bateau le *North King* se fait du port de Gênes, en Italie. Josef Mengele est désormais « Helmut Gregor ». Il entretient encore l'espoir que sa femme et son fils viendront le rejoindre aussitôt qu'il sera installé à Buenos Aires mais il n'en sera rien. Irene est bien trop attachée à l'Allemagne et à sa culture et elle ne veut pas quitter sa famille pour une vie de fugitifs à l'autre bout du monde. Surtout, elle a un nouvel homme dans

Rolf Mengele

sa vie et, même si elle éprouve toujours des sentiments à l'égard du père de son fils, elle ne veut pas sacrifier cette nouvelle relation. En 1954, lassée de la situation et amoureuse, Irene demande le divorce. Rolf n'a aucune raison de penser que sa décision a été prise en raison des agissements de son père à Auschwitz. Entre les deux ex-époux s'est toujours appliquée la politique du « ne rien demander, ne rien dire ». Mais Irene est heureuse de quitter le clan Mengele et encore davantage de partir sans avoir à leur demander un centime[13]. Cette même année, Josef Mengele décide d'abandonner son nom d'emprunt « Helmut Gregor » et de retrouver son identité. Il confirme donc à l'ambassade d'Allemagne de l'Ouest qu'Helmut Gregor est en fait Josef Mengele, et son divorce avec Irene est officialisé le 25 mars 1954 sous son véritable nom. Mengele est de nouveau Mengele, « l'ange de la mort ».

Lorsqu'il revient en Europe en 1956, Mengele retrouve son fils Rolf, âgé de douze ans, dans le cadre de vacances familiales à la montagne, en Suisse. Pour l'enfant, il est toujours l'« oncle Fritz » d'Amérique latine. Sont également présents Martha, la jolie veuve du frère de Josef Mengele, et son fils Karl-Heinz. Chaque matin, Rolf grimpe avec son cousin dans le lit de cet « oncle » qui leur raconte des histoires de batailles sur le front russe. Traité comme un grand garçon, il dit de ces vacances qu'elles sont les meilleures de sa vie. L'enfant est heureux, malgré la rivalité croissante avec son cousin Karl-Heinz. Son père ne cesse de l'encenser, il n'a d'attention que pour lui et Rolf en souffre. Il

Enfants de nazis

ignore encore que cet « oncle » entretient des relations intimes avec sa tante Martha.

Deux ans plus tard, en 1958, il se marie avec sa belle-sœur à Montevideo, en Uruguay. Martha le rejoint en Argentine avec son fils Karl-Heinz pour quelques années.

Mengele s'intègre sans mal dans le Buenos Aires de Juan Perón. L'Argentine est alors le nouvel eldorado des nazis en perdition et le restera jusqu'à la mort de Perón. Comme nombre d'autres nazis, Mengele part alors vivre au Paraguay. Il fait seul le voyage : sa nouvelle femme et son fils Karl-Heinz souhaitent rentrer en Allemagne. Contrairement aux rumeurs, Mengele ne restera que deux ans au Paraguay, avant de rejoindre le Brésil en 1962. Durant toutes ces années, alors qu'il prend le risque de revenir à deux reprises en Allemagne, en 1956 et 1959, après avoir repris sa véritable identité, il parvient à échapper à toute arrestation. A compter de cette période, la mère de Rolf décide d'expliquer à son fils l'absence de son père en le faisant passer pour mort ou disparu sur le front russe, mais en héros. Pendant près de dix ans, Rolf tiendra son père pour mort tout en entretenant une correspondance assidue avec son « oncle Fritz » qui vit en Amérique latine, cet oncle factice qui n'est autre que son véritable père.

A l'âge de seize ans, soit plus de trois ans après les vacances en Suisse, Rolf apprend enfin que l'« oncle Fritz » est en réalité son père, Josef Mengele. Rolf se souvient : « Mon père a toujours été le héros de guerre mort sur le front de l'Est. Il était éduqué et parlait grec et latin. Apprendre la réalité a eu un impact fort sur moi. Ce n'était pas très bon d'être le fils de Josef

Rolf Mengele

Mengele[14]. » A l'école, les autres enfants l'interpellent : « Voilà le fils de Mengele, ton père est un criminel. » Ils l'appellent « petit nazi » ou encore « SS Mengele ». Rolf répond ironiquement aux attaques de ses camarades : « Ah oui, et je suis aussi le neveu d'Adolf Eichmann. » Ses professeurs attribuent la paresse du jeune homme au traumatisme lié à ce père absent, vu tantôt comme un héros, tantôt comme un bourreau.

Malgré les tentatives de rapprochement initiées par Mengele, l'homme ne parvient pas à établir des relations père-fils affectueuses. Les lettres de Mengele sont froides et distantes. Il semble reproduire les rapports qu'il a eus avec son propre père. Pour son fils, Mengele fait l'effort de rédiger et d'illustrer un livre pour enfants, mais en vain. Rolf reproche avant tout à son père l'affection et l'estime qu'il porte à son cousin Karl-Heinz, son beau-fils. Mengele est beaucoup plus proche de son neveu, avec qui il entretient une relation presque filiale, que de son propre fils. Pour Rolf, Josef Mengele demeurera à jamais un étranger. C'est la raison pour laquelle Rolf a besoin de cet ultime face-à-face, même si le vieil homme reclus, dépressif et suicidaire qu'est devenu Josef Mengele est bien loin du héros autrefois fabriqué par sa mère.

A São Paulo, la demeure est spartiate ; Mengele se propose de coucher sur un matelas par terre et de laisser son lit à Rolf. De toute façon, les nuits seront essentiellement consacrées à la discussion : Rolf est avide de réponses. Après avoir d'abord évité d'aborder la question de sa participation aux atrocités commises à Auschwitz, Rolf interroge son père, mais celui-ci se braque immédiatement : « Comment peux-tu croire que j'aie pu commettre cela ? Ne vois-tu pas que c'est un mensonge, de la propagande... » Le vieillard se défend avec virulence : « Je n'ai pas inventé Auschwitz et je ne suis pas personnellement responsable des incidents qu'il y a eu. Auschwitz existait déjà avant moi. Je voulais aider mais c'était très limité. Je ne pouvais aider tout le monde. »

Lorsque Rolf l'interroge sur la sélection des hommes et des femmes sur la rampe, lors de leur arrivée au camp, Mengele admet y avoir participé : « Qu'aurais-je pu faire avec les gens à moitié morts et infectés qui arrivaient ? On ne peut pas se figurer les conditions qui régnaient là-bas. » A l'entendre, son rôle consistait « simplement » à déterminer qui était apte ou non au travail. Il estime avoir autant que possible tenté de dire que les nouveaux arrivants étaient aptes et pense avoir de la sorte aidé plusieurs milliers de personnes. Ce n'est pas lui qui ordonnait les exterminations, il n'en est pas responsable. Il jure ne jamais avoir tué ou blessé qui que ce soit personnellement.

Pour son fils Rolf, « il est impossible d'avoir été à Auschwitz et de ne pas avoir essayé chaque jour d'en partir. Ne pas l'avoir fait était aussi horrible qu'impossible. Je ne comprendrai jamais comment des êtres humains ont pu se comporter de la sorte. Le fait que ce soit mon père n'y change rien. Ce qui s'est passé est pour moi contraire à toute éthique, toute morale et empêche toute compréhension de la nature humaine ». Durant ces discussions nocturnes entre père et fils, Rolf parvient à la conclusion suivante : son père ne regrette rien, il est resté fidèle aux idéaux du national-socialisme

Rolf Mengele

et demeure convaincu de la supériorité de la race aryenne. Pour justifier sa théorie sur la supériorité de certaines races, Mengele invoque des arguments sociologiques, historiques et politiques. Arguments qui, comme le souligne Rolf, sont paradoxalement très peu scientifiques[15]. Mengele déclare enfin qu'il n'accomplissait que son devoir, obéissant aux ordres pour pouvoir survivre. Ces quelques mots doivent lui épargner tout sentiment de culpabilité. Aux yeux de son fils, il ne veut tout simplement pas être le monstre qu'il est aux yeux de l'humanité.

Lorsque enfin Rolf lui demande pourquoi, s'il est aussi sûr d'avoir agi de manière juste, il ne se rend pas aux autorités pour être jugé, Mengele se contente de lui répondre de façon laconique : « Il n'y a pas de justice, il n'y a que des gens qui souhaitent se venger[16]. »

Rolf ne parviendra jamais à sentir chez cet homme une once d'humanité, de compassion ou de regret. Lorsqu'il le quitte, après une quinzaine de jours, il sait qu'il le voit pour la dernière fois. Quant à Mengele, après cette visite, il estime qu'il peut mourir en paix. Comme si, avant de mourir, il avait éprouvé le besoin de se justifier auprès de son seul descendant, afin de ne pas être perçu par lui comme un monstre mais comme un homme qui n'a fait qu'obéir à des ordres.

Rolf refusera toute sa vie de donner la moindre information susceptible de permettre l'arrestation de son père. Il dira qu'il lui était impossible de le trahir. Contrairement à Niklas Frank qui hait son père Hans Frank, Rolf estime qu'il ne considère pas assez le sien pour le haïr.

Deux ans après ce séjour, en 1979, des amis de Mengele

basés au Brésil envoient une lettre à Rolf : « Notre ami nous a quittés sur une plage tropicale. » Josef Mengele est mort d'une crise cardiaque lors d'une baignade après avoir survécu à trente-quatre ans de cavale. La famille Mengele opte pour le silence, pensant ainsi pouvoir éviter d'avoir à répondre de toutes ces années de complicité.

Peu de temps après la mort de son père, Rolf part au Brésil pour mettre en ordre ses affaires et récupérer ses effets personnels. Cette fois, il voyage sous sa véritable identité. Lorsqu'il s'enregistre dans un hôtel de Rio où il a déjà séjourné sous un faux nom, le concierge s'exclame : « Mengele... Vous savez que vous avez un nom très connu dans la région[17]. » Terrifié, Rolf se rue dans sa chambre pour y cacher dans le faux plafond les effets personnels de son père, même s'il sait que cette cachette ne résistera pas deux minutes à une fouille. Cet héritage comporte une montre en or, des lettres et des journaux intimes. Mais aucune fouille n'aura lieu ; ces mêmes journaux intimes feront l'objet de la vente aux enchères tant décriée de 2011.

Rolf guette les allées et venues dans l'hôtel ; il tente de se faire le plus discret possible, ne voulant en aucun cas attirer l'attention sur lui, notamment celle du concierge qui pourrait alerter la police. Même dans la mort, le secret des Mengele doit être conservé. Rolf Mengele justifie ce silence sur la mort de son père par le besoin de protéger ceux qui l'ont aidé et sur l'impossibilité de rapporter la preuve de cette mort.

Quatre ans après ce voyage, la nouvelle de la mort de Mengele se répand enfin. Si amis et sympathisants nazis en ont connaissance, l'omerta est demeurée jusque-là inviolée. En 1985 seulement, une perquisition au domicile

Rolf Mengele

d'un des hommes de confiance de Mengele, Hans Sedlmeier, révélera l'existence d'une correspondance entre les deux hommes et d'une lettre de condoléances adressée par les amis brésiliens de Mengele. Dieter Mengele, le neveu de Josef Mengele, qui dirige la société familiale, se voit alors contraint de mettre fin au secret qui entourait la mort de son oncle et d'accorder une interview à la presse. Pour les Mengele, la priorité est d'éviter que l'information selon laquelle ils auraient aidé Josef Mengele durant sa cavale puisse avoir des répercussions financières sur la société. Dieter Mengele n'hésite pas à nier tout soutien financier à Josef, ainsi que toute correspondance avec son oncle. Rolf est tenu à l'écart ; ce dont il ne manque pas de faire grief à son cousin. Reste toujours la question de la preuve de la mort de Mengele : pour cela, une exhumation du corps est nécessaire. Lorsqu'elle a lieu, Rolf, le seul à pouvoir confirmer qu'il s'agit bien de son père, est en vacances et ne peut être joint. Il apprendra à son retour, par la télévision, que le secret de la mort de son père a été découvert.

Lors des trente années passées en Amérique latine, Mengele aura fait l'objet de nombreuses rumeurs le localisant à tel ou tel endroit, les services secrets israéliens diront notamment « avoir réussi à retrouver épisodiquement sa trace, sans pouvoir mettre la main sur lui ». Pourtant, malgré sa peur obsessionnelle d'être arrêté et enlevé par le Mossad ou par des organisations de chasseurs de nazis, Mengele n'a pas hésité à revenir en Europe et à reprendre sa véritable identité. Enterré sous le nom de « Wolfgang Gehrard » à Embu près de

Enfants de nazis

São Paulo, son corps est exhumé le 6 juin 1985 par la police brésilienne, sur ordre des autorités allemandes. L'examen de ses mâchoires permet de l'identifier avec certitude mais seule une expertise ADN effectuée en 1992 confirmera définitivement l'identité du corps. Jusque-là, Rolf Mengele avait refusé de se soumettre au prélèvement sanguin requis pour une telle analyse[18].

Il est difficile de comprendre comment Mengele a pu échapper à toute arrestation pendant plus de trente-quatre ans, alors que beaucoup d'organisations internationales et de chasseurs de nazis étaient à ses trousses. En 1960, le choix fait par le Mossad de capturer Eichmann, principal organisateur de la solution finale, plutôt que Mengele, alors que les deux bourreaux étaient au même moment repérés, peut expliquer que le médecin d'Auschwitz ait réussi une nouvelle fois à échapper aux autorités ; mais qu'en est-il avant et après ?

En 1985, Rolf consent à dévoiler à la presse sa rencontre et les écrits de Mengele. Les relations familiales avec le reste du clan sont alors définitivement rompues.

Contrairement à d'autres descendants de nazis, Rolf ne pense pas qu'il existe de gènes susceptibles de transmettre la cruauté en héritage. Comme pour mettre un terme à ce passé, il choisit de changer de nom pour le bien de ses enfants. Dans les années 1980, il adopte le nom de sa femme et s'installe comme avocat à Munich.

Il estime que ses trois enfants méritent de grandir sans avoir à répondre des actes de leur grand-père. Il leur doit la vérité et une vie délestée de ce poids. Pour lui, le seul intérêt de cet héritage est d'avoir à penser à l'essence même de la vie et au conflit entre le bien et le mal. Son destin, c'est d'être le fils de Josef Mengele

Rolf Mengele

et d'en supporter les inconvénients. Il n'a pu s'investir en politique ou connaître officiellement les raisons pour lesquelles certaines personnes, hommes d'affaires juifs ou victimes de guerre, n'ont pas souhaité travailler avec lui[19].

En 2008, dans un journal israélien, il appelle la communauté juive à n'avoir aucune rancœur contre lui. Il évoque une éventuelle visite en Israël et notamment au mémorial de Yad Vashem : « Mais je crains que les survivants de la Shoah et leurs descendants puissent être perturbés s'ils apprenaient mon origine[20]. »

Rolf Mengele est le seul descendant de cet ouvrage qui ait ignoré l'identité de son père pendant de longues années et qui ait pu l'interroger sur son implication dans la machine de mort. Cette confrontation se révèle stérile car Mengele demeure convaincu de ses idéaux, il considère qu'il n'est pas l'instigateur de l'abomination, il prétend même qu'il aurait contribué à sauver des vies. Pourtant, Rolf ne peut et ne veut le trahir, même après sa mort, tout en souhaitant pour sa propre descendance prendre des distances avec ce nom de « Mengele ».

Une histoire allemande ?

Un bruit sourd amplifié par le microphone retentit dans l'assemblée venue assister au congrès de la CDU, le parti chrétien-démocrate de la République fédérale allemande à Berlin. C'est le bruit d'une paume de main qui s'abat sur une joue. Une main de femme est venue s'écraser avec vigueur sur le visage de celui qui, comme nombre d'Allemands, a pensé pouvoir taire son passé nazi. Mais lui est chancelier, son nom est Kurt Georg Kiesinger, et cette gifle est une manière de lui jeter son passé à la face. Un passé qui n'a pas interpellé les Allemands, puisqu'il n'a pas empêché son élection à la chancellerie. Nous sommes en novembre 1968, dans une Allemagne qui voit voler en éclats rigidité morale et tabous liés à son passé nazi. Au même moment, dans la foulée des événements de mai 1968, le groupuscule terroriste d'extrême gauche « Fraction Armée Rouge » se constitue.

A la fin des années 1940, une majorité d'Allemands de l'Ouest veulent tourner la page et interrompre l'entreprise de dénazification en cours, considérée par nombre d'entre eux comme imposée par les Alliés et devenue un frein à la démocratisation du pays. A l'écoute de l'opinion et désireux de la séduire, le chancelier met fin à la dénazification et instaure un processus de réhabilitation de certains nazis, à l'exception des criminels avérés. Cette politique empêchera la mise en accusation et l'arrestation de nombreux dignitaires nazis. Le séjour de Josef Mengele en Allemagne après la guerre en est la parfaite illustration mais il n'est pas le seul à avoir échappé à la justice.

La main qui frappe le chancelier, c'est celle de Beate Klarsfeld, une jeune Allemande déterminée à se confronter au passé nazi de ses parents. Elle a giflé publiquement le « père nazi » après avoir déjà scandé devant le parlement allemand « Kiesinger, Nazi, Démission ». En Allemagne, le conflit des générations est exacerbé par le fardeau du national-socialisme[1]. L'ère Adenauer est prise pour cible. La jeunesse de 1968 se révolte et refuse d'accepter que d'anciens nazis occupent des postes clefs du gouvernement.

Cette scène symbolique marquera à jamais les esprits et fera frémir tous ceux qui ont cru pouvoir taire leur passé à leur famille et au monde. La génération née en 1950 est la première à ne pas avoir connu la guerre et elle ne craint plus d'explorer cette période. Elle ne veut plus se contenter du poncif « Hitler, seul responsable ».

Cette gifle, Beate Klarsfeld se l'était promise. Elle était alors une proche du célèbre écrivain Günter Grass, qui exècre Kiesinger comme avant lui Adenauer. « Conscience morale » de l'Allemagne de l'après-guerre, Günter Grass est l'auteur d'une des œuvres majeures sur le IIIe Reich, *Le Tambour*, publié en 1959, et de nombreux ouvrages qui lui valent le prix Nobel de littérature en 1999. Plus tard, en 2006, à l'aube de ses quatre-vingts ans, le même

Une histoire allemande ?

Günter Grass fera scandale en révélant lors d'une interview au *Frankfurter Allgemeine Zeitung*, avant la sortie de son livre autobiographique *Pelures d'oignon*, son propre enrôlement à dix-sept ans, en 1944, dans la funeste unité des Waffen SS. Dans une interview donnée au journal *Le Monde* en 2006², Grass déclare : « Cela me tourmentait. Mon silence durant toutes ces années est l'une des raisons qui m'ont conduit à écrire ce livre. Il fallait que ça sorte, enfin. »

En 1968, l'année de la gifle, c'était encore un secret. Qui aurait pu imaginer que l'écrivain considéré comme le maître à penser de l'Allemagne de l'après-guerre avait lui-même un passé nazi ? Comment se douter qu'il cachait depuis un demi-siècle son passage dans les Waffen SS ? Günter Grass n'a jamais cessé de s'intéresser à la complicité avec le régime nazi ou à la culpabilité, comme en écho à sa propre existence. Comment celui qui prônait l'exigence d'une « confrontation assumée avec le passé » a-t-il pu penser que le temps et son action de lutte effaceraient cette tache indélébile ? Il a laissé le silence s'installer, au risque de jeter une ombre définitive sur l'engagement d'une vie. Ecrivain majeur, Günter Grass est la parfaite illustration du mutisme de l'Allemagne et des difficultés auxquelles le pays a dû faire face pour rompre le silence et accepter l'inacceptable.

Les « années Brandt » mettront un terme à la théorie selon laquelle la reconstruction de la démocratie allemande nécessite de taire le passé. Le 7 décembre 1970, le chancelier allemand Willy Brandt se rend en Pologne accompagné de Günter Grass, un de ses fidèles soutiens, et demande pardon au nom de tout son peuple pour les atrocités commises par les nazis en

Enfants de nazis

s'agenouillant devant le monument commémorant le soulèvement du ghetto de Varsovie, en 1943. Après ce moment de recueillement, il prononcera cette phrase célèbre : « J'ai fait ce que font les hommes quand le langage ne remplit pas son office. » Comme le souligne l'historien Norbert Frei, il aura fallu plusieurs générations pour que l'histoire et la portée de l'Holocauste soient supportables. Car il convient d'opérer une distinction entre « savoir » et « supporter ». En 1990, Frei souligne que les nouvelles générations n'ont pas ou pratiquement pas de souvenirs personnels liés à la guerre, ni aucune culpabilité individuelle, et ne sont donc plus contraintes d'endosser une responsabilité politique et morale[3].

Plus il y a de proximité affective, plus il est difficile d'avoir le recul nécessaire pour juger, comme si admettre les atrocités commises par l'un de ses parents devait entacher irrémédiablement l'amour filial. Il est difficile de dire : je sais que mon père était un monstre, et je l'aimais. Le chemin qui mène à une telle acceptation est douloureux et semé d'embûches.

Un amour distendu peut laisser davantage de place au jugement. Peut-être est-ce la raison pour laquelle ceux qui n'ont reçu que peu d'affection de la part de leur père pendant leur enfance, voire ne l'ont pas connu, ont moins de mal à le juger. Et il est peut-être plus facile d'endosser une part de culpabilité pour ceux qui sont moins proches en termes de filiation, petits-enfants ou encore neveux ou nièces. Tel est le cas de Matthias Göring ou de Katrin Himmler : pour eux le « monstre » est une figure lointaine qu'ils n'ont pas connue.

Une histoire allemande ?

A la proximité affective s'ajoute la proximité temporelle. Les années et les développements historiques tels que la chute du mur de Berlin semblent rendre le passé plus acceptable. La perception du nazisme a évolué au fil des ans, tout comme son analyse par les historiens qui se sont succédé. Avec le temps, et une plus grande connaissance des crimes commis, les enfants ont dû admettre le passé de l'Allemagne et, au travers de ce prisme, leur passé familial, avec ce qu'implique la dimension transgénérationnelle du silence[4]. Les descendants dont le parcours est évoqué dans cet ouvrage ont connu le silence de l'Allemagne face au nazisme mais pas le silence dit « familial ». Après la guerre, il leur a fallu assumer le fait d'être le fils ou la fille de... et d'avoir appris les faits criminels implacables auxquels leurs pères étaient associés. Le silence de leurs familles n'a pas porté sur le passé nazi de leurs pères, car c'était impossible, mais sur leur degré d'implication dans la folie meurtrière du IIIe Reich.

Ces enfants n'ont jamais pu dire « Papa n'était pas un nazi » pour reprendre le titre du livre d'Harald Welzer, Sabine Möller et Karoline Tschuggnall, *Grand-père n'était pas un nazi*. Pendant la guerre, ils étaient des enfants de héros, après la guerre ils sont devenus des *Täter Kinder*, des « enfants de bourreaux ». Or, rien ne les avait préparés au nouvel ordre mondial dans lequel ils font figure de parias. Enfants, ils ne pouvaient ignorer la proximité qu'entretenait leur père avec le pouvoir et avec Hitler. Lorsque celui-ci s'est avéré être un des plus grands criminels de l'Histoire, ils savaient qu'ils étaient intrinsèquement associés à lui par les liens du sang. Par ailleurs, à l'exception de Wolf Rüdiger Hess, Albert Speer Jr et Rolf

Enfants de nazis

Mengele, ils n'ont jamais revu leur père après Nuremberg. Ils n'ont donc pas pu se confronter à lui, ni lui poser les questions essentielles. Ceux qui auraient pu en avoir l'occasion ont souvent reculé devant l'épreuve. Mais tous ont dû affronter le fait d'être des enfants de nazis.

Pour se construire, certains ont choisi de minimiser l'implication volontaire de leur père dans les horreurs du nazisme. D'autres ont opté pour un rejet violent, sans laisser aucune place à l'affect. La coexistence entre un affect profond et la reconnaissance de culpabilité est douloureuse et complexe. Mais tous ont dû faire face à la réaction de la société lors de l'évocation de leur nom, celui-ci les ramenant fatalement à leur filiation, quel que soit le rapport qu'ils entretiennent avec celle-ci.

En Allemagne, il a fallu attendre le chancelier Helmut Kohl, la génération de ceux qui n'ont pas connu la guerre et l'ère de l'unité nationale avec la chute du mur de Berlin le 9 novembre 1989, pour que le passé soit revisité et exploré pleinement. Avec la réunification entre l'Allemagne de l'Ouest et l'Allemagne de l'Est, c'est désormais le pays tout entier qui accepte d'endosser la culpabilité, un temps circonscrite aux principaux acteurs de l'horreur nazie.

Or il est fondamental que la mémoire du nazisme fasse l'objet d'une transmission complète. L'horreur peut se reproduire sous une forme différente, la montée de nouveaux extrémismes en est la preuve. Hitler ne reviendra pas, mais des événements proches de ceux qui ont permis son avènement pourraient fort bien avoir lieu. Le passé peut-il être un rempart contre les extrémismes de tous bords ? Espérons-le. La génération

Une histoire allemande ?

des Jeunesses hitlériennes est en voie de disparition et quatre générations lui ont déjà succédé. Il n'est plus interdit de tenter de comprendre comment on aurait soi-même agi dans un tel cadre social, économique et juridique.

Plus de soixante-dix ans après, bourreaux et victimes qui ont vécu cette époque sont de moins en moins nombreux et bientôt ils auront tous disparu. Avec eux, la mémoire subjective des protagonistes va s'effacer. Si les noms des dignitaires du régime nazi doivent sonner comme un avertissement pour l'avenir, encore faut-il garder intacte la connaissance de cette période. Malheureusement, la jeunesse semble parfois se détourner de l'Histoire, par ignorance ou manque d'intérêt. Certes, comme le souligne Alexandra Oeser, il ne faut pas systématiser. Dans son ouvrage *Enseigner Hitler. Les adolescents allemands face au passé nazi en Allemagne,* elle montre que le rapport au nazisme est très divers selon la génération, le milieu social, le genre, les orientations politiques et les résultats scolaires[5].

Il en va de même pour les descendants de nazis. Que les relations père-fils ou père-fille soient suivies ou épistolaires, on retrouve des points communs entre ces enfants : avoir toujours connu l'appartenance de leur père au national-socialisme, mais avoir appris par des tiers, après la guerre, le rôle joué par leur famille dans le IIIe Reich. L'Histoire n'a laissé que peu de place à la négation des actions paternelles, même si certains ont tout fait pour croire cette négation possible. Pour le reste, chacun de ces enfants est singulier, et s'arrange avec son histoire familiale de façon spécifique et complexe. De nombreux éléments entrent en ligne de compte : le genre (fille ou garçon), la structure familiale (enfant unique ou famille nombreuse), les liens affectifs (mère aimante ou froide, père affectueux ou distant). On peut certes rapprocher certains parcours, mais aucun n'est identique à l'autre. Le seul dénominateur commun est l'impossibilité de faire fi de son histoire familiale, tant elle constitue un lourd tribut. Et nombre de ces enfants lui ont consacré leur vie. Même Albert Speer Jr, qui a connu une carrière professionnelle riche, se plaindra toute sa vie du fait que la première question qui lui est posée est toujours relative à son père, Albert Speer.

Comme ces enfants toujours hantés par le destin paternel, le passé nazi reste présent à nos mémoires. Même lorsque les victimes ne seront plus là pour témoigner, quand la traque des derniers nazis sera loin de nous, la résonance de leurs noms continuera de nous interpeller.

C'est en ce sens que leur histoire rejoint l'Histoire.

NOTES

Introduction

1. Raimbault, Marie-Pierre et Michael Grynszpan, *Descendants de nazis. L'héritage infernal*, Documentaire (France), 2010.
2. Bar-On, Dan, *Legacy of Silence : Encounters with Children of the Third Reich*, Harvard University Press, 1989 ; *L'Héritage du silence. Rencontres avec des enfants du IIIe Reich*, préface d'André Lévy, traduit de l'anglais par F. Simon-Duneau, Paris, L'Harmattan, 2005, p. 191 et 193.
3. Weber, Anne, *Vaterland*, Paris, Seuil, 2015.
4. Glass, Suzanne, « Ricardo Eichmann speaks "Adolf Eichmann is a historical figure to me" », *The Independent*, 7 août 1995.
5. Höss, Rudolf, *Le commandant d'Auschwitz parle*, préface et postface de Geneviève Decrop, Paris, La Découverte, 2005, p. 220.
6. Levi, Primo, *Se questo è un uomo*, Turin, De Silva, 1947 ; *Si c'est un homme*, traduit de l'italien par M. Schruoffeneger, Paris, Julliard, 1987.
7. Arendt, Hannah, *Eichmann à Jérusalem*, Paris, Gallimard, Folio histoire, 2002, p. 495.
8. *Ibid.*, p. 11 et 19.
9. *Ibid.*, p. 80.
10. *Ibid.*, p 476.
11. *Ibid.*, p. 81.

Enfants de nazis

12. *Ibid.*, p 495.
13. Breitman, Richard, *The Architect of Genocide : Himmler and the Final Solution*, Hanovre / Londres, Brandeis University Press, 1991, p. 243.
14. Welzer, Harald, *Les Exécuteurs. Des hommes normaux aux meurtriers de masse*, Paris, Gallimard, NRF Essais, 2007, p. 42.
15. Gun, Nerin E., « Les enfants au nom maudit », *Historia*, n° 241, décembre 1966, p. 55.
16. Speer, Albert, *Erinnerungen*, Francfort et Berlin, 1969 ; *Au cœur du Troisième Reich*, traduit de l'allemand par M. Brottier, Paris, Fayard, 1971, p. 133.

Gudrun Himmler

1. Kershaw, Ian, *Hitler*, Londres, Longman, 1991 ; *Hitler. Essai sur le charisme en politique*, traduit de l'anglais par J. Carnaud et P.-E. Dauzat, Paris, Gallimard, Folio histoire, 1995.
2. Division allemande constituée de volontaires étrangers.
3. Gun, Nerin E., « Les enfants au nom maudit », art. cité, p. 48.
4. Wildt, Michael et Katrin Himmler, *Heinrich Himmler d'après sa correspondance avec sa femme, 1927-1945*, Paris, Plon, 2014.
5. Welzer, Harald, *Les Exécuteurs. Des hommes normaux aux meurtriers de masse*, *op. cit.*, p. 184.
6. Lebert, Nobert et Stephan Lebert, *Car tu portes mon nom. Enfants de dirigeants nazis, ils témoignent*, Paris, Plon, p. 38.
7. Longerich, Peter, *Heinrich Himmler*, Munich, Siedler Verlag, 2008 ; *Himmler*, traduit de l'allemand par R. Clarinard, Paris, Héloïse d'Ormesson, 2010.
8. Wildt, Michael et Katrin Himmler, *Heinrich Himmler d'après sa correspondance avec sa femme, 1927-1945, op. cit.*, p. 93.
9. *Ibid.*, p. 186.
10. Journal de Margarete Himmler, daté du 30 janvier 1940, USHMM, Acc.1999.A.0092.

Notes

11. Speer, Albert, *Au cœur du Troisième Reich*, op. cit.
12. Kersten, Felix, *The Memoirs of Doctor Felix Kersten*, New York, Doubleday & Co., 1947.
13. Longerich, Peter, *Himmler*, op. cit., p. 369.
14. Sigmund, Anna Maria, *Die Frauen der Nazis*, Munich, Heyne, 2000 ; *Les Femmes du IIIe Reich*, traduit de l'allemand par J. Bourlois, Paris, Jean-Claude Lattès, 2004, p. 28.
15. Moors, Markus et Moritz Pfeiffer, *Heinrich Himmlers Taschenkalender 1940. Kommentierte*, Paderborn, Verlag Ferdinand Schöningh GmbH, vol. 1, 2013.
16. Journal de Margarete Himmler, daté du 3 mai 1939, USHMM, Acc.1999.A.0092.
17. Himmler, Katrin, *Les Frères Himmler*, traduit de l'allemand par S. Gehlert, Paris, David Reinharc, 2012.
18. Journal de Margarete Himmler, daté du 1er mars 1942, USHMM, Acc.1999.A.0092.
19. *Ibid.*, 7 mars 1940.
20. *Ibid.*, 18 mai 1940.
21. *Ibid.*, 6 septembre 1943.
22. « Insight into the orderly world of a mass murderer », *Die Welt*, 25 janvier 2014.
23. *Ibid.*
24. Wildt, Michael et Katrin Himmler, *Heinrich Himmler d'après sa correspondance avec sa femme, 1927-1945*, op. cit., p. 279.
25. *Ibid.*
26. *Interrogation Records Prepared for War Crimes Proceedings at Nuernberg 1945-1947*. Record Name : Margret Himmler.
27. Wildt, Michael et Katrin Himmler, *Heinrich Himmler d'après sa correspondance avec sa femme, 1927-1945*, op. cit., p. 297-298.
28. *Interrogation Records Prepared for War Crimes Proceedings at Nuernberg 1945-1947*. Record Name : Gudrun Himmler.
29. *Ibid.*
30. Gun, Nerin E., « Les enfants au nom maudit », art. cité.

Enfants de nazis

31. Interrogation Records Prepared for War Crimes Proceedings at Nuernberg 1945-1947. Record Name : Gudrun Himmler, p. 5.
32. Stringer, Ann, « "No one loves a policeman", Himmler's wife comments », *The Pittsburg Press*, 13 juillet 1945.
33. Interrogation Records Prepared for War Crimes Proceedings at Nuernberg, 1945-1947, Record Name : Himmler, p. 14.
34. Interrogation Records Prepared for War Crimes Proceedings at Nuernberg, 1945-1947, Record Name : Gudrun Himmler, p. 6.
35. Lebert, Norbert et Stephan Lebert, *Car tu portes mon nom. Enfants de dirigeants nazis, ils témoignent*, Paris, Plon, p. 144.
36. Gun, Nerin E., « Les enfants au nom maudit », art. cité, p. 50.
37. *Ibid.*, p. 50.
38. Schröm, Oliver et Andrea Röpke, *Stille Hilfe für braune Kameraden. Das geheime Netzwerk der Alt-und Neonazis*, *op. cit.*, p. 47, 57 et 191.

Edda Göring

1. Sigmund, Anna Maria, *Les Femmes du IIIe Reich*, *op. cit.*
2. Interrogation Records Prepared for War Crimes Proceedings at Nuernberg, 1945-1947. Record Name : Wolff, Karl, p. 4.
3. Irving, David, *Göring. Le complice d'Hitler, 1933-1939*, traduit de l'anglais par R. Albeck, Paris, Albin Michel, 1991.
4. Kershaw, Ian, *Hitler*, Paris, Flammarion, 2008.
5. Black, Conrad, *Franklin Delano Roosevelt, Champion of Freedom*, New York, Public Affairs, rééd. 2003.
6. Speer, Albert, *Au cœur du Troisième Reich*, *op. cit.*, p. 368.
7. Fest, Joachim C., *The Face of the Third Reich*, Harmondsworth, Penguin, 1972 ; *Les Maîtres du IIIe Reich. Figures d'un régime totalitaire*, traduction partielle de l'allemand par S. Hutin et M. Barth, Paris, Grasset, 1965, rééd. 2008.

Notes

8. Speer, Albert, *Au cœur du Troisième Reich, op. cit.*
9. Göring, Emmy, *Memoiren*, Zurich et Paris, 1963 ; *Göring. Le point de vue de sa femme*, traduit de l'allemand par R. Jouan, Paris, Presses Pocket, 1965.
10. Irving, David, *Göring. Le complice d'Hitler, 1933-1939, op. cit.*, p. 241.
11. Feliciano, Hector, *Le Musée disparu. Enquête sur le pillage d'œuvres d'art en France par les nazis*, traduit de l'espagnol par S. Doubin, Paris, Gallimard, 2012.
12. Kersaudy, François, *Hermann Göring*, Paris, Perrin, 2009.
13. Frischauer, Willi, *Göring*, Londres, Odhams Press, 1951, p. 265.
14. Göring, Emmy, *Göring. Le point de vue de sa femme, op. cit.*, p. 180.
15. *Ibid.*, p. 178-179.
16. Kersaudy, François, *Hermann Göring, op. cit.*
17. Manvell, Roger et Heinrich Fraenkel, *Hermann Göring*, traduit de l'anglais par M. Deutsch, Paris, Stock (Strasbourg, Impr. des « Dernières Nouvelles de Strasbourg », 1963, p. 319.
18. Bevan, Ian, « Göring faces Judges as "Man of Peace" », *The Sidney Morning Herald*, 20 novembre 1945.
19. Lebert, Nobert et Stephan Lebert, *Car tu portes mon nom. Enfants de dirigeants nazis, ils témoignent, op. cit.*
20. « Frau Göring weep : "bombing of civilian is terrible" », *The Argus*, 14 juillet 1945.
21. Légendes germaniques.
22. Kersaudy, François, *Hermann Göring, op. cit.*
23. *Ibid.*, p. 723.
24. Göring, Emmy, *Göring. Le point de vue de sa femme, op. cit.*, p. 229.
25. Kersaudy, François, *Hermann Göring, op. cit.*, p. 743.
26. Göring, Emmy, *Göring. Le point de vue de sa femme, op. cit.*, p. 227.
27. Manvell, Roger et Heinrich Fraenkel, *Hermann Göring op. cit.*, p. 322.

28. Göring, Emmy, *Göring. Le point de vue de sa femme*, op. cit., p. 230.
29. Frank, Niklas, *Meine deutsche Mutter*, Munich, Goldmann, 2006.
30. Lettre d'Emmy Göring datée du 31 octobre 1947, EMSO, 1048, Bayeriches Hauptstaadtsarchiv, Munich.
31. Göring, Emmy, *Göring. Le point de vue de sa femme*, op. cit., p. 245.
32. Auerbach, 30 juin 1949, EMSO, 1048, Bayeriches Hauptstaadtsarchiv, Munich.
33. Kershaw, Ian, *Hitler*, op. cit., p. 254-255.
34. Cojean, Annick, « Les mémoires de la Shoah », *Le Monde*, 29 avril 1995.
35. Morin, Roc, « An interview with Nazi leader Hermann Goering's great-niece. How do you cope with evil ancestry ? », *The Atlantic*, 16 octobre 2013.
36. Elkins, Ruth, « Nazi Descendents : Matthias Göring Goes Kosher », *Der Spiegel Online International*, 10 mai 2006.

Wolf R. Hess

1. Hess, Ilse, « Er spielte wieder mal den Toten. Gespräch mit Ilse Hess über Spandau-Häftling Rudolf Hess », *Der Spiegel*, 20 novembre 1967.
2. Speer, Albert, *Au cœur du Troisième Reich*, op. cit.
3. Irving, David, *Hess. The Missing Years, 1941-1945*, Londres, Macmillan, 1987 ; *Rudolf Hess. Les années inconnues du dauphin d'Hitler, 1941-1945*, traduit de l'anglais par P. Etienne, Paris, Albin Michel, 1988.
4. Hess, Ilse, *Rudolf Hess, Prisoner of Peace. The flight to Britain and its aftermath*, traduit de l'allemand par Meyrick Booth, Bloomfield Books, 1954.
5. Fest, Joachim C., *Les Maîtres du IIIe Reich. Figures d'un régime totalitaire*, op. cit.

Notes

6. Ibid.
7. Irving, David, *Rudolf Hess. Les années inconnues du dauphin d'Hitler, 1941-1945*, traduit de l'anglais par P. Etienne, Paris, Albin Michel, 1988, p. 53.
8. *Ibid.*, p. 58.
9. *Ibid.*, p. 53.
10. *Ibid.*
11. « Interview Ilse Hess », *Der Spiegel*, 20 novembre 1967.
12. Gilbert, G. M., *Nuremberg Diary*, New York, Perseus Books Group, 1995, p. 12.
13. Kersaudy, François, *Les Secrets du IIIe Reich*, Paris, Perrin, 2013, p. 160.
14. *Ibid.*
15. Interview de Wolf Rüdiger Hess : https://www.youtube.com/watch?v=ftWZgS75jDg
16. Hess, Wolf Rüdiger, *My Father Rudolf Hess*, Londres, W.H Allen & Co., 1986.
17. Hess, Ilse, *Rudolf Hess, Prisoner of Peace. The flight to Britain and its aftermath, op. cit.*
18. Gun, Nerin E, « Les enfants au nom maudit », art. cité, p. 51.
19. Cooper, Abraham, « Rudolf Hess's crime », *The New York Times*, 1er mai 1984.
20. Hess, Ilse, *Rudolf Hess, Prisoner of Peace. The flight to Britain and its aftermath, op. cit.*, p. 83.
21. *Ibid.*, p. 143.
22. Hess, Wolf Rüdiger, *My Father Rudolf Hess, op. cit.*
23. *Ibid.*, p. 6.
24. Medical Research Council Report, FO 1093/10.
25. Kelley, Douglas M., *22 Männer um Hitler*, Olten/Bern, Delphi-Verlag, 1947.
26. The National Archives – M1270 – Interrogation records relate to the prosecution of war criminals in proceedings at Nuernberg, 1945-47. Record Name : Rudolf Hess.
27. *Ibid.*

28. Irving, David, *Rudolf Hess. Les années inconnues du dauphin d'Hitler, 1941-1945*, op. cit., p. 401.
29. Hess, Wolf Rüdiger, *My father Rudolf Hess*, op. cit. ; *Who Murdered my father, Rudolf Hess ? My father's mysterious death in Spandau*, Editorial Revision, 1989 ; *Rudolf Hess – Ich bereue nichts*, Graz, Stocker Leopold Verlag, 1994.
30. Hess, Wolf Rüdiger, *My Father Rudolf Hess*, op. cit.
31. *Ibid.*
32. Hess, Ilse, *Rudolf Hess, Prisoner of Peace. The flight to Britain and its aftermath*, op. cit., p. 126-127.
33. Hess, Wolf Rüdiger, « The life and death of my father, Rudolf Hess », *The Journal of Historical Review*, vol. 13, n° 1, 1993, p. 24-39.
34. Schemann, Serge, « Hess is buried secretly by family ; son is reported to suffer stroke », *New York Times*, 25 août 1987.
35. Posner, Gerald, *Hitler's Children. Sons and daughters of leaders of the Third Reich talk about their fathers and themselves*, New York, Random House, 1991, p. 41.
36. Cojean, Annick, « Les mémoires de la Shoah », art. cité.
37. Lebert, Nobert et Stephan Lebert, *Car tu portes mon nom. Enfants de dirigeants nazis, ils témoignent*, op. cit., p. 74.
38. Hess, Wolf Andreas, « Nazi Leader's Grandson Fined Over Online Quotes », Reuters, 24 janvier 2002.
39. Lebert, Nobert et Stephan Lebert, *Car tu portes mon nom. Enfants de dirigeants nazis, ils témoignent*, op. cit., p. 71.

Niklas Frank

1. Frank, Niklas, *Bruder Norman !* « *Mein Vater war ein Naziverbrecher, aber ich liebe ihn* », Berlin, Dietz, 2013.
2. Interview de Niklas Frank avec l'auteur, 8 septembre 2015.
3. Interrogatoires de Hans Frank à Nuremberg.

Notes

4. Frank, Hans, *Im Angesicht des Galgens*, Munich-Grafelfing, Friedrich Alfred Beck, 1953.
5. Noakes, Jeremy et Geoffrey Pridham, *Nazism, 1919-1945*, vol. 2 : *State, Economy and Society, 1933-1939* (A Documentary Reader), Exeter University of Exeter Press, 1984, p. 200.
6. Fest, Joachim C., *Les Maîtres du IIIe Reich. Figures d'un régime totalitaire, op. cit.*, p. 402.
7. Picker, Henry, *Hitlers Tischgespräche im Führerhauptquartier*, Propyläen Verlag, rééd. 2003, p. 225.
8. Kershaw, Ian, *La Fin : Allemagne (1944-1945)*, traduit par P.-E. Dauzat, Paris, Seuil, 2012, p. 283.
9. Schenk, Dieter, *Hans Frank : Hitlers Kronjurist und Generalgouverneur*, Francfort, Fischer Verlag, 1re édition, 2008, p. 223.
10. Longerich, Peter, *Himmler, op. cit.*
11. Interview de Niklas Frank avec l'auteur, 8 septembre 2015.
12. *Ibid.*
13. Frank, Niklas, *Meine deutsche Mutter, op. cit.*
14. Frank, Niklas, *Bruder Norman !* « *Mein Vater war ein Naziverbrecher, aber ich liebe ihn* », *op. cit.*, p. 64.
15. Interview de Niklas Frank avec l'auteur, 8 septembre 2015.
16. *Ibid.*
17. Malaparte, Curzio, *Kaputt*, Paris, Folio, 1972.
18. Interview de l'auteur avec Niklas Frank, 8 septembre 2015.
19. *Ibid.*
20. Frank, Niklas, *Bruder Norman !* « *Mein Vater war ein Naziverbrecher, aber ich liebe ihn* », *op. cit.*
21. Longerich, Peter, *Himmler, op. cit.*
22. Kershaw, Ian, *La Fin : Allemagne (1944-1945), op. cit.*
23. Frank, Niklas, *Brüder Norman !* « *Mein Vater war ein Naziverbrecher, aber ich liebe ihn* », *op. cit.*
24. Interview de l'auteur avec Niklas Frank, 8 septembre 2015.
25. Lebert, Nobert et Stephan Lebert, *Car tu portes mon nom. Enfants de dirigeants nazis, ils témoignent, op. cit.*, p. 106.

26. Frank, Hans, *Das Diensttagebuch des deutschen Generalgouverneurs in Polen, 1939-1945*, Werner Prag und Wolfgang Jacobmeyer (eds), Stuttgart, Deutsche Verlags-Anstalt, 1975, p. 457-458.
27. Interview de Niklas Frank avec l'auteur, 8 septembre 2015.
28. Gilbert, G. M., *Nuremberg Diary*, New York, Perseus Books Group, 1995, p. 21.
29. Interview de Niklas Frank avec l'auteur, 8 septembre 2015.
30. Posner, Gerald, *Hitler's Children. Sons and daughters of leaders of the Third Reich talk about their fathers and themselves*, op. cit., p. 33.
31. Cojean, Annick, « Les mémoires de la Shoah », art. cité.
32. Gilbert, G. M., *Nuremberg Diary*, op. cit.
33. Interview de Niklas Frank avec l'auteur, 8 septembre 2015.
34. Posner, Gerald, *Hitler's Children. Sons and daughters of leaders of the Third Reich talk about their fathers and themselves*, op. cit.
35. Interview de Niklas Frank avec l'auteur, 8 septembre 2015.
36. Frank, Niklas, *Meine deutsche Mutter*, op. cit., p. 416.
37. *Ibid.*, p. 441.
38. *Ibid.*
39. *Ibid.*, p. 451.
40. Interview de Niklas Frank avec l'auteur, 8 septembre 2015.
41. *Ibid.*
42. *Ibid.*
43. Schwabe, Alexandre, « Interview mit Niklas Frank zur Speer-Debatte : "Das ewige Herumgeschmuse der Kinder ist lächerlich" », *Der Spiegel Online*, 13 mai 2005.
44. Interview de Niklas Frank avec l'auteur, 8 septembre 2015.
45. Frank, Niklas, *Der Vater. Eine Abrechnung*, Munich, Goldmann, 1993, p. 12.
46. Schwabe, Alexandre, « Interview mit Niklas Frank zur Speer-Debatte : "Das ewige Herumgeschmuse der Kinder ist lächerlich" », art. cité.

Notes

47. Cojean, Annick, « Les mémoires de la Shoah », art. cité.
48. Interview de Niklas Frank avec l'auteur, 8 septembre 2015.
49. Frank, Niklas, *Meine deutsche Mutter*, *op. cit.*
50. Interview de Niklas Frank avec l'auteur, 8 septembre 2015.
51. Frank, Niklas, *Bruder Norman* ! « Mein Vater war ein Naziverbrecher, aber ich liebe ihn », *op. cit.*
52. Interview de Niklas Frank avec l'auteur, 8 septembre 2015.
53. Frank, Niklas, *Bruder Norman* ! « Mein Vater war ein Naziverbrecher, aber ich liebe ihn », *op. cit.*, p. 69.
54. *Ibid.*
55. Posner, Gerald, *Hitler's Children. Sons and Daughters of leaders of the Third Reich talk about their fathers and themselves*, *op. cit.*
56. *Ibid.*
57. Interview de Niklas Frank, « Hitler's Children », Documentary, 2012.
58. Interview de Niklas Frank avec l'auteur, 8 septembre 2015.
59. Schwabe, Alexandre, « Interview mit Niklas Frank zur Speer-Debatte : "Das ewige Herumgeschmuse der Kinder ist lächerlich" », art. cité.

Martin Adolf Bormann Jr

1. Fest, Joachim C., *Les Maîtres du IIIe Reich. Figures d'un régime totalitaire*, *op. cit.*, p. 228.
2. Bormann, Martin, *Leben gegen Schatten*, Paderborn, Bonifatius, 2000.
3. Sigmund, Anna Maria, *Les Femmes du IIIe Reich*, *op. cit.*, p. 28.
4. Speer, Albert, *Au cœur du Troisième Reich*, *op. cit.*, p. 209.
5. Fest, Joachim C., *Les Maîtres du IIIe Reich. Figures d'un régime totalitaire*, *op. cit.*, p. 533.
6. Kershaw, Ian, *La Fin : Allemagne (1944-1945)*, *op. cit.*, p. 317.

7. Rosenberg, Alfred, *Le Mythe du xxᵉ siècle*, publié en 1930, l'un des textes formant le socle de l'idéologie nazie.
8. Bormann, Martin, *Leben gegen Shatten*, op. cit., p. 70-71.
9. Bar-On, Dan, *L'Héritage du Silence. Rencontres avec des enfants du IIIᵉ Reich*, op. cit.
10. *Ibid.*
11. *Ibid.*
12. Bormann, Martin, *Leben gegen Schatten*, op. cit., p. 83.
13. Speer, Albert, *Au cœur du Troisième Reich*, op. cit., p. 138.
14. Bar-On, Dan, *L'Héritage du silence. Rencontres avec des enfants du IIIᵉ Reich*, op. cit., p. 222.
15. En 2011 des articles de presse révèlent qu'alors qu'il était enseignant au pensionnat de Salzbourg chez les missionnaires du Sacré-Cœur dans les années 1960, Martin Adolf Bormann aurait commis des faits de viols, d'agressions sexuelles et de violences à l'encontre d'un certain Victor M. D'autres élèves interrogés par le journal autrichien qui publie l'affaire auraient également indiqué qu'il les battait parfois si fort qu'ils étaient couverts de sang et que l'un d'entre eux aurait été retrouvé inconscient. Allégations que Martin Adolf Bormann dément alors formellement.
16. Bormann, Martin, *Leben gegen Schatten*, op. cit., p. 196.
17. *Ibid.*
18. *Ibid.*
19. *Ibid.*, p. 261.

Les enfants Höss

1. Interrogatoire de Rudolf Höss à Nuremberg, 15 avril 1946.
2. Höss, Rudolf, Pery Broad et Johann Paul Kremer, *Auschwitz vu par les SS*, Oświęcim, Editions du musée d'Etat, 1974, p. 20.
3. Les détenus enfermés dans les camps de concentration étaient marqués par des triangles de couleurs différentes

Notes

selon les motifs de leur emprisonnement : rouge pour les prisonniers politiques, vert pour ceux de droit commun, noir pour les asociaux, violet pour les témoins de Jéhovah et enfin rose pour les homosexuels.
4. Harding, Thomas, *Hanns and Rudolf. The German Jew and the Hunt for the Kommandant of Auschwitz*, Londres, Simon&Schuster 2013 ; *Hanns et Rudolf. Comment un Juif allemand mit fin à la cavale du commandant d'Auschwitz*, Paris, Flammarion, 2014, p. 127.
5. Höss, Rudolf, Pery Broad et Johann Paul Kremer, *Auschwitz vu par les SS, op. cit.*, p. 19.
6. Hannah Arendt.
7. Gilbert, G. M., *Nuremberg Diary, op. cit.*, p. 259.
8. Höss, Rudolf, *Le commandant d'Auschwitz parle, op. cit.*, p. 46.
9. *Ibid.*
10. *Ibid.*
11. *Ibid.*, p. 107.
12. Gilbert, G. M., *Nuremberg Diary, op. cit.*, p. 260.
13. Höss, Rudolf, *Le commandant d'Auschwitz parle, op. cit.*
14. Il est possible que Rudolf Höss se trompe dans la date de l'ordre génocidaire total.
15. Hilberg, Raul, *La Destruction des Juifs d'Europe*, traduit de l'anglais par M.-Fr. de Paloméra, A. Charpentier et P.-E. Dauzat, Paris, Gallimard, Folio histoire, 2006.
16. Höss, Rudolf, *Le commandant d'Auschwitz parle, op. cit.*
17. Fest, Joachim C., *Les Maîtres du IIIe Reich. Figures d'un régime totalitaire, op. cit.*
18. Höss, Rudolf, Pery Broad et Johann Paul Kremer, *Auschwitz vu par les SS, op. cit.*
19. Gilbert, G. M., *Nuremberg Diary, op. cit.*
20. Procès-verbal de Stanislaw Dubiel, *in* Höss, Rudolf, Pery Broad et Johann Paul Kremer, *Auschwitz vu par les SS, op. cit.*
21. Höss, Rudolf, Pery Broad et Johann Paul Kremer, *Auschwitz vu par les SS, op. cit.*, p. 304.

Enfants de nazis

22. *Ibid.*, p. 19.
23. Déclaration de Mme Janina Szczurek, in Höss Rudolf, Pery Broad et Johann Paul Kremer, *Auschwitz vu par les SS, op. cit.*, p. 310.
24. Höss, Rudolf, *Le commandant d'Auschwitz parle, op. cit.*, p. 189.
25. *Ibid.*, p. 190.
26. Höss, Rudolf, Pery Broad et Johann Paul Kremer, *Auschwitz vu par les SS, op. cit.*, p. 304.
27. *Ibid.*, p. 210.
28. Höss, Rudolf, *Le commandant d'Auschwitz parle, op. cit.*, p. 222.
29. *Ibid.*, p 221.
30. Harding, Thomas, *Hanns et Rudolf. Comment un Juif allemand mit fin à la cavale du commandant d'Auschwitz, op. cit.*, p. 321.
31. *Ibid.*, p. 327.
32. Höss, Rudolf, *Le commandant d'Auschwitz parle, op. cit.*
33. Harding, Thomas, « Hiding in N. Virginia, a daughter of Auschwitz », *Washington Post*, 7 septembre 2013.
34. Anderson, Graham, « My Nazi Family », *Exberliner*, 6 mai 2014.
35. Lianos, Konstantinos, « Auschwitz commander's grandson : Why my family call me a traitor », *The Telegraph*, 20 novembre 2014.
36. *Ibid.*

Les enfants Speer

1. Smoltczyk, Alexander, « 2022 World Cup in Qatar : The Desert Dreams of German Architect Albert Speer », *Der Spiegel*, 1er juin 2012.
2. Speer, Albert, *Die intelligente Stadt*, Dva, 1992.
3. Beyer, Susanne, « Improving on the Nazi Past : Albert Speer's Son, Urban Planner », *Der Spiegel*, 21 décembre 2007.

Notes

4. Smoltczyk, Alexander, « 2022 World Cup in Qatar : The Desert Dreams of German Architect Albert Speer », art. cité.
5. Beyer, Susanne, « Der unsichtbare Riese », *Der Spiegel*, 17 décembre 2007.
6. Khrushcheva, Nina, « Albert Speer's son helped design the architecture of the Beijing games. But the similarities with Berlin 1936 don't end there », *The Guardian*, 7 août 2008.
7. Millot, Lorraine, « Albert Speer, 63 ans, est architecte. Comme son homonyme de père, le bâtisseur de Hitler. Mais lui a choisi Francfort la libérale. Tel père, quel fils ? », *Libération*, le 10 février 1998.
8. Interview d'Albert Speer fils : https://www.youtube.com/watch?v=033OGnfRKJY
9. Matzig, Gerhard, « Hitler war für uns ein netter Onkel », *Süddeutsche Zeitung*, 20 mai 2010.
10. Speer, Albert, *Au cœur du Troisième Reich, op. cit.*
11. Fest, Joachim, *Albert Speer, op. cit.*
12. Trevor-Roper, Hugh R., *Hitlers letzte Tage*, Berlin Ullstein, 1965.
13. Speer, Albert, *Au cœur du Troisième Reich, op. cit.*
14. *Ibid.*, p. 29.
15. *Ibid.*, p. 31.
16. Nevile Henderson, diplomate britannique.
17. Speer, Albert, *Spandauer Tagebücher*, Francfort-sur-le-Main, 1975 ; *Journal de Spandau*, Paris, Robert Laffont, 1976, p. 156.
18. Matzig, Gerhard, « Hitler war für uns ein netter Onkel », *op. cit.*
19. Speer, Albert, *Au cœur du Troisième Reich, op. cit.*, p. 29.
20. Nissen, Margret, *Sind Sie die Tochter Speer ?*, Cologne, Bastei Lübbe, 2005.
21. Speer, Albert, *Journal de Spandau, op. cit.*, p. 76.
22. Schramm, Hilde, *Meine Lehrerin, Dr Dora Lux*, Reinbek, Rowohlt Verlag, 2012.

23. Interview Arnold Speer : https ://www.youtube.com/watch?v=033OGnfRKJY
24. Speer, Albert, *Au cœur du Troisième Reich*, op. cit.
25. Sereny, Gitta, *Albert Speer. His Battle with Truth*, Londres, 1995 ; *Albert Speer : son combat avec la vérité*, traduit de l'anglais par W. O. Desmond, Paris, Seuil, 1997.
26. Fest, Joachim, *Albert Speer*, op. cit., p. 281.
27. *Ibid.*
28. Speer, Albert, *Journal de Spandau*, op. cit., p. 218.
29. Sereny, Gitta, *Albert Speer : son combat avec la vérité*, op. cit.
30. *Ibid.*
31. Speer, Albert, *Journal de Spandau*, op. cit., p. 163.
32. Nissen, Margret, *Sind Sie die Tochter Speer ?*, op. cit.
33. Speer, Albert, *Journal de Spandau*, op. cit.
34. Bundesarchiv Koblenz – Article B122/28025
35. Sereny, Gitta, *Albert Speer : son combat avec la vérité*, op. cit.
36. Van der Vat, Dan, *The Good Nazi. The life and lies of Albert Speer*, Londres, Phoenix, 1998.
37. Speer, Albert, *Journal de Spandau*, op. cit., p. 321.
38. *Ibid.*
39. *Ibid.*, p. 548.
40. *Ibid.*
41. Nissen, Margret, *Sind Sie die Tochter Speer ?*, op. cit.
42. *Ibid.*
43. Sereny, Gitta, *Albert Speer : son combat avec la vérité*, op. cit.
44. *Ibid.*
45. Millot, Lorraine, « Albert Speer, 63 ans, est architecte. Comme son homonyme de père, le bâtisseur de Hitler. Mais lui a choisi Francfort la libérale. Tel père, quel fils ? », art. cité.
46. Norden, Eric, entretien avec Albert Speer, « Albert Speer Hitler's architect », *Playboy*, 1971.
47. *Ibid.*
48. Sereny, Gitta, *Albert Speer : son combat avec la vérité*, op. cit.
49. Speer, Albert, *Journal de Spandau*, op. cit., p. 93.

Notes

50. Raben, Mia, « NS – Vergangenheit : Der lebenslange Schatten », *Der Spiegel*, 7 février 2004.
51. Hamrén, Henrik, « I feel ashamed », *The Guardian*, 18 avril 2005.
52. Speer, Albert, *Journal de Spandau*, op. cit., p. 219.
53. Hamrén, Henrik, « I feel ashamed », art. cité.
54. Nissen, Margret, *Sind Sie die Tochter Speer ?*, op. cit.
55. Speer, Albert, *Au cœur du Troisième Reich*, op. cit., p. 160.

Rolf Mengele

1. Alexander Autographs, *The Hidden Journals of Josef Mengele (may 1960-january 1979)*, 6.) Autograph manuscript, a diary, Lot 4, 200 pp. 8vo. http://auctions.alexautographs.com/asp/fullCatalogue.asp?salelot=45++++++++++4+&refno=+++70337
2. *Ibid.*, Lot 650.
3. *Ibid.*
4. Posner, Gerald et John Ware, *Mengele : The Complete Story*, New York, Cooper Square Press, 2000, p. 235.
5. Interview de Rolf Mengele par Gerald Posner, 1985.
6. Hilberg, Raul, *La Destruction des Juifs d'Europe*, op. cit.
7. Posner, Gerald et John Ware, *Mengele : The Complete Story*, op. cit., p. 25.
8. *Ibid.*
9. *Ibid.*
10. Sereny, Gitta, *Albert Speer : son combat avec la vérité*, op. cit., p. 467.
11. Interview de Rolf Mengele par Gerald Posner 1985.
12. « In the matter of Josef Mengele. A Report to the Attorney General of the United States », October 1992.
13. Posner, Gerald et John Ware, *Mengele : The Complete Story*, op. cit.

Enfants de nazis

14. Interview de Rolf Mengele par Gerald Posner, 1985.
15. *Ibid.*
16. Posner, Gerald, *Hitler's Children. Sons and daughters of Leaders of the Third Reich talk about their fathers and themselves*, op. cit.
17. *Ibid.*, p. 130.
18. « In the matter of Josef Mengele. A Report to the Attorney General of the United States », octobre 1992.
19. Posner, Gerald, *Hitler's Children. Sons and daughters of Leaders of the Third Reich talk about their fathers and themselves*, op. cit.
20. Jessen, Norbert, « Vati, der Massenmörder. Die israelische Zeitung "Jedioth" veröffentlicht ein Interview mit Rolf Mengele », *Die Welt*, 8 mai 2008.

Une histoire allemande ?

1. *Ibid.*
2. Schirmacher, Frank et Hubert Spiegel, « *Günter Grass* : "La tache sur mon passé" », *Le Monde*, 17 août 2006.
3. Frei, Norbert, « L'Holocauste dans l'historiographie allemande, un point aveugle dans la conscience historique ? », *Vingtième Siècle. Revue d'histoire*, 1992, vol. 34, p. 157-162.
4. Welzer, Harald, Sabine Möller et Karoline Tschuggnall, « *Opa war kein Nazi* ». *Nationalsozialismus und Holocaust im Familiengedächtnis*, Francfort, Fischer Taschenbuch Verlag, 2002 ; « *Grand-père n'était pas un nazi* ». *National-socialisme et Shoah dans la mémoire familiale*, traduit de l'allemand par O. Mannoni, Paris, Gallimard, 2013.
5. Oeser, Alexandra, *Enseigner Hitler. Les adolescents allemands face au passé nazi en Allemagne. Appropriations, interprétations et usages de l'histoire*, Paris, Editions de la Maison des sciences de l'homme, 2010.

SOURCES EN ARCHIVES

Gudrun Himmler :
— Interrogation Records Prepared for War Crimes Proceedings at Nuernberg, 1945-1947, National Archives Catalog – Publication Declassified : a : NND 760050 (1945-1949) ; NND 760050 (1945-1949) | b : NARA | d : 1976 – Roll : 0006 – Record Name : Himmler, Gudrun.
— Dossier Margarete Himmler, Bundesarchiv Berlin : 413877.
— Interrogation Records Prepared for War Crimes Proceedings at Nuernberg, 1945-1947 – Content Source : NARA- Source Publication Year : 1984 – National Archives Catalog ID : 647749 – Record Name : Himmler, Margarete.
— Journal de Margarete Himmler - USHMM, Acc.1999.A.0092.

Edda Göring :
— Lettre d'Emmy Göring, Munich, Bayeriches Hauptstaadtsarchiv, 31 octobre 1947. Auerbach, 30 juin 1949, EMSO, 1048, Bayeriches Hauptstaadtsarchiv, Munich.
— Dossier Emmy Göring, née Sonnemann, Bundesarchiv Berlin : 109673.

Enfants de nazis

Wolf R. Hess :
— Interrogation Records Prepared for War Crimes Proceedings at Nuernberg, 1945-1947 — Content Source : NARA — National Archives Catalog — Publication Declassified : a : NND 760050 (1945-1949) ; NND 760050 (1945-1949)|b : NARA|d : 1976 — Roll : 0006 — Record Name : Hess, Rudolf.
— Dossier Ilse Hess, Bundesarchiv Berlin : 381330.

Martin Adolf Bormann :
— Institut für Zeitgeschichte Munich. ZS 1701/1 Bestand Bormann Adolf Martin.

Rudolf Höss :
— Interrogatoire de Rudolf Höss — 15 avril 1946 — Nuernberg Trial Proceedings Volume 11 : http://avalon.law.yale.edu/imt/04-15-46.asp
— Interrogation Records Prepared for War Crimes Proceedings at Nuernberg, 1945-1947 — Content Source : NARA — Source Publication Year : 1984 — Fold 3 Publication Year : 2009 — National Archives Catalog ID : 647749 — National Archives Catalog Title : Reports, Interrogations, and Other Records Received from Various Allied Military Agencies, 1945-1948 — Publication Declassified : a : NND 760050 (1945-1949) ; NND 760050 (1945-1949)|b : NARA|d : 1976 — Record Name : Höss, Rudolf.

Autres sources :
— A Report to the Attorney General of the United States : « In the matter of Josef Mengele. A Report to the Attorney General of the United States », U.S. Department of Justice. Office of Special Investigations, October 1992.
— Bundesarchiv Koblenz — Article B122/28025.

BIBLIOGRAPHIE GÉNÉRALE

Arendt, Hannah, *Eichmann in Jerusalem. A Report on the Banality of Evil*, New York, 1963 ; *Eichmann à Jérusalem. Rapport sur la banalité du mal*, traduit de l'anglais par A. Guérin, revu par M. Leibovici, présenté par M.-I. Brudny de Launay, Paris, Gallimard, Folio histoire, 2012.

—, *The Origins of Totalitarianism*. 1. *Antisemitism*, New York, 1951 ; *Les Origines du totalitarisme*. 1. *Sur l'antisémitisme*, traduit de l'américain par M. Pouteau, révu par H. Frappat, Paris, Seuil, Points Essais, 2005.

Bar-On, Dan, *Legacy of Silence : Encounters with Children of the Third Reich*, Harvard University Press, 1989 ; *L'Héritage du silence. Rencontres avec des enfants du IIIe Reich*, préface d'André Lévy, traduit de l'anglais par F. Simon-Duneau, Paris, L'Harmattan, 2005.

Bormann, Martin, *Hitler's Table Talk*, Create Space Independent Publishing Platform, 3e édition, 2013.

—, *Leben gegen Schatten*, Paderborn, Bonifatius, 2003.

Breitman, Richard, *The Architect of Genocide : Himmler and the Final Solution*, Hanovre / Londres, Brandeis University Press, 1991.

Brinks, Jan Herman, Edward Timms et Stella Rock, *Nationalist Myths and the Modern Media : Contested Identities in the Age of Globalization*, Londres / New York, I. B. Tauris, 2005.

Browning, Christopher R., *Ordinary Men. Reserve Police Battalion*

Enfants de nazis

101 and the Final Solution in Poland, Harper Collins Publishers Inc, 1992 ; *Des hommes ordinaires. Le 101ᵉ Bataillon de réserve de la police allemande et la Solution finale en Pologne*, traduit de l'anglais par E. Barnavi, préface de P. Vidal-Naquet, postface traduite par P.-E. Dauzat, Paris, Tallandier, 2007.

Feliciano, Hector, *Le Musée disparu. Enquête sur le pillage d'œuvres d'art en France par les nazis*, traduit de l'espagnol par S. Doubin, Paris, Gallimard, 2012.

Fest, Joachim C., *The Face of the Third Reich*, Harmondsworth, 1972 ; *Les Maîtres du IIIᵉ Reich. Figures d'un régime totalitaire*, traduction partielle de l'allemand par S. Hutin et M. Barth, Paris, Grasset, 1965, rééd. 2008.

—, *Speer, eine Biographie*, Berlin, 1999 ; *Albert Speer*, traduit de l'allemand par F. Straschitz, Paris, Perrin, 2001.

Frank, Hans, *Im Angesicht des Galgens*, Munich-Grafelfing Friedrich Alfred Beck, , 1953.

—, *Das Diensttagebuch des deutschen Generalgouverneurs in Polen, 1939-1945*, Werner Prag und Wolfgang Jacobmeyer (eds), Stuttgart, Deutsche Verlags-Anstalt, 1975.

Frank, Niklas, *Bruder Norman ! « Mein Vater war ein Naziverbrecher, aber ich liebe ihn »*, Berlin, Dietz, 2013.

—, *Der Vater. Eine Abrechnung*, Munich, Goldmann, rééd. 1993.

—, *Meine deutsche Mutter*, Munich, Goldmann, 2006.

Friedländer, Saul, *The Years of Extermination. Nazi Germany and the Jews*, 1939-1945, Londres, 2007 ; 1. *L'Allemagne nazie et les Juifs*. 2. *Les Années d'extermination*, traduit de l'anglais par P.-E. Dauzat, Paris, Seuil, 2008.

Frischauer, Willi, *Göring*, Londres, Odhams Press, 1951.

Gilbert, G.M., *Nuremberg Diary*, New York, Perseus Books Group, 1995.

Göring, Emmy, *Memoiren*, Zurich et Paris, 1963 ; *Göring. Le point de vue de sa femme*, traduit de l'allemand par R. Jouan, Paris, Presses Pocket, 1965.

Haarer, Johanna, *Die deutsche Mutter und ihr letztes Kind : die*

Bibliographie générale

Autobiographien der erfolgreichsten NS-Erziehungsexpertin und ihrer jüngsten Tochter, Hanovre, Offizin Verlag, 2012.

Harding, Thomas, *Hanns et Rudolf. Comment un Juif allemand mit fin à la cavale du commandant d'Auschwitz*, Paris, Flammarion, 2014.

Hanisch, Ernst, *L'Obersalzberg*, édité par la Landesstiftung de Berchtesgaden.

Hanitzsch, Konstanze, *Deutsche Scham. Gender, Medien, « Täterkinder » ; eine Analyse der Auseinandersetzungen von Niklas Frank, Beate Niemann und Malte Ludin*, Berlin, Metropol, 2013.

Hess, Ilse, *Rudolf Hess, Prisoner of Peace. The flight to Britain and its aftermath*, traduit de l'allemand par Meyrick Booth, Bloomfield Books, 1954.

Hess, Wolf Rüdiger, *My Father Rudolf Hess*, Londres, W. H. Allen & Co., 1986.

—, *Who Murdered my Father, Rudolf Hess ? My father's mysterious death in Spandau*, Editorial Revision, 1989.

—, *Hess, Rudolf – Ich bereue nichts*, Graz, Stocker Leopold Verlag, 1994.

Hilberg, Raul, *La Destruction des Juifs d'Europe*, traduit de l'anglais par M.-Fr. de Poloméra, A. Charpentier et P.-E. Dauzat, Paris, Gallimard, Folio histoire, 2006.

Himmler, Katrin, *Les Frères Himmler*, traduit de l'allemand par S. Gehlert, Paris, David Reinharc, 2012.

Höss, Rudolf, *Kommandant in Auschwitz. Autobiographische Aufzeichnungendes*, Munich, Martin Broszat, 1963 ; *Le commandant d'Auschwitz parle*, traduction de l'allemand par Rudolf Höss, préface et postface de Geneviève Decrop, Paris, La Découverte, 1995.

Höss, Rudolf, Pery Broad et Johann Paul Kremer, *Auschwitz vu par les SS*, Oświęcim, Edition du musée d'Etat, 1974.

Husson, Edouard, *Heydrich et la Solution finale*, préface de Ian

Enfants de nazis

Kershaw, postface de Jean-Paul Bled, édition revue et augmentée, Paris, Perrin, 2012.

Irving, David, *Göring : A Biography*, New York, 1989 ; *Göring. Le complice d'Hitler, 1933-1939*, traduit de l'anglais par R. Albeck, Paris, Albin Michel, 1991.

—, Hess. *The Missing Years, 1941-1945*, Londres, 1987 ; *Rudolf Hess. Les années inconnues du dauphin d'Hitler, 1941-1945*, traduit de l'anglais par P. Etienne, Paris, Albin Michel, 1988.

Kellenbach, Katharina von, *The mark of cain : Guilt and denial in the post-war lives of nazis perpetrators*, OUP USA, p. 304, 978-0-19-993745-5, 25 July 2013.

Kersaudy, François, *Hermann Göring*, Paris, Perrin, 2009.

—, *Les Secrets du IIIe Reich*, Paris, Perrin, 2013.

Leeb, Johannes, *Wir waren Hitlers Eliteschüler : ehemalige Zöglinge der NS-Ausleseschulen brechen ihr Schweigen*, Hambourg, Rasch und Röhring, 1998.

Kershaw, Ian, *Fateful Choices. Ten Decisions that Changed the World, 1940-1941*, Penguin Books, Londres, 2007 ; *Choix fatidiques. Dix décisions qui ont changé le monde, 1940-1941*, traduit de l'anglais par P.-E. Dauzat, Paris, Seuil, 2009.

—, *Hitler*, Paris, Flammarion 2008.

—, *Hitler*, Londres, Longman, 1991 ; *Hitler. Essai sur le charisme en politique*, traduit de l'anglais par J. Carnaud et P.-E. Dauzat, Paris, Gallimard, Folio histoire, 1995.

—, *Popular Opinion and Political Dissent in the Third Reich. Bavaria, 1933-1975*, Oxford University Press, 1983 ; *L'Opinion allemande sous le nazisme. Bavière, 1933-1945*, traduit de l'anglais par P.-E. Dauzat, Paris, CNRS Editions, 2010.

—, *Le Mythe Hitler*, Paris, Flammarion, 2006.

—, *La Fin : Allemagne (1944-1945)*, traduit par P.-E. Dauzat, Paris, Seuil, 2012.

Klabunde, Anja, *Magda Goebbels*, Munich, 1999 ; *Magda Goebbels. Approche d'une vie*, traduit de l'allemand par S. Bénistan, Paris, Tallandier, 2011.

Bibliographie générale

Lebert, Nobert et Stephan Lebert, *Car tu portes mon nom. Enfants de dirigeants nazis, ils témoignent*, Paris, Plon, 2002

Levi, Primo, *Se questo è un uomo*, Turin, De Silva, 1947 ; *Si c'est un homme*, traduit de l'italien par M. Schruoffeneger, Paris, Julliard, 1987.

Longerich, Peter, *Davon Haben Wir Nichts Gewusst !*, Munich, Siedler Verlag, 2006 ; *Nous ne savions pas. Les Allemands et la Solution finale, 1939-1945*, traduit de l'allemand par R. Clarinard, Paris, Héloïse d'Ormesson, 2008.

—, *Heinrich Himmler*, Munich, Siedler Verlag, 2008 ; *Himmler*, traduit de l'allemand par R. Clarinard, Paris, Héloïse d'Ormesson, 2010.

Malaparte, Curzio, *Kaputt*, Paris, Gallimard, Folio, 1972.

Manvell, Roger et Heinrich Fraenkel, Heinrich, *Hermann Göring*, traduit de l'anglais par M. Deutsch, Paris, Stock, (Impr. des « Dernières Nouvelles de Strasbourg »), 1963.

Moors, Markus et Moritz Pfeiffer, *Heinrich Himmlers Taschenkalender 1940*, Paderborn, Verlag Ferdinand Schöningh GmbH, vol. 1, 2013.

Nissen, Margret, *Sind Sie die Tochter Speer ?*, Cologne, Bastei Lübbe, 2007.

Noakes, Jeremy et Geoffrey Pridham, *Nazism, 1919-1945*, vol. 2 : *State, Economy and Society, 1933-1939*, Exeter, University of Exeter Press, 1984.

O'Connor, Gary, *The Butcher of Poland : Hitler's Lawyer Hans Frank*, Staplehurt, Spellmount Publishers Ltd, 2013.

Oeser, Alexandra, *Enseigner Hitler. Les adolescents allemands face au passé nazi en Allemagne. Appropriations, interprétations et usages de l'histoire*, Paris, Editions de la Maison des sciences de l'homme, 2010.

Paxton, Robert Owen, *Vichy France, Old Guard and New Order, 1940-1944*, New York, Columbia University Press, 1972 ; *La France de Vichy, 1940-1944*, préface de S. Hoffmann, traduit de l'anglais par C. Bertrand, Paris, Seuil, 1999.

Picker, Henry, *Hitlers Tischgesprache im Führerhauptquartier*, 2ᵉ édition, Propyläen Verlag, rééd. 2003.

Posner, Gerald et John Ware, *Mengele : The Complete Story*, New York, Cooper Square Press, 2000.

Posner, Gerald, *Hitler's Children. Sons and daughters of leaders of the Third Reich talk about their fathers and themselves*, New York, Random House, 1991.

Prazan, Michaël, *Einsatzgruppen. Les commandos de la mort nazis*, Paris, Seuil, 2010.

Rees, Laurence, *The Dark Charisma of Adolf Hitler. Leading millions into the abyss*, 2012 ; *Adolf Hitler. La séduction du diable*, traduit de l'anglais par S. Taussig et P. Lucchini, Paris, Albin Michel, 2013.

Schaake, Erich, *Hitlers Frauen* et *Frauensache Führerkult*, Munich, 2000 ; *Hitler et les femmes. Leur rôle dans l'ascension du Führer*, Paris, Michel Lafon, 2012.

Schenk, Dieter, *Hans Frank, Hitlers Kronjurist und Generalgouverneur*, Francfort, Fischer Taschenbuch Verlag, vol. 1, 2008.

Schirach, Henriette von, *Der Preis der Herrlichkeit : erfahrene Zeitgeschichte*, Munich, Herbig, 1981.

Schmidt, Matthias, *Albert Speer : Das Ende eines Mythos*, Francfort-sur-le-Main, 1982 ; *Albert Speer. La fin d'un mythe*, traduit de l'allemand par J.-M. Argelès, Paris, Belfond, 1983.

Schramm, Hilde, *Meine Lehrerin, Dr Dora Lux*, Reinbek, Rowohlt, 2012.

Schröm, Oliver et Andrea Röpke, *Stille Hilfe für braune Kameraden. Das geheime Netzwerk der Alt-und Neonazis*, Berlin, Ch. Links Verlag, 2001.

Sereny, Gitta, *Albert Speer. His Battle with Truth*, Londres, 1995 ; *Albert Speer : son combat avec la vérité*, traduit de l'anglais par W. O. Desmond, Paris, Seuil, 1997.

Sereny, Gitta, *Au fond des ténèbres*, Paris, Denoël, 1974, rééd. 2007.

Bibliographie générale

Sigmund, Anna Maria, *Die Frauen der Nazis*, Munich, 2000 ; *Les Femmes du IIIe Reich*, traduit de l'allemand par J. Bourlois, Paris, Jean-Claude Lattès, 2004.

Speer, Albert, *Spandauer Tagebücher*, Francfort-sur-le-Main, 1975 ; *Journal de Spandau*, Paris, Robert Laffont, 1976.

—, *Die intelligente Stadt*, Munich, Deutsche Verlags-Anstalt, 1992.

—, *Erinnerungen*, Francfort et Berlin, 1969 ; *Au cœur du Troisième Reich*, traduit de l'allemand par M. Brottier, Paris, Fayard, 1971.

Trevor-Roper, Hugh R., *Hitlers letzte Tage*, Berlin, Ullstein, 1965.

Van der Vat, Dan, *The Good Nazi. The life and lies of Albert Speer*, Londres, Phoenix, 1998.

Vincent, Marie-Bénédicte, *La Dénazification*, Paris, Perrin, 2008.

Weber, Anne, *Vaterland*, Paris, Seuil, 2015.

Welzer, Harald, Sabine Möller, et Karoline Tschuggnall, « *Opa war kein Nazi* ». *Nationalsozialismus und Holocaust im Familiengedächtnis*, Francfort, Fischer Taschenbuch Verlag, 2002, « *Grand-père n'était pas un nazi* ». *National-socialisme et Shoah dans la mémoire familiale*, traduit de l'allemand par O. Mannoni, Paris, Gallimard, 2013.

Welzer, Harald, *Les Exécuteurs. Des hommes normaux aux meurtriers de masse*, Paris, Gallimard, NRF Essais, 2007.

Wildt, Michael et Katrin Himmler, *Heinrich Himmler d'après sa correspondance avec sa femme, 1927-1945*, Paris, Plon, 2014.

Wildt, Michael et Katrin Himmler, *Himmler privat : Briefe eines Massenmörders*, Munich, Piper Verlag, 2014.

Westemeier, Jens, *Himmlers Krieger : Joachim Peiper und die Waffen-SS in Krieg und Nachkriegszeit*, Paderborn, Verlag Ferdinand Schöningh GmbH, vol. 1, 2014.

Westernhagen, Dörte von, *Die Kinder der Täter. Das Dritte Reich und die Generation danach*, Munich, Kösel Verlag, 1987.

Zentner, Christian et Friedemann Bedürftig, *Das grosse Lexikon des Dritten Reiches*, Munich, Südwest Verlag, 1985.

Enfants de nazis

Articles parus

Anonyme (de notre correspondant à Londres), « Frau Göring weeps : "bombing of civilian is terrible" », *The Argus*, 14 juillet 1945.

Akyol, Cigdem, « Ein volk, das nichts kapiert hat », *Wiener Zeitung*, 23.07.2013.

Anderson, Graham, « My Nazi Family », *Exberliner*, 6 mai 2014.

Bevan, Ian, « Goering faces Judges as "Man of Peace" », *The Sidney Morning Herald*, 20 novembre 1945.

Beyer, Susanne, « Improving on the Nazi Past : Albert Speer's Son, Urban Planner », *Der Spiegel*, 21 décembre 2007.

Beyer, Susanne, « Der unsichtbare Riese », *Der Spiegel*, 17 décembre 2007.

Cojean, Annick, « Les mémoires de la Shoah », *Le Monde*, 29 avril 1995.

Dörfler, Thomas et Klärner Andreas, « Rudolf Hess as martyr for Germany. The Reinterpretation of Historical Figures in Nationalist Discourse », *in* Jan Herman Brinks, Edward Timms et Stella Rock (éd.), *Nationalist Myths and Modern Media. Cultural Identity in the Age of Globalisation*, Londres/New York, I. Tauris, 2005, p. 139-152.

Elkins, Ruth, « Nazi Descendents : Matthias Göring Goes Kosher », *Der Spiegel Online International*, 10 mai 2006.

Heidemann, Gerd, « Die Millionen hat Kujau », *Vanity Fair*, novembre 2008.

Glass, Suzanne, « Ricardo Eichmann speaks "Adolf Eichmann is a historical figure to me" », *The Independent*, 7 août 1995.

Gold, Tanya, « The sins of their fathers », *The Guardian*, 6 août 2008.

Gun, Nerin E., « Les enfants au nom maudit », *Historia*, n° 241, décembre 1966.

Harding, Thomas, « Hiding in N. Virginia, a daughter of Auschwitz », *Washington Post*, 7 septembre 2013.

Bibliographie générale

Hess, Ilse, « Er spielte wieder mal den Toten. Gespräch mit Ilse Hess über Spandau-Häftling Rudolf Hess », *Der Spiegel*, 20 novembre 1967.

Hess, Wolf Rüdiger, « The life and death of my father, Rudolf Hess », *The Journal of Historical Review*, vol. 13, n° 1, 1993, p. 24-39.

Frank, Niklas, « Das ewige Herumgeschmuse der Kinder ist lächerlich », *Der Spiegel Online*, 13 mai 2005.

Frei, Norbert, « L'Holocauste dans l'historiographie allemande, un point aveugle dans la conscience historique ? », *Vingtième Siècle. Revue d'histoire*, 1992, vol. 34.

Matthäus Jürgen, « Es war sehr nett ». Auszüge aus dem Tagebuch der Margarete Himmler, 1937-1945, *Werkstatt Geschichte*, 2000, p. 75-93.

Matzig, Gerhard, « Hitler war für uns ein netter Onkel », *Süddeutsche Zeitung*, 20 mai 2010.

Nieden, Suzanne, « Banalitäten aus dem Schlafzimmer derb Macht zu den Tagebuchaufzeichnungen von Margarete Himmler », *Werkstatt Geschichte*, 2000, p. 94-100.

Khrushsheva, Nina, « Albert Speer isn't the only link between Berlin's 1936 Olympics and Beijing 2008 », *The Guardian*, 7 août 2008.

Millot, Lorraine, « Albert Speer, 63 ans, est architecte. Comme son homonyme de père, le bâtisseur de Hitler. Mais lui a choisi Francfort la libérale. Tel père, quel fils ? », *Libération*, 10 février 1998.

Morin, Roc, « An interview with nazi leader Hermann Goering's great-niece. How do you cope with evil ancestry ? », *The Atlantic*, 16 octobre 2013.

Norden, Eric, entretien avec Albert Speer, « Albert Speer Hitler's architect », *Playboy*, 1971.

Schermann, Serge, « Voicing doubt, son gets 2d autopsy on Hess », *New York Times*, 22 août 1987. « Hess is buried

Enfants de nazis

secretly by family ; Son is reported to suffer stroke, *New York Times*, 25 août 1987.

Schirmacher, Frank et Hubert Spiegel, « Günter Grass : "La tache sur mon passé" », *Le Monde*, 17 août 2006.

Smoltczyk, Alexander, « 2022 World Cup in Qatar : The desert dreams of German architect Albert Speer », *Der Spiegel Online International*, 1er juin 2012.

Speer, Albert, « Frankfurt ist ein Modell für die Welt », *Wirtschaft Frankfurter Allgemeine*, 24 août 2013.

Stringer, Ann, « "No one loves a policeman", Himmler's wife comments », *The Pittsburg Press*, 13 juillet 1945.

Schwabe, Alexandre, « Interview mit Niklas Frank zur Speer-Debatte : "Das ewige Herumgeschmuse der Kinder ist lächerlich" », *Der Spiegel Online*, 13 mai 2005.

Toute ma reconnaissance à :

Jean-François Braunstein, pour ses conseils et corrections,
Stéphan Crasnianski, mon frère, pour ses idées,
Serge Lentz, pour sa lecture attentive et ses suggestions,
Olivier Mannoni, pour ses corrections et traductions,
Orly Rezlan, pour sa pertinence et sa patience à toute épreuve,
Pascal Tutin, pour ses conseils utiles.

Emmanuel Delille et Torsten Lüdtke pour leurs recherches.

Anna Olekhnovych, pour sa liste des ouvrages cités.

J'aimerais remercier mes éditeurs Olivier Nora et Juliette Joste des éditions Grasset pour leur aide précieuse sans laquelle cet ouvrage n'aurait pu voir le jour.

Aux miens, à ceux qui me supportent et me redonnent le sens des priorités.

TABLE

Avant-propos 9
Introduction 11

Gudrun Himmler : la « Püppi » du nazisme 23
Edda Göring : la « petite princesse du Néron
  de l'Allemagne nazie » 51
Wolf R. Hess : l'enfant de l'ombre du dernier
  des criminels de guerre 81
Niklas Frank : l'appétit de vérité 109
Martin Adolf Bormann Jr : le « Krönzi »,
  ou le prince héritier 141
Les enfants Höss : les descendants du commandant
  d'Auschwitz 163
Les enfants Speer : la lignée de l'« architecte
  du diable » 191
Rolf Mengele : le fils de « l'ange de la mort » 219
Une histoire allemande ? 245

Notes 253
Sources en archives 271
Bibliographie générale 273

Cet ouvrage a été imprimé par
CPI FIRMIN-DIDOT
pour le compte des éditions Grasset
en février 2016

Composition et mise en pages
Nord Compo à Villeneuve-d'Ascq

 *Grasset* s'engage pour
l'environnement en réduisant
l'empreinte carbone de ses livres.
Celle de cet exemplaire est de :
400 g éq. CO_2
PAPIER À BASE DE Rendez-vous sur
FIBRES CERTIFIÉES www.grasset-durable.fr

Dépôt légal : mars 2016
N° d'édition : 19263 – N° d'impression : 133433
Imprimé en France